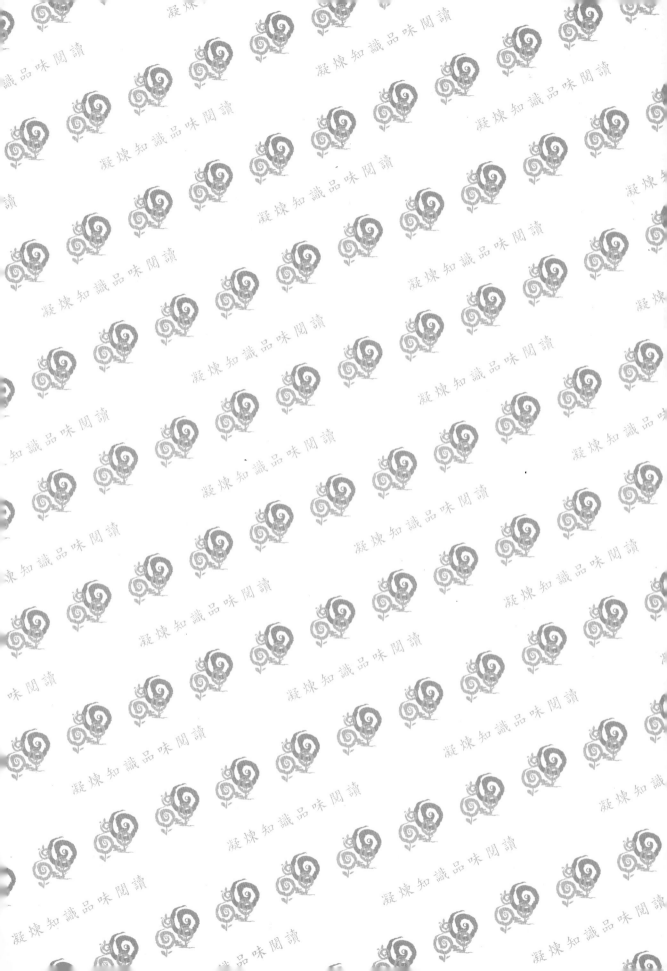

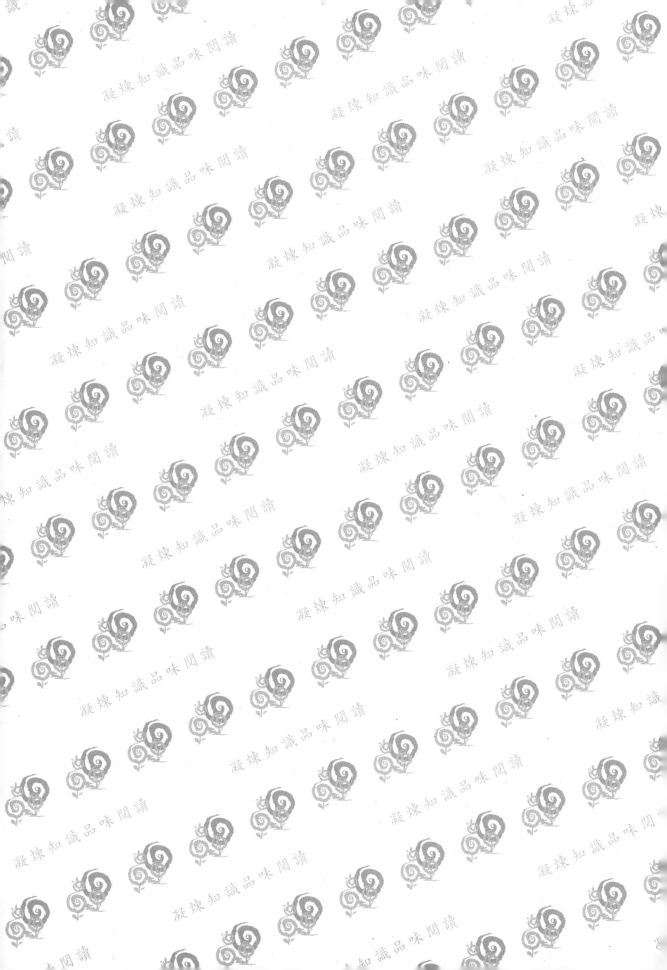

研究&方法

多層次模型HLM及重複測量
使用SPSS分析

張紹勳、林秀娟 著

五南圖書出版公司 印行

自　序

　　SPSS 是國際知名的統計軟體，SPSS 在財務金融、會計、公共衛生、生物醫學、工業工程、土木、醫學管理、航運管理、公共行政、人管、生產管理、行銷管理、教學／心理系、風險管理系、社會系、法學院、經濟系等領域應用已深受肯定。尤其最新版 SPSS v25，與舊版的畫面及指令都已大幅改變。

　　在 google scholar 學術搜尋中，查詢「hierarchical linear modeling」會出現 2,940,000 篇以上論文；查詢「repeated measurements」會出現 3,330,000 篇以上論文；查詢「mediator model」會出現 1,460,000 篇以上論文。以上統計方法都是本書介紹的重點。

　　本書介紹「多層次模型」，旨在使用 SPSS 實作資料「popular2.sta」，並解說，混合模型分析的步驟，進而求出下列答案：

　　(1) 單層 vs. 雙層模型誰優，理由 (證據) 為何？

　　(2) 隨機截距 vs.「隨機截距＋隨機斜率」vs. 隨機斜率，三者誰最優，理由(證據) 為何？

　　(3) 雙層的模型中，level-1「單因子」vs.「雙因子」，誰優，理由 (證據) 為何？

　　(4) 雙層的模型中，level-1 與 level-2「無交互作用項」vs.「有交互作用項」，誰優，理由 (證據) 為何？

　　(5) 雙層的模型中，level-1 與 level-2 若「有交互作用項」，「無總平減」vs.「有總平減」，誰優，理由 (證據) 為何？

　　SPSS 國內使用者眾多，故撰寫理論、統計及方法論兼備的 SPSS 專業書籍，並附上範例資料檔供讀者實作：

　　一、《高等統計：應用 SPSS 分析》一書，該書內容包括：描述性統計、樣本數的評估、變異數分析、相關、迴歸建模及診斷、重複測量等。

　　二、《多變量統計之線性代數基礎：應用 SPSS 分析》，該書內容包括：平均數之假設檢定、MANOVA、典型相關分析 (canonical correlation analysis)、判別分析 (discriminant analysis)、主成分分析、因素分析 (factor analysis)、集群分析、多向度量尺／多維標度法。

　　三、《邏輯斯迴歸及離散選擇模型：應用 SPSS 分析》一書，該書內容包括：

邏輯斯迴歸、Probit 迴歸、多項式邏輯斯迴歸、Ordinal 迴歸、Poisson 迴歸、負二項迴歸等。

　　四、《多層次模型 (HLM) 及重複測量：使用 SPSS 分析》一書，該書內容包括：線性多層次模型、panel-data 迴歸等。

　　五、《存活分析及 ROC：應用 SPSS》一書，該書內容包括：類別資料分析 (無母數統計)、logistic 迴歸、存活分析、流行病學、配對與非配對病例對照研究資料、勝出比 (odds ratio) 的計算、篩檢工具與 ROC 曲線、Cox 比例危險模型、Kaplan-Meier 存活模型、參數存活分析六種模型等。

　　此外，研究者如何選擇正確的統計方法，包括適當的估計與檢定方法、與統計概念等，都是實證研究中很重要的內涵，這也是本書撰寫的目的之一。本書內文盡量結合「理論、方法、統計」，期望能讓學習者得到良好的研究成果。

張紹勳　林秀娟 敬上

Contents

I

Chapter 02 獨立樣本 ANOVA、重複測量 (MIXED 指令)、Moderated 迴歸方程式　　95

Contents

Chapter 03 多層次模型之方程式解說：有 (Z×X) 交互作用項就須中心化   211

Contents

Chapter 06　層次迴歸 / 階層性迴歸 (hierarchical regression)　369

參考文獻　383

Chapter

01

多層次分析法：HLM

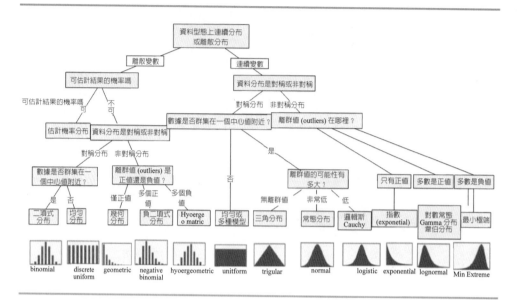

圖 1-1 分布的選擇

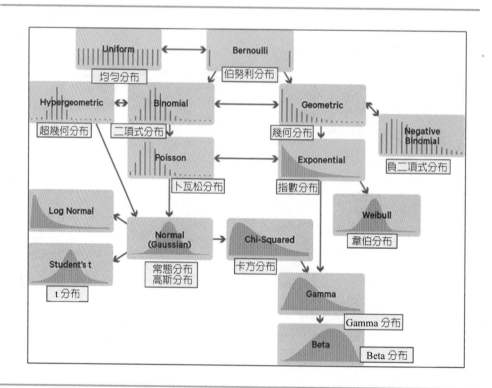

圖 1-2 分布的類型

1-1 多層次模型 (階層線性模型 HLM) 的興起

多層次模型 (multilevel models, MLM)，又稱：階層線性模型 (hierarchical linear models, HLM)、巢狀資料模型 (nested data models)、混合模型 (mixed models)、隨機係數 (random coefficient)、隨機效果模型 (random-effects models)、隨機參數模型 (random parameter models) 或裂區設計 (split-plot designs)。

定義：混合效果

混合效果 = 固定效果 + 隨機效果

固定效果 (fixed effect) 是所有組中效果都相同 (which are the same in all groups)。

隨機效果 (random effect) 是各組之間的隨機呈現效果 (都不同)(which vary across groups)。

在**混合**模型 (mixed models) 中，每個 levels 都很明確存在隨機和固定 (系統) 效果。

1-1-1 多層次模型的興起

多層次模型 (multilevel model)，又稱階層線性模型 (hierarchical linear model, HLM)。HLM 在生物統計領域習慣稱作線性混合模型 (linear mixed model, LMM)，在應用統計領域則常稱為多層次模型或多層次迴歸 (multilevel model／multilevel regression)，但不管如何稱呼它，其背後的原理大致是差不多的。

多層次模型常存在的疑問有二類：(1) 資料為「階層性」的性質。(2) 資料「重複測量」的研究設計。在生物醫學、教育等社會及自然科學領域中，抽樣 (sampling) 設計常常存在「階層性」，例如：分層隨機抽樣法，它就使用階層抽樣 (hierarchical sampling)／集群抽樣 (cluster sampling)。分層隨機抽樣法可能以學校為**抽樣的單位**，檢視城鄉差距對學生學業成就的影響，此時學生是巢狀或嵌套 (nested) 在學校之下；或是組織的行為研究也常常以不同公司的員工填答問卷資料，此時員工也是巢狀在公司之下。而這以傳統的統計方法 (例如：複迴歸或 ANOVA) 處理這種階層性資料會存在一些問題，傳統的迴歸最重要的一個假定 (assumption) 就是誤差 ε 具有「獨立性」，亦即每個受訪者的依變數 (結果變

數／依變數) 是互相獨立的，但是同一間學校的學生的特質理論上應該會比較相似，而來自同一公司的一群員工也應該具有比較相似的特質，此時若使用傳統迴歸 (SPSS 指令包括 reg、heckpoisson、hetregress、intreg、ivpoisson、ivtobit、npregress、qreg、sureg、tobit、tpoisson、truncreg、zip)，由於未能考量「群組層次→個體層次」的調節 (干擾，moderator)，導致線性迴歸式可能產生錯誤的推論效果，簡單來說即傳統的迴歸無法處理「互依性」的資料。此時使用 HLM 則可以考慮每一個總體層次單位 (跨國、學校、公司、鄰居) 之下的個體層次單位 (學生、員工、住戶) 互為相依的事實。

單層次 (非多層次) 之迴歸的 SPSS 指令如下：

areg：更容易的方法來適應具有許多虛擬變數的迴歸

arch：帶 ARCH 誤差之迴歸模型

arima：ARIMA 模型

boxcox：Box-Cox 迴歸模型

cnsreg：受限線性迴歸 (constrained linear regression)

eivreg：變數含誤差之迴歸 (errors-in-variables regression)

frontier：stochastic frontier 模型

gmm：廣義動差估計法 (generalized method of moments estimation)

heckman：Heckman 選擇模型

intreg：區間迴歸 (interval regression)

ivregress：單一方式之工具變數迴歸 (single-equation instrumental-variables regression)

ivtobit：帶內生變數之設限迴歸 (tobit regression with endogenous variables)

newey：帶 Newey-West 標準誤之迴歸 (regression with Newey-West standard errors)

nl：非線性最小平方估計法 (nonlinear least-squares estimation)

nlsur：方程式的非線性系統 (estimation of nonlinear systems of equations)

qreg：成分迴歸 (quantile [including median] regression)

reg3：三階最小平方法之迴歸 (three-stage least-squares [3SLS] regression)

rreg：帶強健誤差之迴歸 (a type of robust regression)

sem：結構方程模型 (structural equation models)

sureg：似不相關迴歸 (seemingly unrelated regression)

tobit：設限迴歸 (tobit regression，財金、生醫界常用)

treatreg：處理效果模型 (treatment-effects model)

truncreg：截尾迴歸 (truncated regression)

xtabond：Arellano-Bond 線性動態 panel-data 法 (linear dynamic panel-data estimation)

xtdpd：線性動態 panel-data 法 (linear dynamic panel-data estimation)

xtfrontier：panel-data stochastic frontier 模型

xtgls：panel-data GLS 模型

xthtaylor：誤差成分之 Hausman-Taylor 法 (estimator for error-components models)

xtintreg：panel-data interval 迴歸模型

xtivreg：panel-data instrumental-variables(2SLS) 迴歸

xtpcse：帶 panel 修正標準誤之線性迴歸 (linear regression with panel-corrected standard errors)

xtreg：固定效果 / 隨機效果線性模型 (fixed- and random-effects linear models)

xtregar：帶 AR(1) 干擾之固定效果 / 隨機效果線性模型 (fixed- and random-effects linear models with an AR(1) disturbance)

xttobit：panel-data 設限模型 (tobit models，財金、生醫界常用)

此外，MLM 仍可估計總體層次多解釋變數對於個體層次解釋變數的影響，例如：組織領導研究。如果有一家公司的組織領導非常良好，可能會正向增強員工的工作績效，但我們是如何測量一家公司的組織領導呢？通常我們會以這家公司所有員工的組織領導作總平減 (group-mean centering) 當成公司組織領導效能，因此，影響員工的工作績效的因子，除了員工個人的工作滿足 (個體影響)，也有可能是這家公司的平均組織領導效能 (總體影響)。

HLM 能回答的問題具有更多面向，它可同時回答「總體」與「個體」的差異是否顯著，承上例，我們已知「公司平均領導效能會正向影響員工的工作績效」，但用 HLM 我們還可知道這個「影響效果是否存在公司間的差異」，如果有則代表我們可繼續投入解釋變數來解釋這些差異；另一方面，我們也已知「員工認知的組織領導會正向影響員工的工作績效」，當然 HLM 也能估計出這個「影響效果是否存在個人之間的差異」，這即為隨機效果 (random effect)，即「不同群組 (組織層) 平均解釋變數對個人 (個體層) 解釋變數的影響強度都不一樣」。而 HLM 甚至可設定「每間公司平均組織領導所影響員工工作績效的強度都一樣」，這做法就是設定為固定效果 (fixed effect)，即「不同 (組織層群組) 平均解釋變數對病人 (個體層) 解釋變數的影響強度都一樣。」。若在同一個 HLM 方程式中，同時納入隨機效果跟固定效果，這就是為什麼 HLM 又稱作混合模型 (linear mixed model) 的原因。HLM 的混合模型，常見的迴歸式如下：

$$Y_{ij} = \underbrace{\gamma_{00} + \gamma_{01}(\text{MEAN SES}_j) + \gamma_{02}(\text{SECTOR}_j) + \gamma_{10}(\text{SES}_{ij})}_{\text{Fixed Effects}}$$

$$+ \underbrace{\gamma_{11}(\text{MEAN SES}_j)(\text{SES}_{ij}) + \gamma_{12}(\text{SECTOR}_j)(\text{SES}_{ij})}_{\text{Fixed Effects}}$$

$$+ \underbrace{u_{0j} + u_{1j}(\text{SES}_{ij}) + e_{ij}}_{\text{Random Effects}}$$

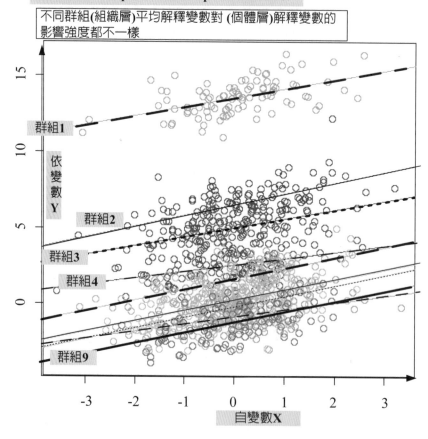

圖 **1-3** 隨機效果之示意圖（不同群組（組織層）平均解釋變數對（個體層）解釋變數的影響強度都不一樣）(slopes and intercepts as outcomes)

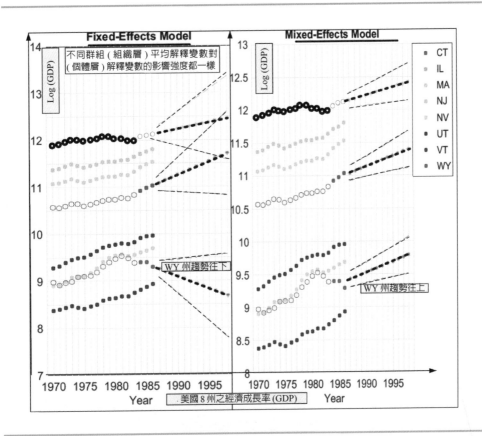

圖 1-4 固定效果模型 vs. 混合效果模型之差異比較圖

1. 固定效果假定：不同群組 (組織層) 平均解釋變數對 (個體層)解釋變數的影
   響強度都一樣。
2. 混合模型是每個層次「混合效果 = 固定效果 + 隨機效果」。
3. 隨機效果假定：不同群組 (組織層) 平均解釋變數對 (個體層) 解釋變數的影
   響強度都不一樣。

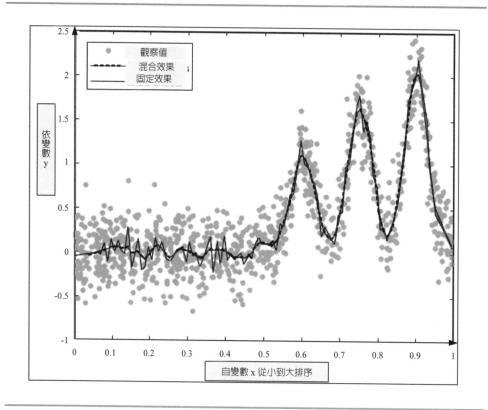

圖 1-5 固定效果模型 vs. 混合效果模型之差異比較圖 2

1. 固定效果振幅較大。
2. 隨機效果趨勢線較平滑。

1-1-2 單層次：多元迴歸分析 (OLS) 之重點整理

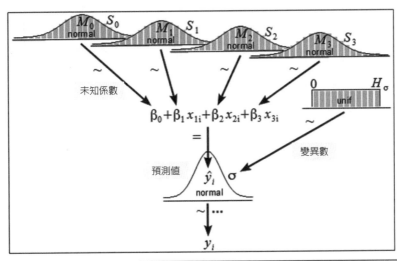

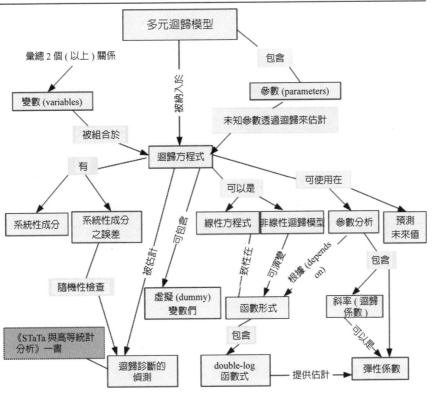

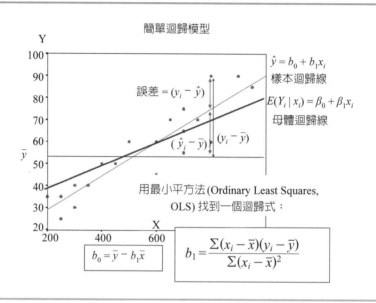

圖 1-7 預測變數和依變數之間是直線關係

　　階層線性模型 (HLM) 是為了解個人層次及總體層次所發明之統計技術，可將組間 (總體層級) 之資訊考慮進來。階層線性模型不同於一般最小平方法 (OLS) 迴歸之基本假定 (assumption)，其不僅可允許隨機誤差在各組之間是互相獨立，並且也可隨著組別不同而不同。HLM 與 OLS 兩者雖然都是迴歸模型，然而 OLS 將資料視為同一層級資料分析，因此其截距項及斜率項並不受到高層變數之誤差影響，也就是僅以固定效果 (fixed effect) 來估計截距項及斜率項。HLM 則是把個體層級迴歸式中之截距項及斜率項當作總體層級之依變數，因此可考慮總體層級誤差項帶來之影響，並以隨機效果 (random effect) 估計個體層級之截距項及斜率項，檢視其殘差之變異數是否顯著，若為顯著則表示個體層級 (下層) 之截距項及斜率項受總體層級 (上層) 變數之階層性影響。

　　作者《高等統計：應用 SPSS 分析》一書，有精闢的 OLS 理論與實作。故在此只是做 OLS 重點整理如下：

1. SPSS 指令 reg，它利用 OLS(ordinary least squares) 來做多元迴歸可能是社會學研究中最常用的統計分析方法。利用此法的基本條件是依變數為一個分數型的變數 (等距尺度測量的變數)，而自變數之測量尺度則無特別的限制。當自變數為類別變數時，我們可依類別數 (k) 建構 k － 1 個數值為 0 與 1 之虛擬變數 (dummy variable) 來代表不同之類別。因此，如果能適當的使用的話，多

元迴歸分析是一相當有力的工具。

2. 多元迴歸分析主要有三個步驟：

Step-1：利用單變數和雙變數分析來檢視各個準備納入複迴歸分析的變數是否符合 OLS 線性迴歸分析的基本假定。

Step-2：建構迴歸模型，並評估所得到的參數估計和適配度檢定 (goodness of fit)。

Step-3：在我們認真考慮所得到的迴歸分析結果前，應做殘餘值 (residuals) 之診斷分析 (diagnosis)。但通常我們是先確定迴歸模型之設定 (specification) 是否恰當後，才會做深入之殘餘值分析。

3. 迴歸分析的第一步是：一一檢視每個即將納入迴歸分析模型的變數。首先，我們必須先確定依變數有足夠的變異 (variability)，而且是接近常態分配 (迴歸係數的估計並不要求依變數是常態分配，但對此估計做假設測定時，則是要求殘餘值應為常態分配。而依變數離開常態分配的狀態很遠時，殘餘值不是常態分配的可能性增大)。其次，各自變數也應該有適當的變異，並且要了解其分配之形狀和異常的個案 (outlying cases；outliers)。

我們可用直方圖 (histogram) 和 Normal P-P(probability plot) 圖等來測定依變數是否拒絕其為常態分配的假定 (assumption)，以及是否有異常之個案。同樣的，我們可用直方圖和其他單變數之統計來檢視各個自變數之分配形狀、程度，以及異常個案等。

在 SPSS 中，我們可用「Statistics > Summaries, tables, and tests > Summary and descriptive statistics」、「qqplot、qnorm 指令」來求得上述之統計和圖。

4. 做雙變數相關之分析之主要目的是檢視變數間之關係是否為線性關係 (linearity) 和是否為共線性 (collinearity) 之情況。最基本的做法是看雙變數之相關矩陣。如果依變數與自變數間之關係很弱或比自變數間之相關弱的話，就應質疑所設定之多元迴歸模型是否適當。

檢視自變數與依變數間是否為線性關係的基本做法，是看雙變數間之散布圖 (scatter plot)。進階且比較好的做法是在控制其他自變數後，再看某一自變數與依變數間之部分線性關係 (partial linearity)。線性關係是迴歸分析重要的假定，而且指的是自變數與依變數間之部分線性關係。我們並不用太關心自變數間是否為線性關係，但如對自變數間關係之設定有誤時，也會導致我們對虛假關係不適當的控制和解釋上的錯誤。

探索自變數與依變數間部分線性關係的方式是在控制其他自變數後，逐一檢

視某一自變數及進一步加入此自變數之平方後，看看兩個迴歸模型間是否達顯著之差異。如果是的話，則此自變數與依變數間之關係並不是線性關係。當發現自變數與依變數間並非線性關係時，除了將該自變數之平方加入迴歸分析的方法外，也可將該自變數做對數轉換 (log transformation)，例如我們常將個人之收入做對數轉換之處理。究竟如何處理是適當的，是以理論為基礎。

5. 在決定迴歸分析的模型後，我們應進一步檢視自變數間是否有多元共線性 (multicollinearity) 的問題，也就是自變數間是否有高度相關的問題。如果自變數間高度相關的話，會影響到對迴歸係數之假設測定。我們可以用因素分析來檢查自變數間是否有多元共線性，或者是逐一將某一自變數 (當成為依變數) 和所有其他自變數做多元迴歸分析。

   在以 SPSS 做迴歸分析時，我們也可選擇 partial correlation(pcorr 指令) 與 collinearity(pcorr 指令)。SPSS 所提供 OLS(reg 指令) 之 collinearity 的統計值包括 Tolerance、VIF(variance inflation factor) 和 Condition Index 等。這些統計是有關聯性的。如 Tolerance 與 VIF 就是互為倒數，如果是 Tolerance 越小，就表示該自變數與其他自變數間之共線性越高或幾乎是其他自變數的線性組合。

6. 如果自變數是類別變數，OLS 做法有二：(1) 將這些類別一一建構成為虛擬 (dummy) 變數 (its virtual)。依照類別數目 (k)，我們只需建構 k − 1 個虛擬變數即可。如性別有 2 類，因此我們只需建構 1 個「男性」的虛擬變數。如果受訪者為男性，則其「男性」變數為 1，如為女性，則其「女性」變數為 0。同理，如果一個類別變數有 4 類，如臺灣地區別是分成北、中、南、東等 4 區，則我們可將此類別變數建構成「中部」、「南部」及「東部」等三個虛擬變數。當受訪者是在北部時，其在此三虛擬變數的值會都是 0。至於將那個類別作為參考類別 (reference category)，也就是不建構為虛擬變數的類別，通常是次數最多的類別。(2)SPSS 內建「i.」運算字來界定 Indicators(dummies)；「c.」運算字 to treat as continuous variable。

SPSS 有五種因子變數 (factor-variable) 運算子 (operators)：

運算子	說明
i.	unary operator to specify indicators
c.	unary operator to treat as continuous
o.	unary operator to omit a variable or indicator
#	binary operator to specify interactions
##	binary operator to specify factorial interactions

範例	說明
io2.cat	indicators for levels of cat, omitting the indicator for cat=2
o2.cat	same as io2.cat
io(2 3 4).cat	indicators for levels of cat, omitting three indicators, cat=2, cat=3, and cat=4
o(2 3 4).cat	same as io(2 3 4).cat
o(2／4).cat	same as io(2 3 4).cat
o2.cat#o1.sex	indicators for each combination of the levels of cat and sex, omitting the indicator for cat=2 and sex=1

　　當我們將這些虛擬變數納入迴歸模型後，個別虛擬變數的迴歸係數 (如果達統計顯著的話)，就是此虛擬變數所代表之類別與參考類別間在截距上的差距。如果我們假設此類別變數對依變數的影響，不只是在截距上的不同，且會有不同的斜率，也就是與另一自變數間有交互作用 (interaction)，我們可以進一步將虛擬變數與此另一自變數相乘而成另一新變數 (如：男性 (x 變數)× 工作年資 (z 變數))。我們可將原來的兩個自變數及此新變數 (**總平減後**，$[(x - \bar{x}) \times (z - \bar{z})]$) 一起納入迴歸分析中。如果此新變數 (**總平減後**) 之迴歸係數達顯著的話，則其意義是與虛擬變數相乘之自變數 (如工作年資) 對依變數的影響會因虛擬變數所代表的類別不同 (如性別) 而有不同的斜率 (即影響力)。例如：當工作年資對收入的影響，男性比女性來得大時，則迴歸分析結果可能一方面表現在「男性」此一虛擬變數的正向係數達顯著，表示在受同樣教育年數的條件下，男性的起薪比女性高，另一方面也表現在「男性 × 工作年資」之正向係數達顯著，表示男性每年受教育對收入的回報大過女性。

　　此外，當我們假設自變數與依變數的關係爲∩型時，或是依變數會隨自變

數之數值增大而變化趨緩時，我們就可建構一自變數的平方，將此自變數及其平方一起納入，如果此平方的變數達顯著，則我們可知此自變數對依變數的影響不是直線性的。

傳統法：虛擬變數來模擬類別型自變數：SPSS 慣用這種做法

　　一般最常見的迴歸分析，自變數幾乎都是連續變數，這是因爲迴歸裡假設自變數與依變數存在著線性關係，因此若自變數並非等距或比率變數，其求得的迴歸係數就無法解釋。

　　簡單迴歸方程式爲 $Y = B_0 + B_1X$，Y 爲依變數，X 爲自變數，B_0 與 B_1 則是經迴歸分析所估計出來的迴歸係數，其中更以 B_1 說明了 X 與 Y 之間的關係。

　　舉例來說，依變數爲使用者對產品的滿意度 (Y：滿意度)，自變數爲使用者在試用後對於產品信任 (X：信任)，**方程式：滿意度 = 1.3 + 0.7× 信任。**0.7 則是使用者在信任的感受對滿意度的影響程度，對於信任感受爲 1 分的消費者來說，其滿意度爲 1.3+0.7×1=2 分；對於信任感受爲 2 分的消費者來說，其滿意度爲 1.3+0.7×2=2.7 分，因此我們會解釋成當受訪者在信任上每增加 1 分，其滿意度會增加 0.7 分。

　　如果將「信任」換成「性別」，**方程式：滿意度 = 1.3 + 0.7× 性別**，此時若解釋成當性別每增加 1 分，其滿意度會增加 0.7 分，就會變得很奇怪，因爲我們都清楚性別屬於類別變數，因此要換一種解釋方式，但該如何解釋呢？

　　通常進行迴歸分析，都會列出一張虛擬編碼對照表，如下表。

性別	代號
男	1
女	0

　　由表中可知，男性受訪者的代號爲 1，女性受訪者的代號爲 0，此時分別將 1 與 0 代回原方程式。

　　男性的滿意度 = 1.3 + 0.7×1 = 2 分，**女性的滿意度 = 1.3 + 0.7×0 = 1.3分**，將男性的滿意度 − 女性的滿意度 = 0.7 分，剛好就是迴歸係數 B_1，因此 B_1 即爲此兩族群的差異情形，而且就像上面看到的，迴歸係數 B_1 是以代號

為 1 的對象減去代號為 0 的對象，因此當遇到虛擬變數的迴歸係數要解釋時，都直接解釋成 (代號 1 族群) 相對於 (代號 0 族群) 會有**比較高 (迴歸係數為正)** 或**比較低 (迴歸係數為負)** 的依變數程度。

7. 在完成以上之基礎工作後，而且發現沒有問題或將問題做了適當的處理後，我們就可開始做多元迴歸的分析。

   檢視多元迴歸分析之結果的步驟是先檢視整體模型之適合度 (goodness of fit)。這是看迴歸分析結果之 ANOVA 表中之 F test 是否達到顯著。如果是的話，我們可說此模型在母群體之 R^2 不是 0，或至少有一個自變數對依變數有解釋力。R^2 (或納入自變數數目做了調整後之 adjusted R^2) 的意義是所有自變數解釋了多少比例之依變數的變異量。

   在檢視完整模型之解釋力後，下一步是逐一檢視各自變數之斜率 (slope)，也就是迴歸係數是否達到顯著 (即測定其是否為 0 之虛無假設)。這是要看每一自變數迴歸係數的 t-test 及 p 值 (通常應至少小於 0.05)。如果某一自變數之係數達顯著水準的話，則其意義是在控制其他自變數的情況下，此一自變數對依變數之獨特影響力 (unique effect) 為何。另一說法是，自變數每增加一個測量時用的單位，會改變多少依變數測量時之單位。我們可代入此自變數一個數值 (如此變數之平均數)，然後計算在此數值和 β(unstandardized coefficient) 乘積，這乘積就是此自變數在此數值時，依變數的數值有多大。

   如果我們要知道和其他自變數比較，那一個自變數對依變數之獨特影響力比較大，則我們是要看 Beta(standardized coefficient) 或部分相關係數 (看此比較好)。

8. 如果我們的迴歸分析是建立在一個因果模型上，那我們可進行階層式迴歸分析 (hierarchical regression)。看我們研究的焦點為何，我們可逐一將自變數加入迴歸模型中，然後看不同階段之迴歸模型的整體解釋力和各個自變數解釋力的變化。

9. 嚴謹的迴歸分析是要進一步對 residuals 做檢視後，才報告分析所得到之結果。殘餘值是指每個個案將其自變數之數值代入迴歸模型中計算在依變數之預測值，然後將實際觀察到之值與此預測值相減後所得到之殘餘。對殘餘值之診斷主要有兩項：

   (1) Influence diagnosis：此診斷要看的是有無一些異常的個案可能對迴歸模

型的估計造成不當的影響，並膨脹 standard errors。特別是當樣本數較小時，我們要當心此可能性。在 SPSS 的 regression 迴歸之副指令「/SAVE ZRESID.」，將標準化處理後之殘餘值 (standardized residuals) 儲存起來。若將標準化之殘餘值大於 3 的個案之 ID 報告出來。如果此類個案數目不多的話 (依機率，每 100 個標準化之殘餘值中會有 5 個殘餘值之 z 值大於 2)，那我們就可說是沒有異常個案影響迴歸模型估計的問題。

(2) Normality 與 hetroskedasticity：OLS 迴歸分析假定在 prediction function 之不同 level 的殘餘值是常態分配，而且變異量是相同的。因此，我們可利用單變數之分析來看檢視預測值和殘餘值是否為常態分配，以及兩者間是否有相關 (依照假定迴歸模型之殘餘項應和自變數間沒有相關)，以及殘餘值在 prediction function 之各 level 是否有相同之變異。在 STaTa 之迴歸分析中也是利用 reg 指令之事後指令「predict」，將 predicted values 和 residuals 儲存後做進一步的分析。我們也可直接利用「twoway (line residuals X)」來做這些檢視的工作。詳情請見作者《**STaTa 與高等統計分析**》一書。

1-2 什麼是多層次分析法？

多層次分析模型旨在掌握人與環境 (如：家庭、組織、醫院、社區、國家) 的巢狀與相互作用關係。

階層線性模型 (hierarchical linear modeling, HLM) 或是多層次分析 (multilevel analysis) 是近一、二十年來開始流行的統計方法。這種統計方法多半使用於教育研究，但後來也漸漸普及到社會學研究與其他領域。

為什麼除了迴歸分析之外，還要有階層線性模型呢？最典型的例子還是從教育中來看。如果你要看學生的學習成就，但是如果你有很多班級的話，每個班級的老師不同，這就衍生了問題：學生的學習成就可能是受到教師或班級影響，所以我們想要解決缺乏獨立性 (lack of independence) 的問題。

具體來說有什麼變數在班級層次裡面會影響學生成就呢？例如：班級人數、男女生比例、貧窮學生比例、學區家長平均社經地位 (SES)……。此外，老師當然也是重要的因素，例如：老師的經驗、老師的教育水準……。這樣一列下來，如果你想要列出一大堆變數來控制，似乎就顯得有點不切實際。更重要的是：你不可能控制所有的不同。

從上面例子來看，很容易可以看出來階層性關係。如果學生是個體層

(Level-1) 的話，班級就是總體層／群組層 (Level-2)。由於這個層次有階層性，所以在統計時就要列入考量，這也就是階層線性模型的最主要目的。

另外，階層線性模型的典型例子，就是**重複測量 (repeated measures)**。如果一個人進行測量數次，那每次測量之間應該存在著高度相關性。換言之，測量結果並不是獨立的，因為你第一次測量高，你後面測量的結果是很高的可能性非常大。依照這種思維，其實不難想像出，它也是另外一個階層線性模型。第一層 (底層)，是每個人在不同時間的測量，而第二層則是個人 (上層)。

1-2-1 階層線性模型 (HLM) 之由來

在處理類聚資料 (clustered data) 或多層次結構 (multilevel structure) 資料時，過去絕大多數研究囿於統計分析方法上的限制，漠視了因多階段抽樣 (multi-stage sampling) 所帶來的組內同質問題，不僅忽略了群組 (課室或學校環境氣氛) 的共享特性，亦忽略了群組 (學校環境) 與個體間的交互影響。由於處於同一環境脈絡下所共享的共同性，將會導致觀察資料間的相依性，造成樣本獨立性假定 (assumption) 的違反 (Kreft & Leeuw, 1998; Snijders & Bosker, 1999)。當研究者以單一層次的統計分析技術去分析多階層結構的資料時，將會違反誤差獨立性假定，且會導致較大的型 I 錯誤 (Type I error, α)，造成錯誤的參數估計結果與統計推論 (Heck & Thomas, 2009; Hox, 2010)。近來，隨著電腦套裝軟體 (HLM、SPSS、SAS、STaTa 等) 的進步與操作上的便利性，多層次分析已引起教育、生物醫院及管理等學門的興趣，以多層次模型分析技術探討環境與個人因素對依變數的影響日益受到重視。

人是活在組織或脈絡 (contextual) 之下，小到部門、大到公司、國家，有各個不同的層級。每天面對的是您的主管、主任，或是您的同事，因此每天互動之下的結果是，近朱者赤、近墨者黑。假如您不喜歡這個環境，您會選擇離開，如果您接受這個環境、就會融入這個組織文化、這個組織氛圍。當您留下來愈久，這個單位內的每個個人行為／文化就會越來越相似，例如：對人處事的態度上，或是說文化被同化。

社會科學研究所使用的量化資料多涉及階層性或群集性的結構，階層資料的一個重要特性，是低階層次的解釋變數可以透過組內聚合程序，產生相同測量內容的「**脈絡變數**」(內容變數)。透過脈絡變數與個體解釋變數相互間統計控制，得出解釋變數對於依變數的影響，稱為脈絡效果。

所以 HLM 至少有兩個層次，上層是組織單位層 / 群組層 (group, Level-2)、下層是個體層 (individual, Level-1)，而且 Level-1 individuals were nested(巢狀內 / 巢狀) within Level-2。

一、多階層模型 (multilevel model) 的特色

傳統處理類聚 (clustering，群集) / 巢狀 (Nested) 相關資料，作者另有《多層次模型 (HLM) 及重複測量：使用 STaTa》一書，介紹〈1-10 類聚 / 巢狀資料分析，STaTa 迴歸有 16 種估計法〉，旨在「將誤差最小化和調整 / 糾正 (needs to be minimized and adjusted/corrected)」。就像 Generalized Estimating Equation (GEE) 一樣的功能，但 xtgee 指令較少人知道。

MLM 將層次結構視為具有**實質**意義的母群體特徵。不像下圖之傳統 OLS 固定效果的估計法。

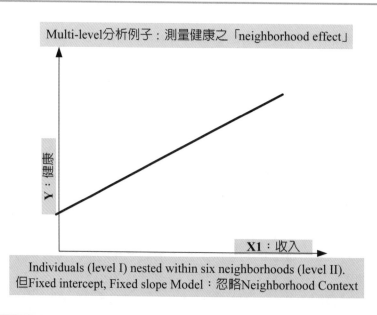

圖 **1-8** Fixed intercept, Fixed slope Model 示意圖 (Intercepts as Outcomes)

二、多層次模型對比「GEE、OLS」之優缺點

MLM 優點：

1. 它比其他非參數方法 (GEE) 更有效率。

2. 模型可超過二層次。

3. 可以描述群集 (cluster) 又稱類聚輪廓或排序。

MLM 缺點：

1. 與其他處理 clusters 的方法相比，多層次模型的強韌 (robust) 較差 (即誤差變異要愈同質愈好處理)，且演算法較難。

2. MLM 需依靠你要會對模型如何界定。需在研究架構中知道共變數應放那個層次，且樣本數要平衡設計。

3. 需要考慮在模型中各個層面都有足夠的樣本數。

4. 你需要在 MLM 與調查權重之間做取捨 (tradeoff)。

小結

1. 多層次模型的複雜性並不總是合理的。

2. 一般的經驗法則是：如果您對 level-2(普查區域 census tract，服務規劃區域等) 的實際身分感興趣 (例如：為了排名目的)，則要使用 MLM。

三、**HLM** 應用在生物醫學的由來

在醫學研究的領域中，階層性的資料結構相當常見。例如：在醫院蒐集的病患資料，有一些是用來描述病患特徵的變數，如性別、年齡等；另外，有一些變數則在表現醫院的特性，如醫院層級別：醫學中心、區域醫院、地區醫院。此時，用傳統的迴歸模型來分析，會忽略了團體層級的影響 (組內相關)，而造成誤差的變異被低估。所以，較為適當的方法為使用多層次的分析 (multilevel analysis)，也就是目前廣被使用的階層線性模型 (Hierarchical Linear Model, HLM)。

近幾年來，採用多層次模型分析之醫藥公衛相關研究愈見普遍。在期刊文章中常見之 **multilevel model**、**mixed model** 或 **random effect model**，其實指的都是同一件事，目的為處理有類聚／巢狀 **(clustered/nested)** 特性之資料結構 (例如：一群病患從屬於某特定醫師，某群醫師又從屬於某間醫療院所)。

傳統的迴歸僅將依變數與所有可能之自變數放在同一條迴歸式，並未考慮自變數中是否有「非個人 (病人) 層級」之變數 (例如：醫師年資、醫院的評鑑等級)。我們可以想像，一旦忽略了這樣的資料型式，其實迴歸模型中的每一個樣本，似乎不再那麼具獨立性了！病人間，有可能在很多變數上 (特別是非個人層級之變數) 是高度相關，甚至是相同的。於是，從統計檢定上來說，**當某些變數其資料的相關性變高了，則變異數 (variance) 以及迴歸係數的標準差**

(standard error) 將變小，便提高「**Type I error**」的機會。然而，這樣子的迴歸係數若達顯著，結果可能是有偏誤 (biased) 的。

多層次模型，將這類的巢狀關係考慮進迴歸模型中，更允許**組間變異**，即迴歸線得以在高層變數的特性間 (例如：大醫院 vs. 小醫院) 長得不一樣，這就稱為隨機效果 **(random effect)**。假設我們今天透過病人層級 (level-1) 的資料，可發現收入 (x) 會影響健康 (y)，進而繪出了下圖的四種關係。在多層次模型中，我們可以進一步考慮，這樣的關係，在大醫院及小醫院間會不會效果不同？這時候，醫院的規模便為 level-2 的解釋變數。

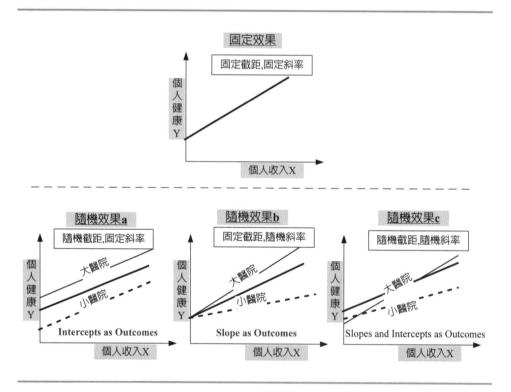

圖 1-9 固定效果 vs. 三種隨機效果 (random effect)

如果大醫院 (細實線) 及小醫院 (細虛線) 之間，x 對 y 的關係一致，只是截距不同 (隨機效果 a)，則這樣的 random effect 是為 intercept-as-outcome 的分析；另外一種類型為 slope-as-outcome 的分析，及 x 對 y 的斜率隨著不同的 level-2 變數而改變 (隨機效果 b、隨機效果 c)，此效果亦表示 **cross-level interaction(** 跨層次的交互作用)，非常值得更進一步的討論。

　　當然，並非所有具巢狀關係之資料都必須採用多層次的分析。研究者可先計算資料的**跨組相關係數 (Intraclass Correlation Coefficient, ICC)** 值，當群組間 (level-2) 變異占整體變異一定的比例 (通常為 **12%**) 時 (Roberts, 2002)，才進行多層次分析。SPSS、SAS 可以處理多層次分析，而 HLM 軟體更將不同層次的迴歸式逐條呈現，對初學者來說較不易混淆。但 SPSS 軟體最強大之處在於它除了線性多層次模型 (mixed,xtmixed 指令) 外，更為離散型依變數提供多層次模型 (melogit、meprobit、meologit、mepoisson、metobit、mestreg、meqrlogit 等指令)。

定義：跨組相關係數 (ICC)

ICC = group (level-2) variance ÷ (level-2 variance + level-1 variance)

跨組相關係數 (ICC) 為分析組間變異占整體變異的比例，可以看出組間變異相對於總變異的比例有多大。

$$ICC = \frac{\mathrm{var}(\varepsilon_{0j})}{\mathrm{var}(\varepsilon_{0j}) + \mathrm{var}(\theta_{0j})}$$

1-2-2 多層次模型之重要性

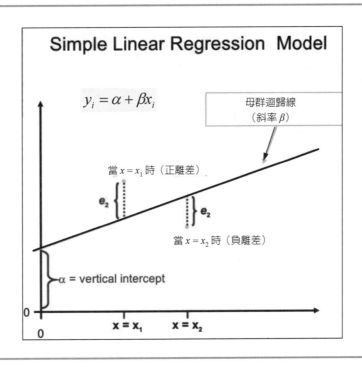

圖 1-10 　單層 OLS 示意圖 (各組的截距及斜率都假定為相同)

　　在組織的場域中，個人的行為與態度可能會受到組織環境的影響；同樣的，組織行動也有可能會受個人因素的作用，因此，研究者在建構與探討組織現象的時候，不能不注意到這個基本的前提。雖然早在 1930 年代前後，學者在理論建構時便已經注意這一個多層次議題，然而，在實證研究上，卻常常忽略了組織多層次巢狀的本質，仍採取單一分析層次的做法。如此一來，理論思維與實證策略的不一致，使得我們在組織知識的累積上受到層次謬誤的干擾。大約近十年，管理領域的學者多已接受了組織現象是宏觀因素與微觀因素相互影響的多層次現象，並將此觀念應用於實證研究。但整體來看，多層次分析仍屬相對少數，國外學界如此，國內學界尤然。如果多層次的現象從單一層次角度切入，最明顯的缺點是可能遺漏了重要的解釋變數，導致解讀偏誤，最嚴重的後果則是知識錯誤的累積。雖然目前國內已經出現以多層次方法處理組織現象的實證研究，顯示國內管理學者開始對多層次研究產生興趣，但目前卻沒有對於多層次研究的概念、理論、與方法等議題方面的深入討論。

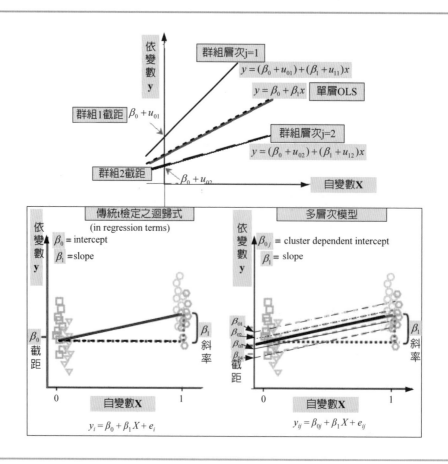

圖 1-11　單層 OLS vs. 多層次迴歸之示意圖

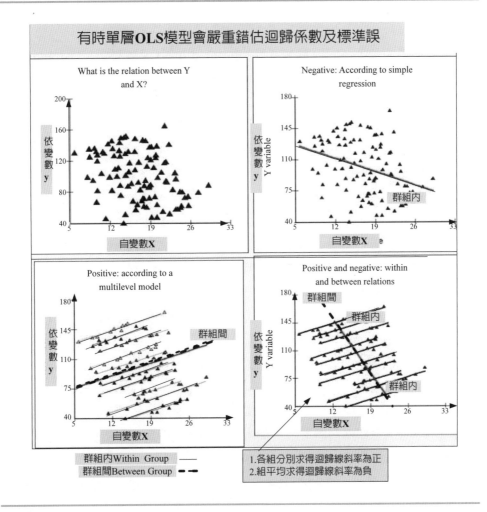

圖 1-12 為何需 multilevel models 呢

註：請見〈1-2-3 傳統單層次 OLS 分析巢狀 (nested) 資料，會出什麼問題？〉詳細解說。

　　以教育學為例，人並非孤立的個體，而是整個社會中的一員，例如：學生層次的資料巢狀於高一層的分析單位 (如班級或學校) 之內，在同一個高階分析單位下的個體會因為相似的特質，抑或受到共享的環境脈絡所影響，造成個人層次資料間具有相依的性質，亦即存在著組內觀察資料不獨立的現象。由此可知，個體的行為或反應不僅會受到自身特性的影響，也會受到其所處的環境脈絡所影響 (Heck & Thomas, 2009)。例如：大魚小塘效果 (big-fish-little-pond effect, BFLPE) 或青蛙池塘 (frog pond) 效果的研究發現，學生對自身的看法與反

應不僅與個人內在的因素有關，亦與其所處的環境因素有密切關聯 (Marsh et al., 2008)。

令人遺憾的是，在處理類聚資料 (clustered data) 或多層次結構 (multilevel structure) 資料時，過去絕大多數研究囿於統計分析方法上的限制，漠視了因多階段抽樣 (multi-stage sampling) 所帶來的組內同質問題，不僅忽略了課室或學校環境氣氛的共享特性，亦忽略了學校環境與個體間的交互影響。由於處於同一環境脈絡下所共享的共同性，將會導致觀察資料間的相依性，造成樣本獨立性假設的違反 (Kreft & Leeuw, 1998)。當研究者以單一層次的統計分析技術去分析多階層結構的資料時，將會違反誤差獨立性假設，且會導致較大的型 I 誤差 (α error)，造成錯誤的參數估計結果與統計推論 (Heck & Thomas, 2009)。

在生物醫學研究領域中，階層性的資料結構相當常見。例如：在醫院蒐集的病患資料，有一些是用來描述病患特徵的變數，如性別、年齡等；另外，有一些變數則在表現醫院的特性，如醫院層級別：醫學中心、區域醫院、地區醫院。此時，用傳統的迴歸模型來分析，會忽略了團體層級的影響 (組內相關)，而造成誤差的變異被低估。所以，較為適當的方法為使用多層次的分析 (multilevel analysis)；也就是目前廣被使用的階層線性模型 (hierarchical linear model, HLM)。

在階層結構的資料中，主要的特徵為具有個體層級以及總體層級，例如上述的例子中，病患即為個體層級，而不同家的醫院即為總體層級。此外，在重複測量設計中，針對每一受試者 (subject) 在不同時間點測量感興趣的反應變數 (response)，亦可視為階層化的資料，在這種情形下，個體層級為不同次重複測量，而總體層級為不同的受試者 (subject)。階層線性模型分析上的想法即為將第一層各分層的迴歸係數 (coefficient) 當成是第二層依變數 (response)，這樣的方式即為斜率結果變數 (slope as outcome) 分析。在執行分析的軟體上，目前大多以 HLM、SPSS 來進行階層線性模型的分析。

1-2-3 傳統單層次 OLS 分析巢狀 (nested) 資料，會出什麼問題？

傳統在教育社會學、教育心理學或社會心理學領域的研究中，常面臨依變數在測量「學生階層」(student-level) 或「個人階層」(personal-level) 的變數 (如：學生個人成績)，但自變數中卻包含一些測量「學校階層」(school-level) 或「組

織階層」(organization-level) (如：各校的所在地、學生人數) 的變數。此時若用傳統的迴歸分析，將導致兩難的局面：

1. 如果以個人作爲分析的單位 (disaggregation)，將使估計標準誤 (estimated standard errors) 變得過小，而使型 I 誤差 (type I error) 過於膨脹，同時也無法符合迴歸殘差之同質性假定 (assumption)。
2. 如果以組織作爲分析的單位 (aggregation)，並將各組織中個人變數的平均數作爲依變數，將導致其他以個人爲單位的自變數難以納入，組織內在 (within-group) 的訊息均被捨棄，且易因組織的特性造成分析結果解釋上的偏誤。

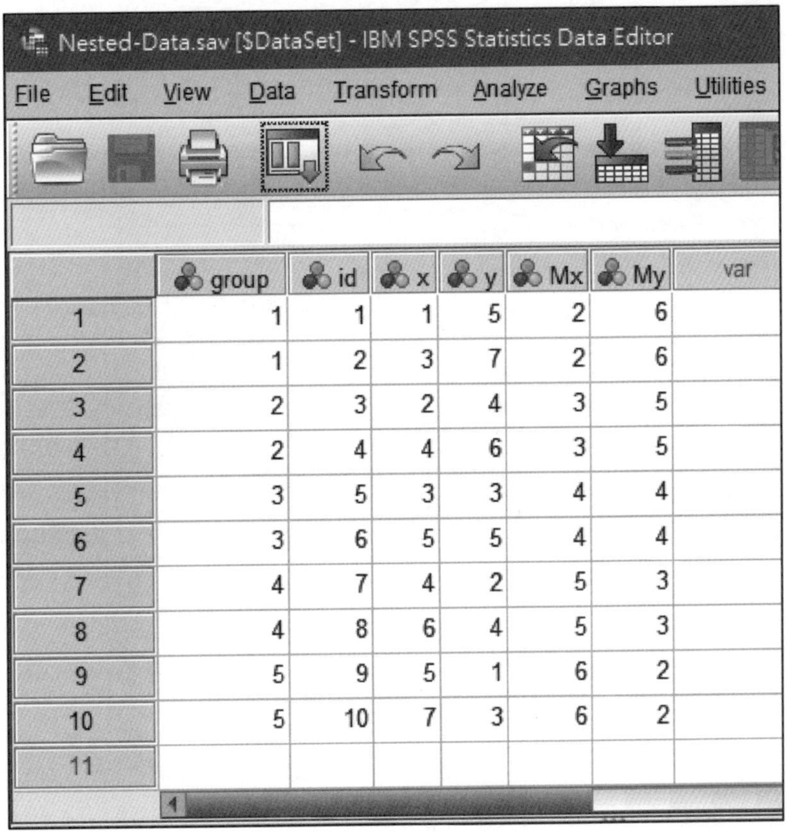

	group	id	x	y	Mx	My	var
1	1	1	1	5	2	6	
2	1	2	3	7	2	6	
3	2	3	2	4	3	5	
4	2	4	4	6	3	5	
5	3	5	3	3	4	4	
6	3	6	5	5	4	4	
7	4	7	4	2	5	3	
8	4	8	6	4	5	3	
9	5	9	5	1	6	2	
10	5	10	7	3	6	2	
11							

圖 1-13 「Nested-Data.sav」資料檔內容

Step-1：對照組：求各分組樣本的 **OLS**

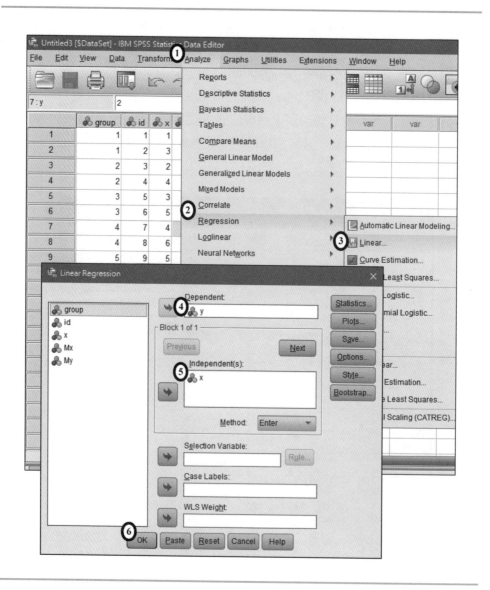

圖 1-14　單層次 OLS 迴歸「**regress** y x」畫面

對應的指令語法：

```
title "為何需多層次.sps".
GET
  FILE='D:\CD\Nested-Data.sav'.

subtitle " Step-1 ：對照組：單層次 OLS 迴歸".
REGRESSION
  /MISSING LISTWISE
  /STATISTICS COEFF OUTS R ANOVA
  /CRITERIA=PIN(.05) POUT(.10)
  /NOORIGIN
  /DEPENDENT y
  /METHOD=ENTER x.
```

【A. 分析結果說明】單層次 OLS 迴歸

	Coefficients[a]					
		Unstandardized Coefficients		Standardized Coefficients		
Model		B	Std. Error	Beta	t	Sig.
1	(Constant)	5.333	1.453		3.671	.006
	自變數	-.333	.333	-.333	-1.000	.347

a. Dependent Variable: 依變數

1. 單層次 OLS 迴歸式：y=5.333 − 0.333 x

2. 迴歸係數 (斜率) 為負數。

3. 表示，X 每增加一單位，Y 就減少 0.33 個單位。

Step-2：實驗組：多層次 OLS 迴歸

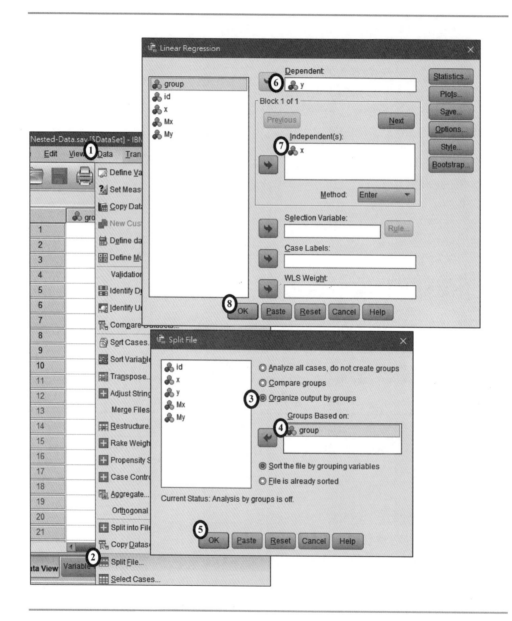

圖 1-15 先「SPLIT FILE SEPARATE BY group」，再「**regress** y x」畫面

```
title "為何需多層次 .sps".
GET
  FILE='D:\CD\Nested-Data.sav'.

subtitle Step-2：實驗組：多層次 OLS 迴歸".
* 先以 group 分割檔案，再 OLS 迴歸 .
SORT CASES  BY group.
SPLIT FILE SEPARATE BY group.

REGRESSION
  /MISSING LISTWISE
  /STATISTICS COEFF OUTS R ANOVA
  /CRITERIA=PIN(.05) POUT(.10)
  /NOORIGIN
  /DEPENDENT y
  /METHOD=ENTER x.
```

【A. 分析結果說明】多層次 OLS 迴歸

學校 ID = 1

Coefficients[a, b]

Model		Unstandardized Coefficients B	Std. Error	Standardized Coefficients Beta	t	Sig.
1	(Constant)	4.000	.000		.	.
	自變數	1.000	.000	1.000	.	.

a. 學校 ID = 1
b. Dependent Variable: 依變數

學校 ID = 2

Coefficients[a, b]

Model		Unstandardized Coefficients B	Std. Error	Standardized Coefficients Beta	t	Sig.
1	(Constant)	2.000	.000		.	.
	自變數	1.000	.000	1.000	.	.

a. 學校 ID = 2
b. Dependent Variable: 依變數

學校 ID = 3

Coefficients[a, b]

Model		Unstandardized Coefficients B	Std. Error	Standardized Coefficients Beta	t	Sig.
1	(Constant)	.000	.000		.	.
	自變數	1.000	.000	1.000	.	.

a. 學校 ID = 3
b. Dependent Variable: 依變數

學校 ID = 4

Coefficients[a, b]

Model		Unstandardized Coefficients B	Std. Error	Standardized Coefficients Beta	t	Sig.
1	(Constant)	-2.000	.000		.	.
	自變數	1.000	.000	1.000	.	.

a. 學校 ID = 4
b. Dependent Variable: 依變數

學校 ID = 5

Coefficients[a, b]

Model		Unstandardized Coefficients B	Std. Error	Standardized Coefficients Beta	t	Sig.
1	(Constant)	-4.000	.000		.	.
	自變數	1.000	.000	1.000	.	.

a. 學校 ID = 5
b. Dependent Variable: 依變數

1. 單層次 OLS 迴歸式：y=5.333 - 0.333 x，迴歸係數為負數。

2. 多層次 OLS 迴歸式，五個小組 (group) 之迴歸係數改為正數。

3. 各組迴歸式斜率為正，但全體 OLS 斜率為負。可見 nested 資料結構，不適合採用單層次 OLS 迴歸。

4. 這五群組 (group) 各別進行最小平方法 (OLS) 迴歸，結果如下圖，五群組的斜率均為正值：

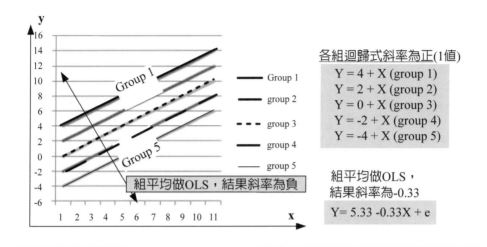

圖 1-16　這五群組 (group) 各別進行最小平方法 (OLS) 迴歸 (組平均做 OLS，結果斜率為負)

不用傳統「單層」固定效果 OLS，而應改用多層次「MIXED」指令，如下。

```
title "改用多層次「MIXED」指令.sps".
GET
  FILE='D:\CD\Nested-Data.sav'.

subtitle "Step-2: 未組平減，多層次「MIXED」分析".
* 群組層：group 變數。行 4「/FIXED=INTERCEP」，界定 x 為 level-1 的隨機截距.
*「RANDOM=INTERCEPT」後無變數，即 level-2 無隨機斜率.
MIXED y WITH x
  /CRITERIA=CIN(95) MXITER(100) MXSTEP(10) SCORING(1) SINGULAR(0.000000000001) HCONVERGE(0,
    ABSOLUTE) LCONVERGE(0, ABSOLUTE) PCONVERGE(0.000001, ABSOLUTE)
  /FIXED=x | SSTYPE(3)
  /METHOD=REML
  /PRINT=SOLUTION TESTCOV.
```

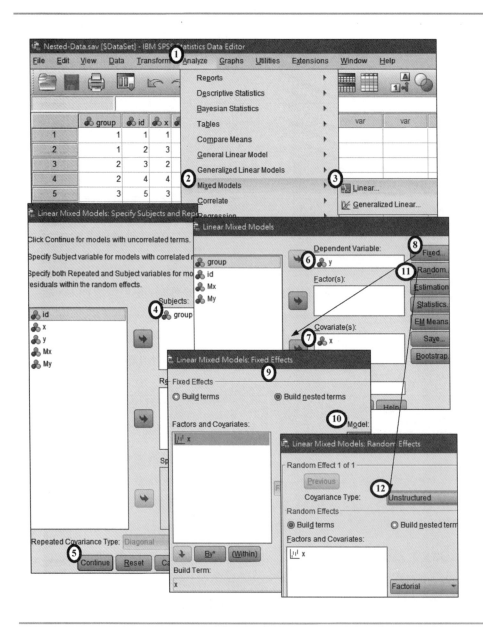

圖 1-17 改用多層次「MIXED」指令畫面 (intercepts as outcomes)

【**A.** 分析結果說明】多層次「**MIXED**」

Estimates of Fixed Effectsa[a]

Parameter	Estimate	Std. Error	df	t	Sig.	95% Confidence Interval	
						Lower Bound	Upper Bound
Intercept	5.333333	1.452966	8	3.671	.006	1.982787	8.683880
	-.333333	.333333	8	-1.000	.347	-1.102001	.435335

a. Dependent Variable: 依變數

1. 本例是隨機截距 (**Intercepts as Outcomes**)。
2. 多層次迴歸式為：

   y=5.333 -0.333 x

Step-3：實驗組：組平減，再單層次 **OLS** 迴歸

3. 本例另一解法，就是組平減，再多層次迴歸分析。指令如下：

```
subtitle "Step-3: 組平減，OLS 分析".
REGRESSION
  /MISSING LISTWISE
  /STATISTICS COEFF OUTS R ANOVA
  /CRITERIA=PIN(.05) POUT(.10)
  /NOORIGIN
  /DEPENDENT My
  /METHOD=ENTER Mx.
```

【**A.** 分析結果說明】單層次 **OLS** 迴歸

Coefficients[a]

Model		Unstandardized Coefficients		Standardized Coefficients	t	Sig.
		B	Std. Error	Beta		
1	(Constant)	8.000	.000		.	.
	自變數	-1.000	.000	-1.000	.	.

a. Dependent Variable: 組平均

1. 組平均再 OLS，求得 Y = 8 −1.0 X + e
2. 表示每增 X 一個單位，Y 就減少一個單位。
3. 但組平均 (考量群組因素) 仍減損了統計檢定力 (power)：「1-β」。故要採取混合模型分析 (mixed 指令) 才對。
4. 此外，組平均結果與以前的分析預期不同。

「mixed」指令內定法：受限制最大概似 (restricted maximum likelihood, reml 估計法)

在統計中，受限制 (或 residual、reduced) 最大概似法 (REML)，是一種特殊形式的最大概似法，它不同於最大概似估計法來適配所有樣本數據，而是使用概似函數 (likelihood function) 從已轉換的一組對比式數據，使得一些煩擾參數 (nuisance parameters) 變成無效果。

在變異成分 (variance component) 估計時，原始資料會先單位變換成「一些對比資料集 (a set of contrasts)」，likelihood function 再從「complete data set」來估算這些對比式 (contrasts) 的機率分布。

REML 特別適合線性混合模型的估計。它與早期的最大概似估計 (ML) 法相反，REML 可以產生變異和共變數參數的無偏估計。REML 估計源自 1937 年 M. S. Bartlett 的概念。第一次提出估計變異成分之估計法，是 1971 年 Edinburgh 大學 Desmond Patterson 及 Robin Thompson 二位學者。

REML 估計法常出現一般統計套裝軟體：包括 GenStat(REML 指令)、SAS (proc MIXED)、SPSS(MIXED 指令)、SPSS(MIXED 指令)、JMP(統計軟體)、R 軟體 (lme4、older nlme packages)，以及其他專業統計軟體，包括：MLwiN、HLM、ASReml、(ai)remlf90、wombat、Statistical Parametric Mapping 及 CropStat。

1-2-4 脈絡變數 (contextual variables)vs. 總體變數

　　人並非孤立的個體，而是整個社會中的一員，例如：學生層次的資料巢狀 (nested) 於上一層的分析單位 (如班級或學校) 之內，在同一個高階分析單位下的個體會因為相似的特質，抑或受到共享的環境脈絡所影響，造成個人層次資料間具有相依的性質，亦即存在著組內觀察資料不獨立的現象。由此可知，個

體的行爲或反應不僅會受到自身特性的影響，也會受到其所處的環境脈絡所影響。

一、多層線性模型 (HLM) 中的脈絡變數 vs. 總體變數

在多層線性模型 HLM 分析中，個體層的變數是來自於個體自身的變數，例如：具體每個個體的性別、年齡、成績、人格特質、智力等，而在總體層中的變數則有兩類：脈絡變數和總體變數。

總體變數是指總體自身所具有特徵或屬性，例如：班級的規模、專業類型、地區的經濟發展程度等，這些屬性或特徵不是個體特徵的簡單彙集，例如：不論個體的特徵爲何，都無法說明班級規模這一總體變數。

脈絡變數 (contextual variable) 也稱情境變數，是指該變數不是總體層本身的特徵或屬性，而是來自於個體某些變數的彙集，這種個體變數一般是連續變數，而脈絡變數則是取個體變數的均值。例如：每個班級的學生個體都有自己的個體變數，如生活費和學習成績，當用每個班級所有學生的生活費和學習成績的平均值作爲總體層變數引入模型時，這些平均值變數就是一種脈絡變數，反映班級的經濟地位以及學業成就地位。

二、脈絡變數 (contextual variable)

在多層次模型中，**脈絡效果**被定義爲「脈絡變數（個體層次解釋變數的組平均）對於結果變數的影響，在排除了個體層次解釋變數的影響後的淨效果」，脈絡效果在教育與心理領域用來反映個體所身處的情境對個體所造成的影響，具有方法學上的重要分析價值。

在多層次資料結構中，最底層是由最小的分析單位所組成（例如：個別的學生），稱爲個體層次 (micro level)。越高階的層次則分析單位越大，稱爲總體層次 (macro level)，例如：學生爲第一層（個體層次），其所屬的「班級」屬於第二層（總體層次），班級所屬的「學校」屬於第三層（亦爲總體層次）。在傳統的 MLM 模型中，依變數（或稱爲效標變數或準則變數）是個體層次的觀察值，對於依變數進行解釋的預測變數（稱爲解釋變數或自變數）可以存在於個體層次，也可以存在於總體層次，或同時存在兩個層次，用以探討不同層次解釋變數對於依變數的影響。

在 MLM 模型中，有一個特殊的變數形式稱爲**脈絡變數** (contextual variables)，亦即個體層次解釋變數透過組內聚合 (aggregate) 程序（即組平減）形

成高階解釋變數，稱爲脈絡變數 (Duncan, Curzort & Duncan, 1966)，例如：學生 IQ 對於學業成績的影響，學生 IQ 雖作爲個體層次解釋變數，但可聚合成爲平均班級 IQ(亦即求取全班學生 IQ 的平均數)，此時的平均 IQ 即爲脈絡變數，以「班級」爲測量與分析單位。如果還有學校的區分，班級層次的脈絡變數可以再聚合成更高階的校級層次平均 IQ。

定義：組內聚合 (aggregate)

以「性別及學校層次因素對學生學習情緒之影響：個人 (X 變數) 與情境 (Z 變數) 交互作用之多層次分析」爲例。假設脈絡變數只包含學校平均科學素養。在測量上是分別將同屬於一個學校的學生的科學素養的分數 (Z 變數)，藉由組內聚合 (aggregate) 程序產生相同測量內涵的聚合脈絡變數 (aggregated context variables)，亦即將個別學生的分數依其所屬學校層次 (Level-2 分析單位) 予以加總，以求得一個**加總平均數** (aggregated means)，即總平減求得 ($Z - \bar{Z}$)。就學校平均科學素養的測量而論，係將個別學生的科學素養藉由組內聚合成學校平均科學素養 ($Z - \bar{Z}$)，亦即將同一個學校的學生在科學素養的數值予以**加總平均**，得分愈高的學校代表該校的科學素養愈高。

脈絡變數的存在價值，在於使研究者得以實證方法來進行脈絡分析 (contextual analysis)，避免生態謬誤 (ecological fallacy)。因爲脈絡變數反應了環境或背景的特徵，脈絡變數對個體的影響即是一種脈絡效果 (contextual effects)。脈絡變數的一個方法上的限制，是個體層次的變數雖可以簡單的數學算則聚合成高階層次的脈絡變數，但是聚合後的變數背後的構念性質是否與個體層次測量構念仍然一致，還是產生了變化 (構念偏移)，則是一個根本的測量問題或構念效度問題。例如：個體的成績聚合成總體層次的全班平均成績時，在個體層次與總體層次都是同樣的意義 (學業能力指標)，但個體層次 IQ 與總體層次的 IQ，可能就反映了不同的構念。也就是說，同一個測量變數在不同階層自成不同分析單位的隨機變數，但未必反映相同的測量內容或構念。從數學的角度來看，高階變數觀察值爲低階變數平均值，爲高階變數的不偏估計數，但是從測量的觀點來看，總體層次的脈絡變數的構念性質卻必須重新經過構念效度的檢視。

過去文獻上對於脈絡變數的探討，多是在 MLM 的方法架構下，利用低階層次變數在高階所得到的平均值，形成脈絡變數後，檢驗其對於截距 (intercept)

或斜率 (slope) 造成影響 (Stephenson, 2006)。例如：以學校中的個別老師的組織創新氣氛知覺分數，聚合成學校層次的脈絡變數後，進而對於個別老師的績效表現造成影響，示範了脈絡變數的 MLM 分析。這些研究雖可利用 MLM 模型檢視脈絡變數對於個體的影響，仍未對於脈絡變數本身的潛在結構 (sem、gsem 指令) 進行檢視。

基本上，MLM 模型中的變數為外顯變數 (manifest variables)，變數數值為沒有測量誤差的真實測量。脈絡變數由個體層次變數聚合成總體層次變數，本質上仍是外顯變數，變數所反應的內容無法以傳統心理計量中的效度檢驗程序來檢視，因此有學者質疑脈絡變數未必反應研究者所預設的環境或脈絡實體 (Raudenbush, 2003)。更進一步的，如果脈絡變數背後具有特殊的因素模型時，亦即脈絡變數背後存在特定的潛在構念時，脈絡變數更不宜以外顯變數來處理，可改用 gsem 指令。

三、例子：脈絡變數 (contextual variable) 對學習情緒 y 的影響

脈絡變數 (contextual variables)，係個體層次解釋變數透過組內聚合 (aggregate) 程序形成高階解釋變數，稱為脈絡變數 (Duncan, Curzort & Duncan, 1966)，反之亦然。有關環境對個體的影響，抑或個人與團體的互動關係，社會認知理論 (social cognitive theory) 主張人類的心理功能會受到環境、行為和認知與其他個人因素三者的交互作用所影響，亦即個人因素、行為和環境因素三者間彼此相互依賴，因此促成了人們後續的行為與反應 (Bandura, 1997)。

有關環境脈絡因素對學習情緒之影響，以 Pekrun(2000) 的控制價值理論最具代表性，它假設學習環境因素會影響個體對於與成就相關的控制與價值評估，並影響其情緒經驗 (Pekrun, 2006)。

以學習情緒 y(學生從事學習活動時所產生的情緒) 為例，個人層次之解釋變數包括：性別 (女生編碼為 0、男生為 1)、科學素養 Z_1、工作價值 Z_2、自我效能 Z_3 及學習情緒 y。其對應的脈絡變數包含：學校平均科學素養、學校平均工作價值及團體效能。在測量上是分別將同屬於一個學校的學生的科學素養、工作價值和自我效能的分數，藉由組內聚合 (aggregate) 程序產生相同測量內涵的聚合脈絡變數 (aggregated context variables)，亦即將個別學生的分數依其所屬學校層次 (Level-2 分析單位) 予以加總，以求得一個加總平均數 (aggregated means)。

故脈絡變數包含學校平均科學素養 $\bar{Z}_1$、學校平均工作價值 $\bar{Z}_2$ 及團體效能 $\bar{Z}_3$。在測量上是分別將同屬於一個學校的學生的科學素養、工作價值和自我效

能的分數，藉由組內聚合 (aggregate) 程序產生相同測量內涵的聚合脈絡變數 (aggregated context variables)，亦即將個別學生的分數依其所屬學校層次 (Level-2 分析單位) 予以加總，以求得一個加總平均數 (aggregated means)。

首先，就學校平均科學素養的測量而論，係將個別學生的科學素養藉由組內聚合成學校平均科學素養 $\bar{Z}_1$，亦即將同一個學校的學生在科學素養的得分 Z_1 予以加總平均，得分愈高的學校代表該校的科學素養愈高。其次，就學校平均工作價值而論，由於學校無法如個人一樣填寫問卷，因此一所學校內的學生對於科學學習所共同形塑的工作價值 Z_2，在測量上需透過組內聚合程序將同一個學校內的學生的工作價值求取平均數，並以平均數代表該校的學校平均工作價值 $\bar{Z}_2$，得分愈高者，表示該校學生對於科學學習的價值認同愈高。最後，就團體效能而論，團體效能 $\bar{Z}_3$ 係指團體成員對其所屬團體能力之判斷，是一種團體的共享信念 (Bandura, 1997, 2000)。

1-3 多層次分析之模型界定

在社會科學研究、生醫和其他領域中，研究的數據通常具有分層 (hierarchical) 結構。也就是說，研究樣本可被分類或重新劃分到具有不同特性的分組中。

在這種情況下，個體可以被看成是研究的第一層 (level-1) 單元，而那些區分開他們的組也就是第二層 (level-2) 單元。它又可被進一步再分組，即第二層 (level-2) 的單元又可被分類到第三層單元中。在這個方面很典型的示例：教育學 (學生位於第一層，學校位於第二層，城市是第三層)，社會學 (個體在第一層，鄰居在第二層)。

1-3-1 多層次模型之示意圖

在階層結構的資料中，主要的特徵具有個體層級 (individual) 以及總體層級 (group)，例如醫院。病患即是個體層級，而不同家的醫院即是總體層級。

在重複測量 (repeated measures) 設計中，你對每一受試者 (subject) 在不同時間點重複測量依變數 (response) 數據 (e.g. 藥物濃度)，它亦可視為階層化的資料，在這種情形下，個體層級為不同次重複測量，而總體層級為不同的受試者 (subject)。

重複量數 (或稱重複測量設計)，用於了解同一組受試者在接受多次測量

後，這些測量分數彼此間的差異，重點並不是在比較受試者間 (between subject) 的差異，而是受試者「自己」於不同時間點的分數差異。故重複測量 ANOVA 旨在比較每一個受試者，自己接受多次測量的變化，是否有明顯差異，就是這受試者「內」因子 (within subject)。

階層線性模型分析，若將第一層各分層的迴歸係數 (coefficient) 當成是第二層依變數 (response)，這樣的方式即 「隨機斜率」斜率結果變數 (slope as outcome) 分析。

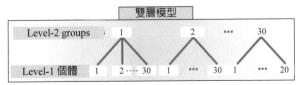

單一自變數，其Level-1公式為：$Y_{ij} = \beta_{0j} + \beta_{1j} X_{ij} + e_{ij}$

y_{ij}：Level-1 個體層觀察值在依變數之得分 (subscript i refers to individual case, subscript j refers to the group)。

x_{ij}：Level-1 的預測因子 (predictor)。

β_{0j}：the intercept of the dependent variable 在 (Level 2) 群組 j 之依變數的截距。

β_{1j}：在 j 組 (Level-2) 中，Level-1 預測變數與依變數之斜率關係。

e_{ij}：Level-1 方程式的預測隨機誤差 (有時也稱為 r_{ij})。

單一自變數，其Level-2公式是：
依變數是 Level-2 組中 Level-1 自變數的截距和斜率。

截距：$\beta_{0j} = \gamma_{00} + \gamma_{01} W_j + u_{0j}$

斜率：$\beta_{1j} = \gamma_{10} + u_{0j}$

其中

γ_{00}：整體截距。當所有預測變數等於 0 時，這是所有組中依變數分數的總平均值。

W_j：Level-2 預測因子。

γ_{01}：依變數和 Level-2 預測變數之間的整體迴歸係數或斜率。

u_{0j}：組的截距與整體截距的離差之隨機誤差成分。

γ_{10}：依變數和 Level-1 預測變數之間的整體迴歸係數或斜率。

u_{1j}：斜率的誤差成分 (意味著斜率與整體斜率之離差)。

圖 1-18 雙層模型之迴歸式公式

定義：雙層模型

Level I (within) 是個體 (individuals)，Level II (between) 是群組 (group)。

在實務中，所有 level 方程是同時估計。

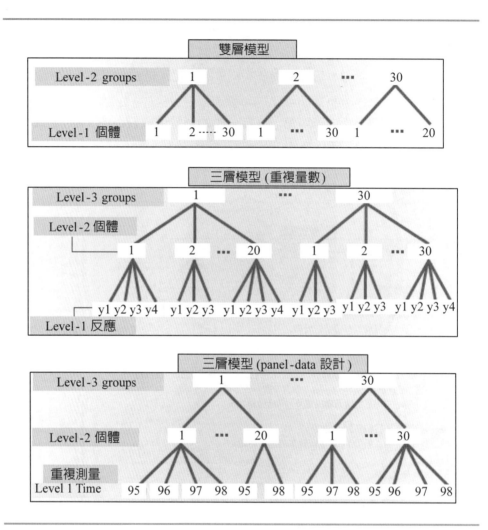

圖 1-19 雙層模型 vs. 三層模型

　　HLM 不僅僅估計每一層的模型係數，也預測與每層的每個採樣單元相關的隨機效果 (random effects)。雖然 HLM 常用在教育學研究領域 (該領域中的數據通常具有分層結構)，但它也適合用在其他任何具有分層結構數據的領域。這包括縱向分析 (longitudinal analysis)，在這種情況下，在個體被研究時的重複測量可能是巢狀 (nested) 的。此外，雖然上面的舉例，暗示在這個分層結構的任意層次上的成員 (除了處於最高層次的) 是巢狀 (nested) 的，HLM 同樣也可以處理成員關係為「交叉」(crossed)，而非必須是「巢狀」(nested) 的情況，在這種情況下，一個學生在他的整個學習期間可以是多個不同教室裡的成員。

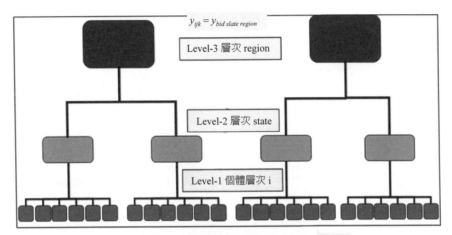

regional 和 states 內的觀察值可能相關。
states 內部的觀察值平均數會有所不同。
Regional 的平均值會有所不同。

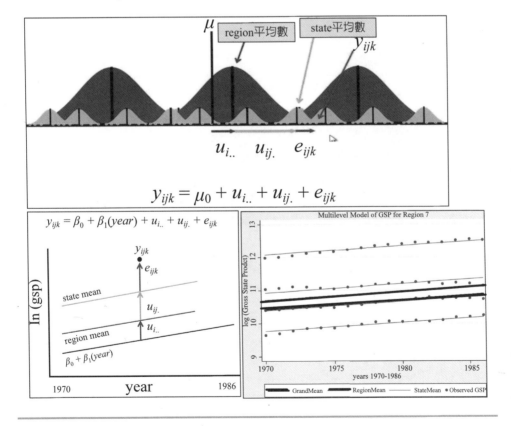

圖 1-20 三層迴歸式示意圖 (Y 軸：Gross State Productivity, GSP)

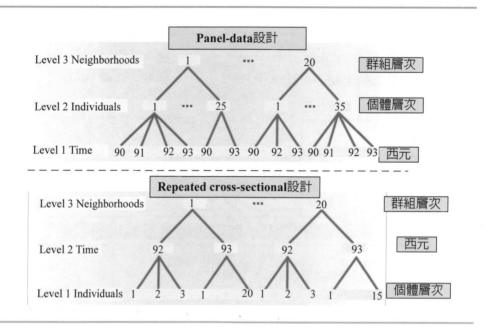

圖 1-21 三層迴歸式示意圖 2

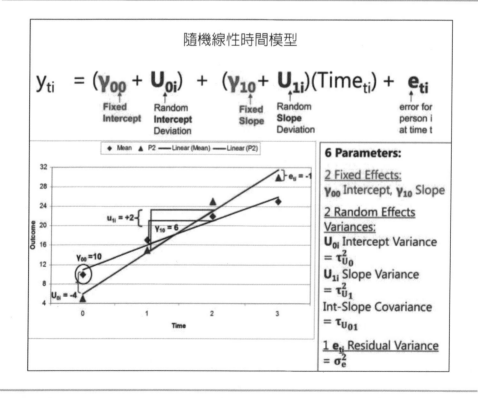

1-3-2 多層次模型之假定 (assumption)

多層次模型的假定，和其他一般線性模型 (如：ANOVA、多元迴歸) 雷同，但有些假定仍因巢狀資料而有些微不同。

> 多元迴歸，又稱複迴歸 (multiple regression model)，其模型為：
> $$y = \beta_0 + \beta_1 X_1 + \beta_2 X_2 + \cdots + \beta_k X_k + e$$
> (1) 模型的參數 β_k 對每個觀察值而言都是相同的。
> (2) β_k：當 X_k 增加一單位，而所有其他變數均保持不變時的 E(y) 變動。

1. 線性 (linearity)

線性假定是指解釋變數 (Z,X) 與依變數 (Y) 是直線關係，即係數「β_0、β_1、$\cdots$、β_p」是**線性** (一次方)，而非曲線 (二次方、指數次方……) 或 U 型關係。但該多層次模型亦可擴展到非線性關係。例如《**多層次模型 (HLM) 及重複測量：使用 STaTa**》ch10，介紹 SPSS 的 menl 指令 (nonlinear mixed-effects regression)，即專門處理非線性多層次模型。

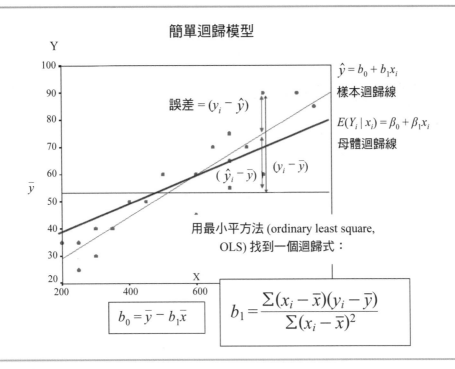

簡單迴歸模型

圖 1-23 預測變數和依變數之間是線性關係

2. 常態性 (normality)

常態性假定是指每個層次 (level-1 與 level-2) 的誤差項是符合常態分布。若假定 (assumption) e_i 為常態分配，則 $e_i \sim N(0, \sigma^2)$ 或 $y_i \sim$ 符合常態分配。

3. 同質性 (homoscedasticity)

同質性假定是指變異數同質性 (homogeneity of variance)，即母群體變異數是相等的。

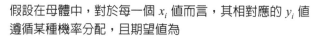

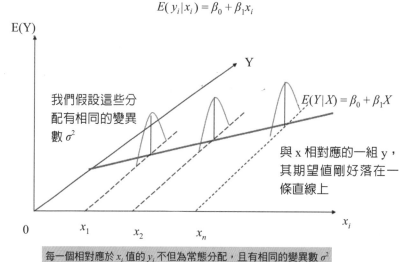

假設在母體中，對於每一個 x_i 值而言，其相對應的 y_i 值遵循某種機率分配，且期望值為

$$E(y_i|x_i) = \beta_0 + \beta_1 x_i$$

我們假設這些分配有相同的變異數 σ^2

$$E(Y|X) = \beta_0 + \beta_1 X$$

與 x 相對應的一組 y，其期望值剛好落在一條直線上

每一個相對應於 x_i 值的 y_i 不但為常態分配，且有相同的變異數 σ^2

圖 1-24 殘差同質性之示意圖

4. 觀察值之獨立性 (independence of observations)

獨立性是指一般線性模型，即受試者都是隨機取樣的，故受試者在依變數得分是獨立的。多層次模型主要目的之一是處理違反獨立假定的情況；故多層次模型假定：(1) level-1 與 level-2 方程式的殘差 (residuals) 是無相關的 (uncorrelated)。(2) 在最高層次裡，誤差 errors 之間 (測量自殘差) 是無相關的。但重複測量的數據中，殘差幾乎都具有 AR(1)、AR(2) 的共變數結構，非線性多層次模型亦不例外，故你要在 menl、mixed、mixed 等指令中，則需另外界定誤差之共變數結構。

1-3-3 隨機截距 vs 隨機斜率之 4 種關係

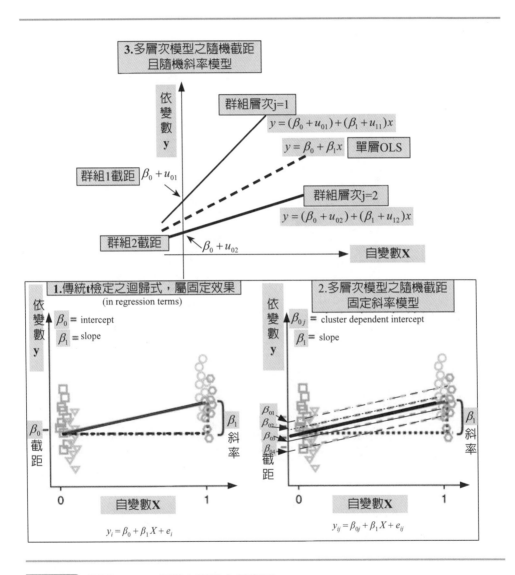

一、SPSS 多層次模型之型態 (type) 可分成三種

Type 1 隨機截距模型 (random intercepts model)(Intercepts as Outcomes)：它是 SPSS 之 mixed 指令的內定估計法

　　隨機截距模型就是允許各小組的截距是變動的，但斜率保持固定不動。因此，依變數在每個個體的預測值是來自不同群組的截距，且斜率保持固定不動的。

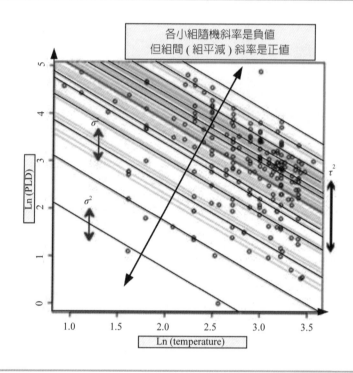

<u>圖 1-26</u>　Random Intercept 示意圖：溫度 (temperature) 對浮游幼蟲持續時間 (planktonic larval duration, PLD) 的影響

Multi-level Analysis: Example of measuring "class(班級) effect" of popular(好人緣) status
Individuals (level I) nested within class(班級) (level II).

Random Intercepts, Fixed Slopes (Coefficients)

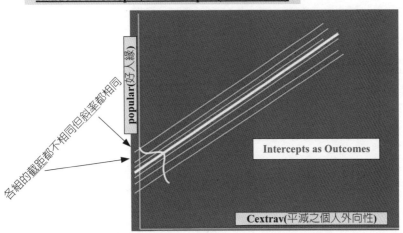

* SPSS指令:model-2.隨機截距(固定斜率).
GET FILE='D:\CD\popular2.sav'.

*descriptives指令先求全體平均數，compute指令再求離均差(即Xij-mean)並存至C開頭變數.
descriptives variables=sex extrav
  /statistics=mean.
compute Csex=sex-0.51.
compute Cextrav=extrav-5.21.
  execute.

*班級別：class變數。行2「/FIXED=INTERCEP」，界定為level-1的隨機截距.
*第5行，「RANDOM=INTERCEPT」後無變數，即level-2無隨機斜率.
MIXED popular WITH Cextrav
 /FIXED=INTERCEPT Cextrav | SSTYPE(3)
 /METHOD=REML
 /PRINT=SOLUTION TESTCOV
 /RANDOM=INTERCEPT | SUBJECT(class) COVTYPE(UN).

圖 1-27 Random Intercepts, Fixed Slopes (Coefficients) 示意圖二

Type 2 隨機斜率模型 (random slopes model)：Intercepts as Outcomes

　　隨機截距模型就是允許各小組的斜率是變動的，但截距保持固定不動。因此，依變數在每個個體的預測值是來自不同群組的斜率，且截距保持固定不動的。

Type 3 隨機截距且隨機斜率模型 **(random intercepts and slopes model)**，又稱隨
機係數模型：Slopes and Intercepts as Outcomes

此模型包含：隨機截距、隨機斜率模型兩者特性，雖然它是最複雜，但卻
最眞實 (realistic)。

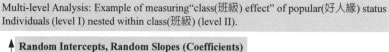

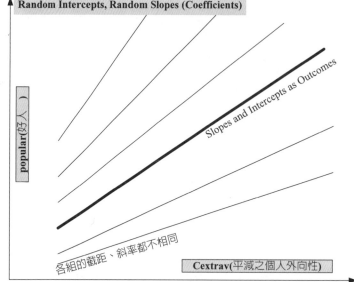

```
* SPSS指令:model-3.隨機截距且隨機斜率模型.
GET FILE='D:\CD\popular2.sav'.

*descriptives指令先求全體平均數，compute指令再求離均差(即Xij-mean)並存至C開頭變數.
descriptives variables=sex extrav
   /statistics=mean.
compute Csex=sex-0.51.
compute Cextrav=extrav-5.21.
 execute.

*行2「/FIXED=INTERCEP」接Cextrav,界定為level-1的隨機截距.
*第5行,「RANDOM=INTERCEPT」接Cextrav變數,即level-2有隨機斜率.
MIXED popular WITH Cextrav
 /FIXED=INTERCEPT Cextrav | SSTYPE(3)
 /METHOD=REML
 /PRINT=SOLUTION TESTCOV
 /RANDOM=INTERCEPT Cextrav | SUBJECT(class) COVTYPE(UN).
```

圖 1-28 Random Intercepts, Random Slopes (Coefficients) 示意圖

假設七個小群組，以各群組分別用 OLS 來繪迴歸線，其原貌如下圖，可看出這七條迴歸線的截距及斜率，長相各不一樣。

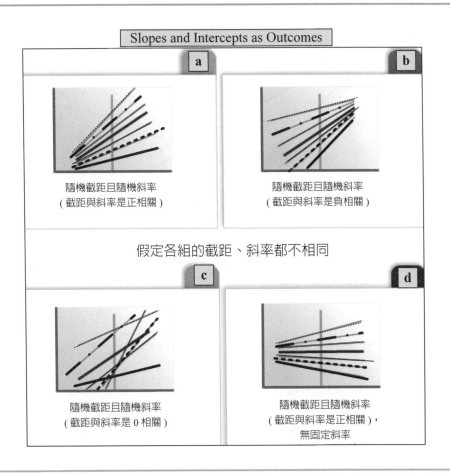

圖 1-29 四種隨機截距 vs 隨機斜率之關係（假定各組的截距、斜率都不相同）

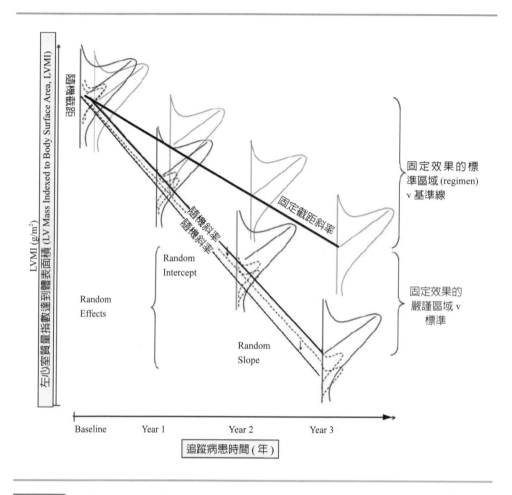

圖 1-30 固定效果＋隨機截距＋隨機斜率，三者關係圖

1-3-4a 隨機係數模型之 3 種設定 (random coefficient modeling)

一、名詞解釋

1. 隨機效果 (random effects)

(1) 實驗條件 (experimental conditions) (e.g. 醫學實驗條件)。

(2) 固定 Fixed：可以推斷實驗中使用的治療方法。

(3) 隨機 Random：為了廣義化的目的 (for purposes of generalization)

2. 隨機變數 (random variables)

(1) 固定 Fixed：已知的變數 (e.g. 性別)

(2) 隨機 Random：具有從概率分布中選擇的值的變數並且具有誤差來測量 (e.g. 智力 IQ)。

二、隨機係數建模 (Random Coefficient Modeling)

1. 隨機係數 (random coefficients)

(1) 固定 Fixed：係數 (e.g. slopes or intercepts) 在跨群組時不會變動 (do not vary across people/teams/etc).

(2) 隨機 Random：將估計值估計為作為概率函數分布的係數。

2. 隨機係數不等同於隨機效果或變數。

方程式 vs. 設計／實驗操弄

3. 是廣義線性模型的延伸 (extension of the generalized linear model)

4. 主要興趣放在最低層的測量結果。分成：

(1) 截距為結果「Intercepts as outcomes」

(2) 斜率為結果「Slopes as outcomes」

三、建模─隨機截距：Intercepts as Outcomes

例如：你的研究假設為：

H_1：團隊授權影響平均個人績效 (group team empowerment impacts average individual performance)

H_1: 團隊授權影響平均個人績效(Group team empowerment impacts average individual performance)

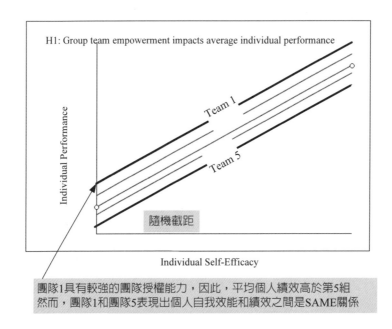

團隊1具有較強的團隊授權能力，因此，平均個人績效高於第5組
然而，團隊1和團隊5表現出個人自我效能和績效之間是SAME關係

圖 1-31 隨機係數建模例子：Intercepts as Outcomes

四、建模二隨機斜率：Slopes as Outcomes

H_1：團隊授權調節／干擾自我效能和個人績效之間的關係

H_1:團隊授權調節／干擾自我效能和個人績效之間的關係

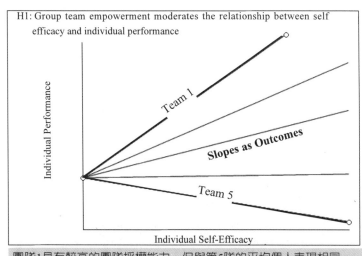

團隊1具有較高的團隊授權能力，但與第5隊的平均個人表現相同。
然而，對於高團隊授權團隊(第1隊)，自我效能與績效正相關，
而對於低隊伍授權(第5隊)，自我效能與績效呈負相關

圖 1-32 隨機係數建模例子：Slopes as Outcomes

五、建模三隨機係數：Slopes and Intercepts as Outcomes

H_1：團隊授權調節自我效能與個人績效之間的關係，直接影響個人績效的平均值

H1：團隊授權調節自我效能與個人績效之間的關係，直接影響平均個人績效

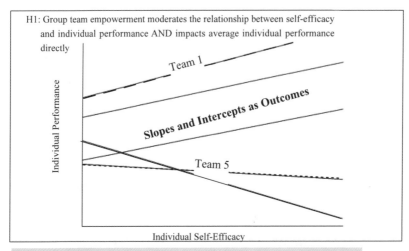

團隊1具有較高的團隊授權能力，因此，平均個人績效高於團隊5。
此外，對於高隊授權隊伍(第1隊)，自我效能與表現正相關，
而對於低隊授權隊伍(第5隊)，自我效能與績效負相關

圖 1-33 隨機係數建模例子：Slopes and Intercepts as Outcomes

六、隨機係數建模：警告詞

1. 大模型可能不穩定 (large models can be unstable)

(1) 模型的小變化可能導致分析結果發生巨大變化。

(2) 可能是由於跨層次相互作用的多重共線性或參數估計中的高相關性 (Might be due to multicollinearity in cross-level interactions/high correlations in parameter estimates)。

(3) 主要疑慮，發生在最高層次之觀察人數太少時。

2. 不平衡的樣本可能會低估標準誤 (Unbalanced samples may have too-small estimated standard errors)

(1) 研究假設的檢定太自由了 (Makes hypothesis tests too liberal)

3. 除固定係數之外，隨機係數的 df 與最高層次的預測變數的觀察人數有相關。

七、隨機係數建模：HLM 的事先假定 (assumption)

1. 最高層次的觀察值彼此是獨立的。

2. 線性模型。

3. Level-1 符合常態的隨機誤差。

4. Level-2 符合多元常態的隨機誤差。

5. Level-1(2) 預測變數與 Level-1(2) residuals 是相互獨立的。

6. 殘差的變異在各個層次都是一樣的。

7. Level-1 的誤差都是相同。

8. 跨層級和層級內的誤差是獨立的 (Independent errors across and within levels)。

1-3-4b 雙因子隨機係數之 3 種設定解說

$$y_{ijk} = \beta_0 + u_{i..} + u_{ij.} + e_{ijk}$$

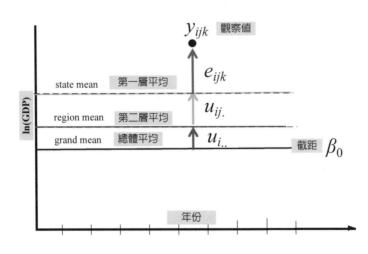

圖 1-34 雙層次之依變數值 yijk

雙層次模型的三種設定解說

雙層次模型之認定，常見的有下列三種模型：

Case 1、無交互作用之雙因子隨機係數模型：Intercepts as Outcomes

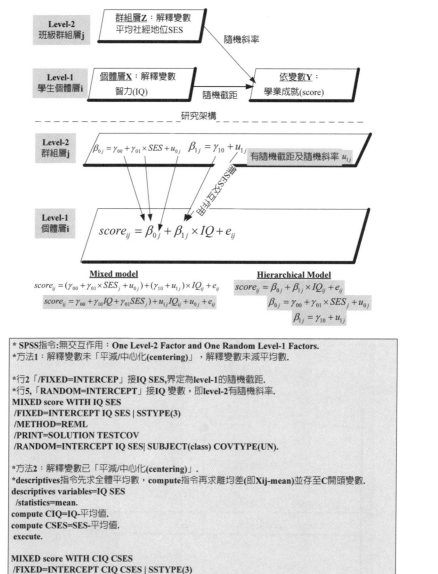

Mixed model
$$score_{ij} = (\gamma_{00} + \gamma_{01} \times SES_j + u_{0j}) + (\gamma_{10} + u_{1j}) \times IQ_{ij} + e_{ij}$$
$$score_{ij} = \gamma_{00} + \gamma_{10}IQ + \gamma_{01}SES_j) + u_{1j}IQ_{ij} + u_{0j} + e_{ij}$$

Hierarchical Model
$$score_{ij} = \beta_{0j} + \beta_{1j} \times IQ_{ij} + e_{ij}$$
$$\beta_{0j} = \gamma_{00} + \gamma_{01} \times SES_j + u_{0j}$$
$$\beta_{1j} = \gamma_{10} + u_{1j}$$

```
* SPSS指令:無交互作用：One Level-2 Factor and One Random Level-1 Factors.
*方法1：解釋變數未「平減/中心化(centering)」，解釋變數未減平均數.

*行2「/FIXED=INTERCEP」接IQ SES,界定為level-1的隨機截距.
*行5,「RANDOM=INTERCEPT」接IQ 變數，即level-2有隨機斜率.
MIXED score WITH IQ SES
 /FIXED=INTERCEPT IQ SES | SSTYPE(3)
 /METHOD=REML
 /PRINT=SOLUTION TESTCOV
 /RANDOM=INTERCEPT IQ SES| SUBJECT(class) COVTYPE(UN).

*方法2：解釋變數已「平減/中心化(centering)」.
*descriptives指令先求全體平均數，compute指令再求離均差(即Xij-mean)並存至C開頭變數.
descriptives variables=IQ SES
 /statistics=mean.
compute CIQ=IQ-平均值.
compute CSES=SES-平均值.
 execute.

MIXED score WITH CIQ CSES
 /FIXED=INTERCEPT CIQ CSES | SSTYPE(3)
 /METHOD=REML
 /PRINT=SOLUTION TESTCOV
 /RANDOM=INTERCEPT CIQ CSES| SUBJECT(class) COVTYPE(UN).
```

圖 1-35 影響學業成績之雙層架構 (無交互作用之雙因子隨機係數模型)

　　本模型認定為「One Level-2 Factor and One Random Level-1 Factors(No Interactions)」，無交互作用之雙因子隨機係數模型 (**Intercepts as Outcomes**)

　　例如：假如研究者認為學區平均社經地位 (socioeconomic status, SES)，會響響各班平均學業成就 (score)，那 level-2 解釋變數即可納入 SES，使得雙層模型為：

Level-1：

$$score_{ij} = \beta_{0j} + \beta_{1j} \times IQ_{ij} + e_{ij}$$

Level-2：

$$\beta_{0j} = \gamma_{00} + \gamma_{01} \times SES_j + u_{0j}$$

$$\beta_{1j} = \gamma_{10} + u_{1j}$$

Level-2 代入 Level-1，所得混合模型 (mixed model) 為：

$$score_{ij} = (\gamma_{00} + \gamma_{01} \times SES_j + u_{0j}) + (\gamma_{10} + u_{1j}) \times IQ_{ij} + e_{ij}，整理一下，可得：$$

$$score_{ij} = (\gamma_{00} + \gamma_{10}IQ + \gamma_{01}SES_j) + u_{1j}IQ_{ij} + u_{0j} + e_{ij}$$

其中：

$score_{ij}$：第 j 個班級第 i 個學生的學業成就。

IQ_{ij}：第 j 個班級第 i 個學生的智力分數。

β_{0j}：第 j 個班級的平均學業成就。

SES_j：第 j 個班級的父母社經地位。

　　$\beta_{0j} = \gamma_{00} + \gamma_{01} \times SES + u_{0j}$，此方程式類似一般的多元迴歸。$\gamma_{00}$ 為截距項 (intercept)，γ_{01} 為斜率 (slope) 之迴歸係數。只是此方程式的解釋變數與結果變數均為總體層次 level-2，而非學生樣本之個體層次 level-1。

　　若係數為正數且達到顯著水準，則表示當地父母 SES 對各班平均學業成就有顯著正面影響。假如 $\gamma_{01} = 0.6 (p < 0.05)$，意味著當地 SES 每增加一個單位，該班級內每位學生之平均學業成就就增加 0.6 分，「Z 與 Y」二者有正相關，當地父母 SES 一個標準差 (standard deviation, SD) 的改變數，該班級平均學業成就分數的變化值為「1 SD×0.6」。

　　上述 Level-2 模型中，$\beta_{1j} = \gamma_{10} + u_{1j}$，係以斜率 β_{1j} 為結果變數，此方程式並沒有總體層之解釋變數。

Case 2、具交互作用之雙因子隨機係數模型：Slopes and Intercepts as Outcomes

　　如果你認為學生個體層次之智力 (IQ) 影響學業成就，亦會受到總體層次之 SES 干擾 (moderate，調節)，即「IQ →學業成就」因果關係，當學區家長 SES 愈高，則「IQ →學業成就」影響關係就愈大；相反地，當學區家長 SES 愈低，

則「IQ →學業成就」影響關係就愈小。此時，總體層次之 SES 與個體層次之 IQ，兩者對學生學業成就就有交互作用 (interactive)，簡稱干擾 (moderate，調節) 關係 (如下圖)。

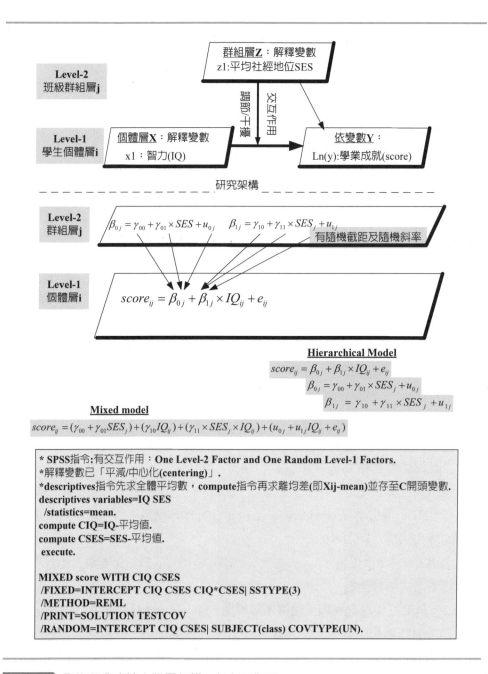

本模型係具交互作用之雙因子隨機係數模型 (Slopes and Intercepts as Outcomes)。

Level-1：

$$score_{ij} = \beta_{0j} + \beta_{1j} \times IQ_{ij} + e_{ij}$$

Level-2：

$$\beta_{0j} = \gamma_{00} + \gamma_{01} \times SES_j + u_{0j}$$

$$\beta_{1j} = \gamma_{10} + \gamma_{11} \times SES_j + u_{1j}$$

Level-2 代入 Level-1，所得混合模型 (mixed model) 為：

$$score_{ij} = (\gamma_{00} + \gamma_{01} \times SES_j + u_{0j}) + (\gamma_{10} + \gamma_{11} \times SES_j + u_{1j}) \times IQ_{ij} + e_{ij}$$

上式再整理一下，可得：

$$score_{ij} = (\gamma_{00} + \gamma_{01}SES_j) + (\gamma_{10}IQ_{ij}) + (\gamma_{11} \times SES_j \times IQ_{ij}) + (u_{0j} + u_{1j}IQ_{ij} + e_{ij})$$

其中：

「$\gamma_{10}IQ_{ij}$」式中的斜率係數 γ_{10}，代表 Level-2 中 Level-1(個體層次) 學生 IQ 對學業成就的影響效果。若 γ_{10} 達到顯著水準，表示各班群組中，學生 IQ 對其學業有顯著直接影響效果。

「$\gamma_{11} \times SES_j \times IQ_{ij}$」式中的交互作用斜率 γ_{11}，為 Level-2「平均 SES」與 Level-1「IQ_{ij}」變數對學生學業成就的交互作用影響程度。情況 (1) 若 γ_{10} 達到顯著水準，且跨層次的固定效果值 γ_{11} 亦達顯著水準，表示各班群組中「學生 IQ → 學業成就」直接效果，亦受到「平均 SES」的干擾 (調節)。情況 (2) 若 γ_{10} 未達到顯著水準，但跨層次的固定效果值 γ_{11} 卻達顯著水準，就不能論述：各班群組中「學生 IQ → 學業成就」直接效果，亦受到「平均 SES」的干擾 (調節)。即 Level-2 之平均 SES，對「學生 IQ → 學業成就」未具調節效果。

$(u_{0j} + u_{1j}IQ_{ij} + e_{ij})$ 式為隨機效果，三個隨機效果的意涵為：

1. u_{0j}：Level-2 班級群組間學業成就分數之差異，其差異程度參數之標準差為 $\sqrt{\tau_{00}}$、其平方後之變異數估計值為 τ_{00}。若 τ_{00} 達到顯著水準，表示 Level-2 **班級與班級間之「班級平均學業成就」存有顯著差異**。

2. $u_{1j}IQ_{ij}$：代表 Level-2 班級**群組內**各班學生「IQ → 學業成就」影響之斜率係數估計的差異，其差異程度參數之標準差為 $\sqrt{\tau_{10}}$、其平方後之變異數估計值為 τ_{10}。若 τ_{10} 達到顯著水準，表示**班級群組內之學生「IQ → 學業成就」影響**的班級斜率係數間存有顯著差異，即 Level-2 各班斜率係數間有顯著不同。

3. e_{ij}：Level-1 各班級群組內，學生與學生間學業成就分數的差異，其差異程度

參數之標準差為 $\sqrt{\sigma^2}$ (= σ)、其平方後之變異數估計值為 σ^2，若 σ^2 達到顯著水準，表示 Level-2 各班級**群組**內學生與學生間之「學業成就」存有顯著差異。

Case 3、Level-1 個體層再多加 2 個解釋變數 X：學習動機 (motivation) 及創造力 (Creativity Quotient, CQ)。Level-2 總體層再多加 2 個解釋變數 Z：teacher 年資、人口密度

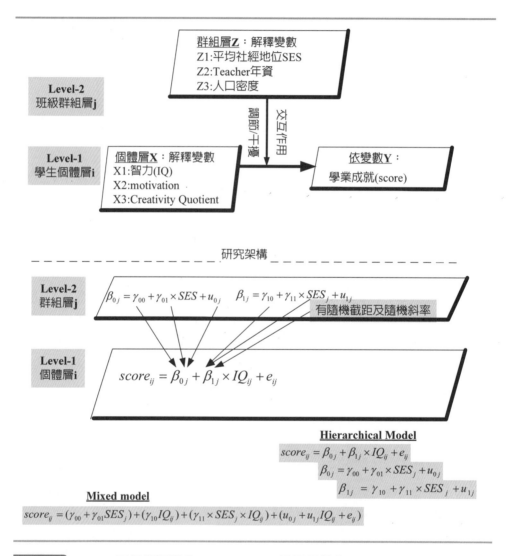

研究架構

圖 1-37 Level-1 三個解釋變數 X，Level-2 三個解釋變數 Z (Slopes and Intercepts as Outcomes)

假設，Level-1 個體層次有三個解釋變數 X1、X2、X3；Level-2 總體層次有三個解釋變數 Z1、Z2、Z3。那 這種雙層次模型之 Hierarchical Model 為：

Level-1：

$$Y_{ij} = \beta_{0j} + \beta_{1j} \times X1_{ij} + \beta_{2j} \times X2_{ij} + \beta_{3j} \times X3_{ij} + e_{ij}$$

Level-2：

$$\beta_{0j} = \gamma_{00} + \gamma_{01} \times Z1_{1j} + \gamma_{02} \times Z2_{2j} + \gamma_{03} \times Z3_{3j} + u_{0j}$$

$$\beta_{1j} = \gamma_{10} + u_{1j} \quad 或 \ \beta_{1j} = \gamma_{10} \ (無隨機斜率 \ u_{1j})$$

$$\beta_{2j} = \gamma_{20} + u_{2j} \quad 或 \ \beta_{2j} = \gamma_{20} \ (無隨機斜率 \ u_{2j})$$

$$\beta_{3j} = \gamma_{30} + u_{3j} \quad 或 \ \beta_{3j} = \gamma_{30} \ (無隨機斜率 \ u_{3j})$$

假如 Level-2 解釋變數「X1 X2 X3」也同為 Level-1 解釋變數所**聚合**而成的群組組織 (level-2 的單位)，此種 Level-2 解釋變數亦稱「脈絡變數 Z1 Z2 Z3」(contextual variable)。

承上例，除了 Level-1 學生 IQ 會影學業成就 (Y) 外，X2「學習動機」(motivation)、X3「創造力」(CQ) 二者亦會影學業成就。其中，動機 (motivation) 是指引發、維持並引導行為的內在歷程。創造力 (CQ) 是指受試者對課程的重視程度或者是課程對個人的重要性。而且 Level-2 的解釋變數 Z，除父母 SES 會影學業成就外，亦多加：Z2「teacher 年資」及 Z3「學區人口密度」(density) 二個解釋變數。則此雙層次之階層模型為：

Level-1：

$$Y_{ij} = \beta_{0j} + \beta_{1j} \times X1_{ij} + \beta_{2j} \times X2_{ij} + \beta_{3j} \times X3_{ij} + e_{ij}$$

Level-2：

$$\beta_{0j} = \gamma_{00} + \gamma_{01} \times Z1_{1j} + \gamma_{02} \times Z2_{2j} + \gamma_{03} \times Z3_{3j} + u_{0j}$$

$$\beta_{1j} = \gamma_{10} + u_{1j} \quad (有隨機斜率 \ u_{1j})$$

$$\beta_{2j} = \gamma_{20} + u_{2j} \quad (有隨機斜率 \ u_{2j})$$

$$\beta_{3j} = \gamma_{30} + u_{3j} \quad (有隨機斜率 \ u_{3j})$$

其中，Level-1 個體層次之解釋變數 X：

X1：智力 (IQ)

X2：學習動機 (motivation)

X3：創造力 (CQ)

其中，Level-2 群體層次之解釋變數 Z：

Z1：父母社經地位 (SES)

Z2：教師年資 (Texp)

Z3：當地人口密度 (density)

雙層次之殘差項 e_{ij} (residual) 的變異數 (variance) 之隨機效果為：

$Var(e_{ij}) = \sigma^2$、$Var(u_{0j}) = \tau_{00}$、$Var(u_{1j}) = \tau_{11}$、$Var(u_{2j}) = \tau_{22}$、$Var(u_{3j}) = \tau_{33}$。

Level-2 階層模型中的固定效果估計值有 γ_{00}、γ_{10}、γ_{20}、γ_{30}、γ_{01}、γ_{02}、γ_{03}，分別代表：

γ_{00}：雙層次模型方程的截距項 (intercept)，即「調整後之平均數」。

γ_{10}：各班級**群組內**學生「智力 IQ → 學業成就 Y」之影響效果量。

γ_{20}：各班級**群組內**學生「學習動機 → 學業成就 Y」之影響效果量。

γ_{30}：各班級**群組內**學生「創造力 CQ → 學業成就 Y」之影響效果量。

γ_{01}：各班級「父母 SES → 學業成就 Y」影響之班級平均效果量。

γ_{02}：各班級「教師年資 Texp → 學業成就 Y」影響之班級平均效果量。

γ_{03}：各班級「當地人口密度 → 學業成就 Y」影響之班級平均效果量。

1-3-5 多層次資料結構：平減 (centering) 即離差分數 (deviated scores)

單層次與多層次資料分析的主要差異，在於多層次資料結構係將低層次的個體，以某一個分組變數區分成不同的群體，然後分別對於分析變數 (Y) 的組間變異與組內變異進行分析。由於 SEM 與 MSEM(multilevel SEM) 均以變數間的共變結構為分析材料，因此運算過程均以變數的離散分數 $(Y - \bar{Y})$，亦即平減 (centering) 或離差分數 (deviated scores)，以小寫 y 表示 (Cronbach & Webb, 1979)。平減的重要功能是在進行量尺原點的平移，使變數的平均值為 0，令迴歸方程式的截距項能夠反映平均數。若將觀察值減去總平均數 $(Y - \bar{Y}_G)$ 稱為總平減 (grand centering)，為不分組時，每一個觀察值的離散性，以 y_T 表示；若把觀察值減去各組平均數 $(Y - \bar{Y}_g)$ 稱為組平減 (group centering)，反應同一組內的觀察值的個別差異 (以 y_W 表示)；各組平均數與總平均數的差 $(\bar{Y}_g - \bar{Y}_G)$ 則為組間差異 (以 y_B 表示)。y_T、y_B、y_W 三者均來自同一組 P 個觀察變數就組間與組內進行分割後的平減觀察值，各具有 p 個向量，其組合關係如下：

$$y_T = y_B + y_W$$

經過平減後的變數，量尺原點即平移至平均數位置，因此在 SEM 模型中進行聚合處理時得到的截距即等同於平均值。此外，由於組間與組內平減分數 (離

差分數) 是正交分數，故可以導出兩個獨立且具有可加性的共變矩陣：組內共變矩陣 (S_W) 與組間共變矩陣 (S_B)：

$$S_T = S_B + S_W$$

由於從樣本觀察值所求出的 S_W 與 S_B 有可加性，向量中各變數所求得的組內變異數總和與組間變異數總和分別是母體組內變異數 (σ_w^2) 與母體組間變異數 (σ_b^2) 的不偏估計數，下標為小寫的 w 與 b 表示為各變數自矩陣展開後累積所得之變數變異數純量，因此可計算各變數的組間變異數與總變異數的比值，亦即 **ICC**(跨組相關係數，intraclass correlation coefficients)，且由於 ICC 是以觀察變數計算得出，因此本文特別將其稱之為外顯 ICC 係數 (manifest ICC；以 ICC_M 表示)，反應觀察變數的組間異質性或組內同質性，公式如下：

$$ICC_M = \rho_M = \frac{\sigma_b^2}{\sigma_b^2 + \sigma_w^2}$$

ICC_M 代表測量變數的變異量中，組間差異的比例，亦即組間效果。當 ICC_M 甚小時 (**12%** 以下)，表示組間不明顯，多層次結構的影響可以忽略，以傳統方法即可處理，反之則表示組間差異不可忽略，必須以多層次分析技術來處理 (Roberts, 2002)。

舉例來說，由組內變異數與組間變異數經計算可得組內相關係數 (ICC) 若為 **12%**[0.109/(0.109 ＋ 0.8)]，顯示學生 (個體層) 在學習情緒上 (依變數) 的差異約有 12% 的變異是由校際間 (群組層) 的差異所造成的。由於跨組相關 ICC 會使得模型估計時產生較大的型 I 誤差 (Raudenbush & Bryk, 2002; Singer, 1998)，此時實證研究就需改採多層次分析。

1-4 模型設定 / 建構的步驟

階層線性模型之模型抉擇方式有二：

(一)Snijders 與 Bosker(2002) 概念性的建議，認為進行階層線性模型分析時，應考慮之重點如下：

1. 變數必要性 (增量) 與研究精簡性 (parsimony) (減量) 的取捨。
2. 統計顯著性與理論的取捨 (trade-off)。
3. 固定效果須有強力理論支持。

4. 由資料內容決定隨機效果。MIXED 指令提供「informaiton criteria」讓你比較兩個敵對模型的適配度 AIC、BIC 那個值較小，那個模型就較優。

5. 若交互作用達顯著，即使造成交互作用的變數之主要效果未達顯著，則該些變數亦需被保留。

6. 若隨機效果達顯著，則其固定效果須被保留。

7. 聚合後 (平減後) 的階層變數可能是個重要的預測變數。

8. 若變數間產生交互作用 (Z×A)，則交互作用不具隨機效果。

(二)Hox(2002) 對探索性研究提出下列步驟：

Step 1　先僅使用隨機效果變異數模型並紀錄模型適配度 (AIC、BIC 值)。

Step 2　將所有最低階層之變數投入隨機效果共變數模型，決定需要被保留之變數。即二個敵對模型 AIC 值比較。看誰的 AIC 值小，該模型就較優。

Step 3　檢視所有第二階層之變數之固定效果，並比較模型間之適配度 (AIC 值)。

Step 4　檢視 Step3 的變數中具有隨機效果者。

Step 5　將 Step4 中具顯著解釋力的變數依其隨機效果有無決定模型。

Step 6　將資料折半，投入相同模型中，確認其顯著性是否與完整資料之模型相同。

1-4-1 模型設定的步驟

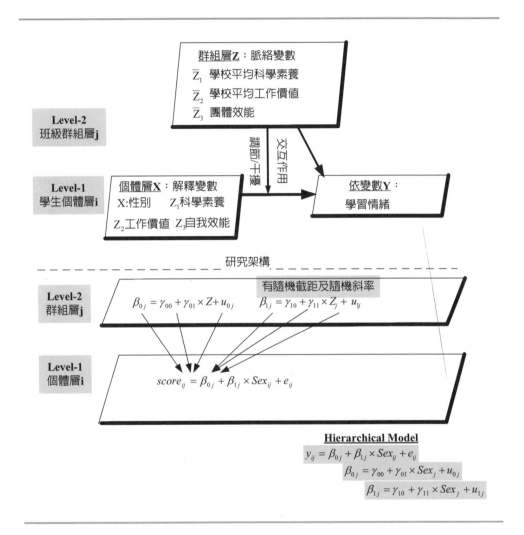

圖 1-38 雙層次模型：影響學習情緒 y 的因子 (Slopes and Intercepts as Outcomes)

　　以影響學習情緒 y 的因子為例 (巫博瀚、賴英娟，2011)，假設要分析的多層次模型包含兩個階層，Level-1 是以個人為分析單位，探討個體層次解釋變數 (X 性別、Z_1 科學素養、Z_2 工作價值、Z_3 自我效能) 對學習情緒 y 的影響。Level-2 則以學校為單位，探討聚合脈絡變數 (學校平均科學素養 $\overline{Z}_1$、學校平均工作價值 $\overline{Z}_2$、團體效能 $\overline{Z}_3$) 的脈絡效果與調節 (干擾) 效果。由於探討環境脈

絡變數如何調節 (moderational) 個體層次變數對學習情緒的影響爲本例的重要目的，因此依據 Enders & Tofighi(2007) 的建議，將 Level-1 中的解釋變數包括：自我效能、工作價值及科學素養以學校平均數進行組平減 (group mean centering)。此外，有關多層次模型之建構程序，可參酌學者看法 (Hox, 2010; Singer, 1998)，逐次檢驗影響學習情緒的個體與學校層次變數，及其中的跨層次交互作用效果，透過一系列的模型比較以確立最終模型。有關模型設定與步驟分述如下：

Step-1 模型一：無條件平均數模型，零模型 (null model)

在進行多層次模型分析前，應先檢視 Level-2 的分析單位在依變數上的變異是否具有組間異質性，俾利選擇適當的統計分析策略進行分析 (Singer & Willett, 2003)。因此，第一步先針對無條件平均數模型 (unconditional means model) 進行分析，評估組內變異 (within-group variability) 與組間變異 (between-group variability) 的情形，當模型一分析資料得 ICC>12% 具有跨組高相關時，則巢狀的資料結構所帶來的影響必須納入估計 (Luke, 2004)。

無條件平均數模型無論就 Level-1 或 Level-2 都未納入任何解釋變數，其目的是對學習情緒的變異數進行拆解，並針對 Level-2 分析單位內的個體相依程度進行估計。估計結果亦可作爲嗣後比較參照之用。個人層次與總體層次模型設定如 1-1 與 1-2 式。由 1-1 式可知，學生的學習情緒分數係以其所屬學校的學習情緒平均數與一個隨機誤差項 r_{ij} 的函數關係表示之，下標 i、j 分別代表 Level-1 不同學生與 Level-2 學校。

$$Y_{ij} = \beta_{0j} + r_{ij} \tag{1-1}$$

$$\beta_{0j} = r_{00} + u_{0j} \tag{1-2}$$

其中：

Y_{ij} 爲指第 j 個學校中第 i 個學生的學習情緒分數。

β_{0j} 爲第 j 個學校的學習情緒平均數。

r_{ij} 爲 N 所學校的學習情緒總平均數 (grand mean)；是隨機變數，爲個人效果。

γ_{00} 爲第 j 個學校中第 i 個學生與其所屬學校學習情緒平均數的離均差。

u_{0j} 爲隨機誤差，代表各學校的學習情緒平均數與總平均數的離均差。

Step-2 模型二：平均數爲結果的迴歸模型

當無條件平均數模型顯示各校 (各群組) 的學習情緒平均數 (平均依變數)，存在著顯著的異質性 (between-group heterogeneity) 時，此時則需要探討哪些 Level-2 的學校脈絡變數可以解釋各校在學習情緒平均數上的差異。依據前述文

獻探討，在模型二的 Level-2 納入學校平均科學素養、學校平均工作價值和團體效能等三個脈絡變數 (2-1 式)，至於個體層次模型仍未納入任何解釋變數 (2-2 式)，Y_{ij}、β_{0j}、r_{ij}、γ_{00} 四個參數與模型一相同，故不再重複論述。

$$Y_{ij} = \beta_{0j} + r_{ij} \tag{2-3}$$

$$\beta_{0j} = \gamma_{00} + \gamma_{01} \text{ 學校平均科學素養}_j + \gamma_{02} \text{ 學校平均工作價值}_j$$
$$+ \gamma_{03} \text{ 團體效能}_j + u_{0j} \tag{2-4}$$

其中：

γ_{01} 代表在考量學校平均工作價值與團體效能的條件下，學校平均科學素養對學習情緒之影響。

γ_{02} 代表在考量學校平均科學素養與團體效能的條件下，學校平均工作價值對學習情緒之影響。

γ_{03} 表示在考量學校平均科學素養與學校平均工作價值的條件下，團體效能對學習情緒之影響。

u_{0j} 是指本研究三個脈絡變數無法預測 β_{0j} 的殘差，當殘差項的變異數達顯著水準時，則表示 2-2 式還可以納入其他 Level-2 解釋變數。

Step-3 模型三：隨機斜率模型：納入個體層次解釋變數，惟將斜率視為固定係數

模型三以前揭模型二為基礎，在個體層次模型中納入性別、自我效能、工作價值及科學素養等四個解釋變數 (3-1 式)，據以解釋同一學校內學生在學習情緒上的個別差異 (即組內變異)。值得注意的是，模型三將所有 Level-1 解釋變數的效果視為固定效果 (3-3 至 3-6 式)，亦即四個解釋變數對學習情緒的影響不會隨著學校的不同而有所變化，換言之，即假定 N 所學校的個人層次解釋變數對依變數 Y 的影響關係是一致的。

$$Y_{ij} = \beta_{0j} + \beta_{1j} \text{ 性別}_{ij} + \beta_{2j} \text{ 自我效能}_{ij} + \beta_{3j} \text{ 工作價值}_{ij} + \beta_{4j} \text{ 科學素養}_{ij}$$
$$+ r_{ij} \tag{3-1}$$

$$\beta_{0j} = \gamma_{00} + \gamma_{01} \text{ 學校平均科學素養}_j + \gamma_{02} \text{ 學校平均工作價值}_j$$
$$+ \gamma_{03} \text{ 團體效能}_j + u_{0j} \tag{3-2}$$

$$\beta_{1j} = \gamma_{10} \tag{3-3}$$

$$\beta_{2j} = \gamma_{20} \tag{3-4}$$

$$\beta_{3j} = \gamma_{30} \tag{3-5}$$

$$\beta_{4j} = \gamma_{40} \tag{3-6}$$

其中

γ_{10} 是指在考量其他個體與學校層次變數的條件下，性別對學習情緒的平均迴歸斜率。3-4、3-5、3-6 式之 γ_{20}、γ_{30}、γ_{40} 則是指在考量其他個體與學校層次變數的條件下，自我效能、工作價值及科學素養分別對學習情緒的平均迴歸斜率。

Step-4 模型四：隨機截距且隨機斜率模型

模型四旨在檢驗模型三中納入的個體層次解釋變數的斜率是否為隨機係數，亦即探討性別、自我效能、工作價值及科學素養對學習情緒的影響是否隨學校的不同而變化。由 4-3 至 4-6 式可知，Level-1 各解釋變數的效果為一常數項加上隨機效果項 (如 u_{1j}、u_{2j}、u_{3j}、u_{4j})，會隨著學校的不同而有所變化。當隨機效果的非條件變異數 (τ_{11}、τ_{22}、τ_{33}、τ_{44}) 未達顯著時，則表示其所對應的個體層次解釋變數的效果為固定效果。當 Level-1 的斜率為隨機效果時，嗣後則需要在 Level-2 模型中納入脈絡變數以解釋其變異。由此可知，模型四的分析結果將有助於最終模型參數之設定。

$$Y_{ij} = \beta_{0j} + \beta_{1j} \, 性別_{ij} + \beta_{2j} \, 自我效能_{ij} + \beta_{3j} \, 工作價值_{ij} + \beta_{4j} \, 科學素養_{ij}$$
$$+ r_{ij} \tag{4-1}$$

$$\beta_{0j} = \gamma_{00} + \gamma_{01} \, 學校平均科學素養_j + \gamma_{02} \, 學校平均工作價值_j$$
$$+ \gamma_{03} \, 團體效能_j + u_{0j} \tag{4-2}$$

$$\beta_{1j} = \gamma_{10} + u_{1j} \tag{4-3}$$

$$\beta_{2j} = \gamma_{20} + u_{2j} \tag{4-4}$$

$$\beta_{3j} = \gamma_{30} + u_{3j} \tag{4-5}$$

$$\beta_{4j} = \gamma_{40} + u_{4j} \tag{4-6}$$

Step-5 模型五：截距與斜率為結果的迴歸模型 (具交互作用)

當「**隨機截距且隨機斜率模型**」的分析結果顯示，個體層次解釋變數具有隨機效果，亦即個人層次變數的斜率會隨著學校的不同而變化時，此時便有需要在相對應的 Level-2 模型中納入解釋變數，進行跨層級交互作用 (cross-level interactions) 檢驗，據以探討脈絡變數對個人層次解釋變數的調節 (干擾) 效果。由於「**截距與斜率為結果的迴歸模型**」是否有估計的必要，以及「**截距與斜率為結果的迴歸模型**」的模型設定均須視「**隨機截距且隨機斜率模型**」的結果而定。

1-4-2 如何提升多層次分析法的嚴謹性

Schreiber & Griffin(2004) 綜合 1992 年至 2002 年《教育研究期刊》，歸納出提升多層次分析法之 10 個指標，包括：

1. 研究問題是否明確，要把握小題大作的原則，切勿大題小作。

2. 檢定的數學方程式要列舉明示。

3. 模型估計方法：概似比 (ML)、或受限概似比 (REML)，那個 AIC 值小者較優。

4. 單因子 ANOVA 的隨機效果 (e.g. 內在相關係數) 與其他複雜模型的比較，結果要呈現。例如《**多層次模型 (HLM) 及重複測量：使用 STaTa**》〈3-3 單層 vs. 雙層：重複測量的混合效果模型 (Mixed Effect Model for Repeated Measure)〉的做法。

5. 每個估計模型的迴歸係數 (coef.) 及標準誤 (standard error) 是否都有列表呈現。

6. 每個隨機效果 HLM 模型的誤差「Variance-Covariance」是否有納入考量，SPSS 有提供 8 種誤差的 V-C 矩陣讓你選。人們最常用是「unstructured」；但重複量數則要選「autoregressive」之 AR(1)、AR(2) 型。如下圖。

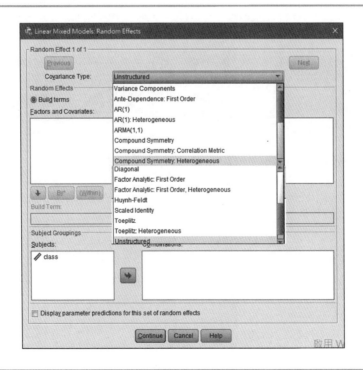

圖 1-39 SPSS 有提供 17 種 V-C 矩陣讓你選

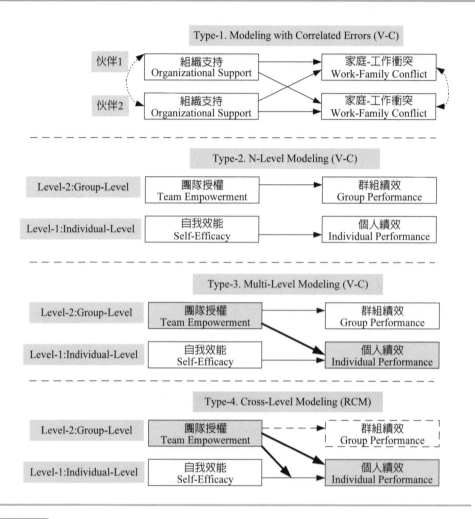

圖 1-40 Modeling with Correlated Errors (V-C) 之示意圖

7. 每個模型的係數值顯著性考驗要說明清楚。

8. 迴歸係數與誤差變異數成分，亦要說明。

9. 要列出模型整體適配度：R^2、變異數、自由度、誤差削減測量百分比等。

10. 如何平減 (總平減較多人用，組平減較少人用) 也要說明一下。

1-5 變數中心化 (centering)、交互作用項 (Z×A) 具多元共線性疑慮

利用多層次模型或是階層線性模型進行重複測量資料的分析，如果個體層次解釋變數包含隨時間變動解釋變數時，在個體層次方程式對它未平減或是總平減所獲得的迴歸係數是一個偏誤的結果，因為這個隨時間變動的解釋變數具有追蹤 (panel) 與橫斷面的資料特性，對個體層次結果變數的影響可以拆解為互斥的組間迴歸係數與組內迴歸係數。常見的平減 (變數中心化) 有三種方法：未平減 (uncentered)、總平減 (grand-mean centered) 與組平減 (group-mean centered)。

1-5-1 為何總平減 (grand-mean centering) 可克服多元共線性之問題

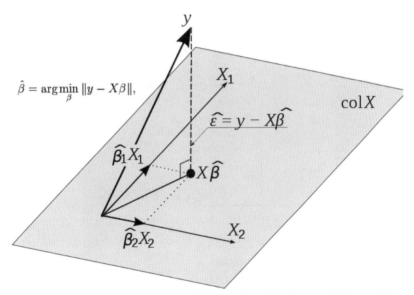

其中，$\| \cdot \|$ 中 R^n 維空間中標準 norm。預測值 $X\beta$ 恰是自變數的向量之線性組合。因此，殘差向量「$y - X\beta$」在正交投影在 X 時，會得到最小長度。最大平方估計法即可解答「$y = Py$」延著 X 軸的向量分解之係數值

圖 1-41 X1、X2 對 Y 預測之共線性示意圖

一、共線性之診斷法

regression 指令有提供共線性 (multicollinearity) 之檢定法：

vif	計算自變數之變異膨脹因子
collin	計算變異膨脹因子及其他共線性診斷

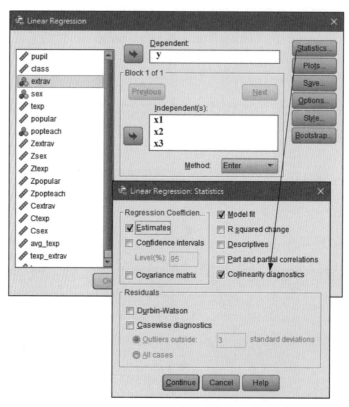

SPSS指令：
```
REGRESSION
 /MISSING LISTWISE
 /STATISTICS COEFF OUTS R ANOVA COLLIN TOL
 /CRITERIA=PIN(.05) POUT(.10)
 /NOORIGIN
 /DEPENDENT y
 /METHOD=ENTER x1 x2 x3.
```

圖 1-42 regression 指令有提供共線性 (multicollinearity) 檢定

　　此外，雙變數之 Pearson 積差相關分析，亦可檢視變數間之關係是否爲線性關係 (linearity) 和是否爲共線性 (collinearity) 之情況。最基本的作法是看雙變數之相關矩陣。如果依變數與自變數間之關係很弱或比自變數間之相關弱的話，就應質疑所設定之多元迴歸模型是否適當。

二、主要效果 (X) 與其平方項 (X×X) 具多元共線性，但平減可克服多元共線性之問題

　　例如：多元共線性的最常見原因之一，是當預測變數乘以新建交互項或二次或更高階項 (X 平方、X 立方等) 時。

　　爲什麼會這樣呢？當所有 X 值爲正值時，較高的值產生較高的產品，較低的值產生較低的產品。因此，產品變數與組件變數高度相關。我會做一個很簡單的例子來澄清。(實際上，假如它們都是負數，同樣的事情亦會發生，但相關性將是負數)。

　　在一個小樣本中，假設您具有以由「小排到大」排列的預測變數 X 的以下值：

$$2,4,4,5,6,7,7,8,8,8$$

很明顯，X 和 Y 之間的關係不是線性的，而是彎曲的，所以你將一個二次項「X 平方」(X^2) 添加到模型中。X 平方的值爲：

$$4,16,16,25,49,49,64,64,64$$

X 和 X^2 之間的相關性爲 0.987，幾乎完美正相關。

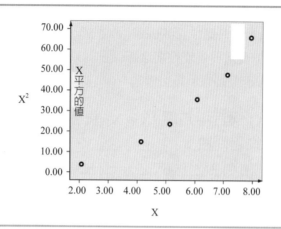

圖 1-43 X 和 X² 之間的相關性為 0.987，幾乎完美

為了解決**共線性**問題，你只需要把 X 置於平均水平上 (總平減)。X 的平均值為 5.9。所以要 X 中心，我只需要創建一個新的變數 XCen = X − 5.9。

這些是 XCen 的值 (即 $X - \overline{X}$) 為：

$$-3.90, -1.90, -1.90, -.90, .10, 1.10, 1.10, 2.10, 2.10, 2.10$$

現在，XCen 平方的值「即 $(X - \overline{X})^2$」是：

$$15.21, 3.61, 3.61, .81, .01, 1.21, 1.21, 4.41, 4.41, 4.41$$

變數 XCen(即 $X - \overline{X}$) 和 XCen2(即 $(X - \overline{X})^2$) 之間的相關性是 −0.54，雖然不是 0，但「$(X - \overline{X})$ 比 X」更具有**管理性**。相關性低到不會造成嚴重的多重共線性。

平減後，XCen(即 $X - \overline{X}$) 和 XCen2(即 $(X - \overline{X})^2$) 之間的散點圖如下圖：

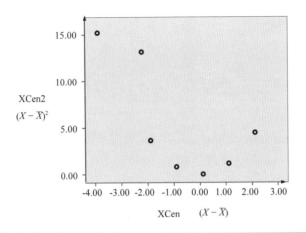

圖 1-44 XCen「x－平均數」和 XCen2「(x－平均數) 平方」之間相關很低，r＝－0.54

　　總之，任何二個高相關的變數，例如本例「X、X^2」，只要將二者總平減 (grand-mean centering) 後，二者相關性就變得很低，這樣總平減的變數變換，即能消除交互作用項「X×Z」之多元共線性疑慮。故在雙層次模型，多數的交互作用項「X×Z」，都需變數中心化 (centering variables)。即先 $X - \bar{X}$ 變數變換，再進行「具交互作用項多因子模型」的 HLM 分析，因為交互作用項「Z×X」，本身與解釋變數「Z 或 X」都具有高相關，故「Z、X」二者與交互作用項「Z×X」必會有嚴重的多元共線性疑慮。

1-5-2　交互作用項 (Z*A) 會導致多元共線性之嚴重問題：心臟科

　　共線性 (multicollinearity) 是「多元迴歸的例子，預測變數們之間有高度相關 (a case of multiple regression in which the predictor variables are themselves highly correlated)」。

　　當迴歸模型中預測變數之間有太高的相關時，就會產生一些「不合理」的現象，例如：在求 $\hat{\beta}$ 時，因代表自變數們之矩陣 $\mathbf{X'X}$ 的行列式值很接近 0，就會產生矩陣奇異 (singularity，行列式為 0)，造成估計值的不穩定，或是迴歸係數與相關係數正負符號不同等等問題，我們稱這些問題為共線性 (collinear 或 multicollinear) 問題。

　　當 2 個 (或以上) 自變數互不獨立、亦即彼此相關，就是具有「共線性」。「共線性」會使迴歸模型中，其實存在重複代表性的自變數，也就是理論建構不夠簡潔。

迴歸係數跟預期方向會相反：多元共線性的問題 (Problem of multicollinearity)

　　迴歸分析 (regression analysis) 可以一次檢視多個自變數對於依變數的預測效果 (R^2、GFI、AIC、BIC、LR 等指標)。

(1) 當依變數為連續變數時適合用線性迴歸 (linear regression) 分析。

(2) 當依變數為二元類別變數時則最適用邏輯斯迴歸 (logistic regression)。

(3) 當依變數為計數變數 (count data) 則適用以 Poisson regression、Negative binomial regression、Zero-inflated Poisson regression 來分析，

(4) 甚至是結合二元類別及受限資料 (censored data) 的存活分析 (Cox regression)。

(5) 或是其他種類的迴歸 (panel-data 迴歸，非線性迴歸之 menl、nl 指令)。由於 t 檢定 $\subseteq$ F 檢定 $\subseteq$ GLM 或 GEE $\subseteq$ pane-data GLM 或 mixed 歸迴，因此迴歸分析在量化研究的重要性無庸置疑。

　　不過許多研究人員在做迴歸分析的時候，常常沒有對於自變數們的相關性作審慎評估 (regression 指令)，就貿然地將許多個自變數同時放到迴歸方程式裡頭：

$$Y \sim \text{Gaussian (Normal)}$$
$$Variance\ (Y) = 1, \text{ where } E\ [Y] = \mu$$
$$Y = \beta_0 + \beta_1 X_1 + \beta_2 X_2 + ... \beta_p X_p + Error$$

　　以上面這個方程式為例，研究同時將 X_1、X_2……直到 X_p 放到線性迴歸方程式裡頭，因此研究者可得到 p 個未標準化迴歸係數 (通常教科書會以 β 表示標準化的迴歸係數，在本例 β 指的是未標準化迴歸係數)，每一個迴歸係數的意義是「在排除了其他所有自變數對依變數的預測效果之下，這個自變數對依變數的影響力 (效果量)」，因此許多人員都忽略了：同時「考慮其他自變數跟這個自變數的關係之下，這個自變數與依變數的關係」，因此當自變數之間的相關性太高的時候，會導致多元共線性 (multi-collinearity) 的產生，以下舉一個心臟的衝擊因子 (impact factor)，它是心臟科頂尖期刊的例子。

表 1-1　**Correlates of short-Term (4 Years) Change in Aortic Root Diameter (in mm)**

	Model 1 (Modeling BP as SBP and DBP)			Model 2 (Modeling BP as PP and MAP)		
	Regresion Coefficient	SE	P	Regresion Coefficient	SE	P
Age, 52 y*	0.030	0.004	< 0.0001	0.030	0.004	< 0.0001
Sex	1.796	0.082	< 0.0001	1.796	0.082	< 0.0001
BMI	0.051	0.007	< 0.0001	0.051	0.007	< 0.0001
SBP	−0.134	0.053	0.01	⋯	⋯	⋯
DBP	0.209	0.051	< 0.0001	⋯	⋯	⋯
PP	⋯	⋯	⋯	−0.162	0.045	0.0004
MAP	⋯	⋯	⋯	0.157	0.043	0.0002
Anthypertensive treatement	0.193	0.095	0.04	0.193	0.095	0.04

來源：Lam et al.(2010). Aortic Root Remodeling Over the Adult Life Course: Longitudinal Data From the Framingham Heart Study. Circulation, 122,884-890.

　　由上表可知，該研究的依變數爲 Aortic root diameter，指的是主動脈的寬度，以公釐爲單位，因此是連續的變數，另外由 Model 1 可知，所包括的自變數有：

① Age(定義爲虛擬變數：≧ 52 歲爲 1，＜ 52 歲爲 0)

② Sex(定義爲虛擬變數：Male 爲 1，Female 爲 0)

③ BMI(連續變數)

④ SBP(舒張壓，爲連續變數)

⑤ DBP(收縮壓，爲連續變數)

⑥ Treatment(定義爲虛擬變數：有使用抗血壓療程爲 1，沒有使用爲 0)

因此 Model 1 的線性迴歸方程式如下式所示：

$$\text{Diameter} = \beta_0 + \beta_1(\text{Age}) + \beta_2(\text{Sex}) + \beta_3(\text{BMI}) + \beta_4(\text{SBP}) + \beta_5(\text{DBP}) + \beta_6(\text{Treatment}) + r$$

　　但是大家有沒有發現一件很詭譎的事情，就是 β_4 跟 β_5 的迴歸係數的方向是相反的 (−0.134 vs. 0.209)。理論上 SBP(舒張壓) 跟 DBP(收縮壓) 一定是高度正相關的，因爲舒張壓越高的人也肯定會有越高的收縮壓，如果說 SBP 越低的人會有越寬的主動脈寬度 (迴歸係數爲負)，那沒道理反而 DBP 越高則有越高的

主動脈寬度 (迴歸係數為正)，此時這種奇怪的結果就是因為多元共線性的原因所造成，但本文並未要探討這統計原理，因此並不詳細說明其數理上的原因，反正我們只要知道這種結果是有問題的即可。

那我們怎麼知道自變數之間存在著嚴重的共線性，而導致得到錯誤的結論呢？最簡單的方式就是，先以簡單迴歸或 Pearson 相關，以每一個自變數個別與依變數跑相關，假設我們有五個自變數，當在跑簡單迴歸的時候，其迴歸係數都是正的，可是當我們五個自變數聯合預測依變數的時候，卻有迴歸係數變成負數，此時就可知道自變數中存在著足以導致錯誤結論的共線性。另一做法，就是採用 STaTa 提供的外掛指令 rsquare 指令來解決共線性問題。

那遇到共線性的時候怎麼處理呢？許多迴歸分析的教科書會教大家使用以主成分分析 (principal component analysis) 法將有共線性的數個自變數縮減成數個彼此獨立的成分 (當然數量一定比原本自變數還少)，然後以這些獨立的成分當成自變數，以避免共線性的問題；或是以 STaTa 提供的 _rmcollright、_rmcoll 指令來消除共線性的自變數。

但這兩種方法實務上的使用情形並不常見，因此我個人建議兩個方案，是如以上個例子而言，可將 SBP 跟 DBP 平均成 MBP(即平均血壓)，在迴歸方程式以 MBP 當成自變數；不過有的時候兩個變數之間是無法直接平均的，例如肝指數 GOP(AST) 跟 GPT(ALT) 若直接平均是無意義的，此時我會建議在迴歸方程式挑選其中一樣比較重要的來分析即可，並在文中略作說明由於共線性的緣故，因此不將兩個高度相關的變數同時納入迴歸方程式。

總之，在迴歸分析中，共線性可能會導致錯誤的結果解釋，因此在進行迴歸分析時，能以本例的建議，更仔細檢視自變數之間的多元共線性關係。或用平減法來克服交互作用項「A×Z」與「A、Z」高相關之問題。

1-5-3 變數中心化 (centering variables) ／平減

交互作用項中心化 (centering，亦稱為平減) 在多元迴歸分析、結構方程模型、成長模型與階層線性模型的論文中，常被用來解決多元共線性的問題或使得截距的解釋具有實質的意義。交互作用項在 HLM (hierarchical linear model) 中可能發生在一階、二階及跨層次的交互作用上，因此 HLM/STaTa 軟體就內建有變數平減運算 (如下指令)。足見交互作用項的中心化是量化研究者必須深入理解的重要課題。

```
*x 總平減
. egen Mx = mean(x)
. gen Cx = Mx-x
*y 組平減
. by id, sort : egen My = mean(y)
. gen Cy = My-y
```

一般「Mean-Center」的作法，是利用描述性統計分析將解釋變數 (X,Z) 的平均數 ($\bar{X}, \bar{Z}$) 求出，接著利用轉換裡的計算 (**egen** 搭配 **generate** 二個指令)，將各變數減掉各自平均數後創造出新的變數。

資料處理方法中，平減 (mean-centering)，又稱置中平減或中心化，大部分出現在迴歸模型中含有交互作用 (interaction) 項時，必須處理的過程，這是因為在統計模型中，若同時出現主效果 (main effects)「A」&「B」及交互作用效果 (interaction effects)「A×B」時，容易使模型產生「多元共線性」(multicollinearity) 的問題，而「Mean-Center」可以降低模型多元共線性的程度，幫助交互作用項迴歸係數的解釋。

變異數膨脹因素 (variance inflation factor, VIF) 為容忍度的倒數，VIF 值愈大，表示自變數容忍度愈小，愈有共線性問題。一般而言，VIF 大於 10 時，表示有共線性問題。高 VIF 表示您迴歸模型具有嚴重的多重共線性問題，而低 VIF 則表示您可能沒有。SPSS 提供 (眾多類型) 線性迴歸之 regression 指令即可求得 VIF 值。

多元共線性的診斷不能單靠 VIF/Tolerance 指標，其他指標如：CI/Variance proportion/ Eigenvalue 指標亦須同時納入診斷之，才能正確診斷出來。

定義：多重共線性

多元共線性 (多重共線性) 是指線性迴歸模型中的解釋變數之間，由於存在精確相關性或高度相關關係，而使模型估計失真或難以估計準確。一般來說，由於經濟數據的限制使得模型設計不當，導致設計矩陣中解釋變數間存在普遍的相關關係。

在經典的線性迴歸模型分析中，我們曾假設解釋變數矩陣 X 是滿秩 (full rank) 的，也就是解釋變數之間沒有明確的線性相關關係，這樣也就保證了多重共線性的存在性以及最小平方法 (OLS) 的可行性。

多元共線性 (multicollinearity) 最常出現於多元迴歸模型 (或 HLM 分析) 上，尤其當兩個或兩個以上之預測變數間具有高度相關或建置交互作用項時，常會導致個別參數之估計值不穩定及其標準誤過大之現象：觀察值如有些許變動就會導致估計參數的巨大變動。

定義：**標準誤差 (standard error)**

標準誤差也可定義為殘差的標準差。樣本均值的估計標準誤差，簡稱平均值標準誤差 (standard error of the mean, SEM)，或平均數標準誤差。必須記得在簡稱的背後總是意指「樣本的」。

標準誤差 (Standard Error)，也稱標準誤，即樣本統計量的標準差 (Standard Deviation)，是描述對應的樣本統計量抽樣分布的離散程度及衡量對應樣本統計量抽樣誤差大小的尺度。

標準誤差針對樣本統計量而言，是某個樣本統計量的標準差。當談及標準誤差時，一般須指明對應的樣本統計量才有意義。以下以樣本平均值 (樣本平均值是一種樣本統計量) 作為例子。

例如：樣本平均值是總體平均值的無偏估計。但是，來自同一總量的不同樣本可能有不同的平均值。

於是，假設可以從總體中隨機選取無限的大小相同的樣本，那每個樣本都可以有一個樣本平均值。依此法可以到一個由無限多樣本平均值組成的總體，該總體的標準差即為標準誤差。

在很多實際應用中，標準差的真正值通常是未知的。因此，標準誤這個術語通常運用於代表這一未知量的估計。在這些情況下，需要清楚業已完成的和嘗試去解決的標準誤差僅僅可能是一個估量。然而，這通行上不太可能：人們可能往往採取更好的估量方法，而避免使用標準誤，例如採用最大似然或更形式化的方法去測定信賴區間。第一個眾所周知的方法是在適當條件下可以採用學生 t- 分布為一個估量平均值提供信賴區間。在其他情況下，標準差可以有效地利用於提供一個不確定性空間的示值，但其正式或半正式使用是提供信賴區間或測試，並要求樣本總量必須足夠大。其總量大小取決於具體的數量分析。

公式：平均值標準誤差

如果已知母體的標準差 (σ)，那麼抽取無限多份大小為 n 的樣本，每個樣本各有一個平均值，所有這個大小的樣本之平均值的標準差可證明為

$$SD_{\bar{x}} = \frac{\sigma}{\sqrt{n}}$$

但由於通常 σ 為未知，此時可以用研究中取得樣本的標準差 (S) 來估 $SD_{\bar{x}}$

$$SE_{\bar{x}} = \frac{S}{\sqrt{n}}$$

其中，S 為樣本的標準差，n 為樣本數 (大小)。

名詞比較：

$SD_{\bar{x}}$：樣本平均值的標準「差」(standard deviation of sample mean)

S：「樣本的」標準差 (standard deviation of sample)

$SE_{\bar{x}}$：樣本平均值的標準「誤」(standard error of sample mean)

一、多重共線性解決方法

多重共線性由 R.Frisch 在 1934 年引入的，主要研究是在上世紀六、七十年代進行的，但直到現在仍然沒有完全解決。目前國內文獻中處理嚴重共線性的方法常用的有以下幾種：平減 (mean centering)、嶺迴歸 (ridge regression, RR)、主成分迴歸 (principal component regression, PCR)、逐步迴歸、偏分最小平方法 (partial least squares, PLS)、數據分組處理算法 (GMDH) 等。

Case1：當自變數為**分類變數**，且需要判斷影響因變數的眾多因素中，哪些因素起主要作用？哪些因素起次要作用？或判斷不同的方案中哪個方案最好時，可以選擇單因子 ANOVA。例如：(1) 不同的**廣告類型**的促銷效果。(2) 分析**不同的機械操作方法**中，哪一種提高勞動效率最高。(3) 分析影響產品質量，生產量或銷售量的眾多因素中，**哪些因素**起顯著影響等等。

Case2：當自變數為**連續變數**，需要研究變數之間的規律性，進而對生產或科學試驗的結果進行預測或控制時，就必須獲得變數間的精確關係式，可以選擇線性模型。例如：(1) 農業生產中**施肥量**與產量之間的關係。(2)**居民存款**與居民收入之間的關係。(3) 工程建設項目中**施工成本**與工程量之間的關係。

1. 在分層線性模型如何處理多重共線性

　　HLM 對多重共線的處理較爲方便，主要是通過**組平減 (group-mean centering)** 或**總平減 (grand-mean centering)** 二種方法。

2. 爲什麼提出這個問題？

　　由於 HLM 對「多元共線性」非常敏感。故嘗試**總平減**常常即可克服多元共線性問題。

二、平減的定義與用途

　　中心化 (平減 , centering) 係指原點 (zero point) 的平移，常將原始分數減去總平均數轉換成離差分數。教育或社會科學研究中，心理構念常缺乏一個可解釋而有意義的原點；例如：如果使用原始量尺：

$$HDL(好膽固醇) = -24.990 + 0.498LDL(壞膽固醇) + 2.459BMI - 0.019(LDL*BMI)$$

　　當預測值爲 0 時，所獲得之截距爲負值，不具有實質之應用性。如果將這些預測變數加以置中後，其預測公式變爲：

$$HDL(好膽固醇) = 47.555 + 0.080(LDL - 215) - 1.537(BMI - 22.5)$$
$$- 0.019(LDL - 215)(BMI - 22.5)$$

　　因此當預測值爲 0 時，所獲得之截距爲正值，就具有實質之意義；例如：LDL & BMI 爲平均值時，預估之好膽固醇平均值爲 47.555，都具有應用上之實質意義。因此，需要將預測變數平移至有意義的新原點，以便於解釋，注意中心化後各觀察值的相對位置並不會改變。又如在縱貫式的研究上，中心化目的在找到一個時間點，對於截距的解釋才具有意義或才能有效回答待答問題。不同的中心化方法，其所得的係數與截距將有不同的意義。當然，假如預測變數值爲具有實質意義的 0，通常就不必進行變數中心化了。

三、多重共線性解決法之爭辯

　　不過，到底變數中心化可否有效消除或減輕多元共線性的現象，至今仍有爭論之處。例如：Belsley(1984), Gatignon & Vosgerau(2005) 認爲交互作用項的平均數置中，雖可降低單一變數與交互作用項間之線性相關，但仍無法解決或減輕多元共線性的威脅。交互作用項的多元共線性問題並非資料結構不良 (變數間缺乏獨立性) 所致，而是加入交互作用項所產生的模型界定問題。中心化使得原來雙變數的共線性變成多變數的共線性，其來源改變了，但共線性大小並

未改變。Echambadi & Hess(2007) 也證明平均數置中徒勞無功，並無法解決多元共線性問題。該文證實了中心化變數既無法改善參數估計值之運算精確性，亦無法提高整體 R^2 之解釋力，即使 VIF(variance inflation factor) 下降；因為交乘積矩陣 (X'X) 的行列式值在中心化與未中心化的資料上均完全相同。可見交互作用項的共線性問題並未有任何的改善，這些論點似乎打破了過去傳統之看法，似乎仍有其他重要因素也會導致多元共線性問題。另外，Hofmann(2007) 認為錯誤的中心化決定會導致你所考驗的理論模型與提出的假設不一致；而中心化方法選擇的錯誤亦會導致虛假的跨層次交互作用 (錯誤顯示 level-2 的變數可以預測 level-1 的斜率)。

四、平減的方法

多層次分析中，**個體層次** (Level-1) 的解釋變數納入迴歸中，你可採用變數的原始資料 (符號 X_{ij})，亦可採用原始資料減總平均數，謂之總平減 (總平均數中心化)，新變數為 $\ddot{X}_{ij} = X_{ij} - X_{..}$。或可採用原始資料減組平均數，謂之組平減，新變數為 $\widetilde{X}_{ij} = X_{ij} - \overline{X}_{.j}$。

總體層次 (Level-2) 的解釋變數納入迴歸中，你可採用變數的原始資料 (符號 Z_j)，亦可採用原始資料減總平均數，謂之總平減 (總平均數中心化)，符號為 $Z_j - \overline{Z}$。

方法一：**Creating grand-mean centered variables (** 存在「平減 .sps」檔 **).**

```
title "平減 .sps".
* 界定 macro name：group_cvars.
define grand_cvars( vlist    = !charend( '/' )
                    /suffix = !cmdend  )

compute one_temp = 1.
exe.

!do !vname !in (!vlist)
!let !nname = !concat(!vname, !suffix)
aggregate
 /outfile=* mode=addvariables overwrite = yes
/break =one_temp
 /y_temp=mean(!vname).
```

```
compute !nname = !vname - y_temp.
exe.

!doend
delete variables y_temp one_temp.
!enddefine.

* 再將你總平減的 x y z 變數，放入下列 .
grand_cvars vlist = x y z
        /suffix = _c.
```

或

```
*x,z 總平減 .
*descriptives 指令先求全體平均數，compute 指令再求離均差 ( 即 Xij-mean) 並存至 C
開頭變數 .
descriptives variables=x z
  /statistics=mean.
compute Cx=x-.
compute Cz=z- .
  execute.
```

方法二：**Creating group-centering centered variables.**

```
* 界定 macro name：group_cvars.
define group_cvars( group = !charend( '/' )
                    /vlist  = !charend( '/' )
                    /suffix = !cmdend )

!do !vname !in (!vlist)
!let !nname = !concat(!vname, !suffix)
aggregate
 /outfile=* mode=addvariables overwrite = yes
 /break =!group
 /y_temp=mean(!vname).

compute !nname = !vname - y_temp.
exe.
!doend

delete variables y_temp.
```

```
!enddefine.

* 再將你組 ( 例如 ses) 平減的 x y z 變數，放入下列 .
group_cvars group = ses
       /vlist  = x y z
       /suffix = _c.
```

來源：https://stats.idre.ucla.edu/spss/faq/how-can-i-create-multiple-grand-mean-centered-or-group-
mean-centered-variables/

範例：總平減

假設已開啓「hsb2.sav」資料檔。再使用你自定的巨集指令：

「**grand_cvars vlist = read write math** /suffix = _c .」。

```
* 方法一：Creating grand-mean centered variables ( 存在「平減 .sps」檔 ).
title "平減 .sps" .
GET
  FILE=' D:\CD\hsb2.sav' .

define grand_cvars( vlist   = !charend( '/' )
                    /suffix = !cmdend )

compute one_temp = 1.
exe.

!do !vname !in (!vlist)
!let !nname = !concat(!vname, !suffix)
aggregate
 /outfile=* mode=addvariables overwrite = yes
 /break =one_temp
 /y_temp=mean(!vname).

compute !nname = !vname - y_temp.
exe.

!doend
delete variables y_temp one_temp.
!enddefine.

* 再將你總平減的 x y z 變數，放入下列 .
grand_cvars  vlist = read write math
       /suffix = _c.
```

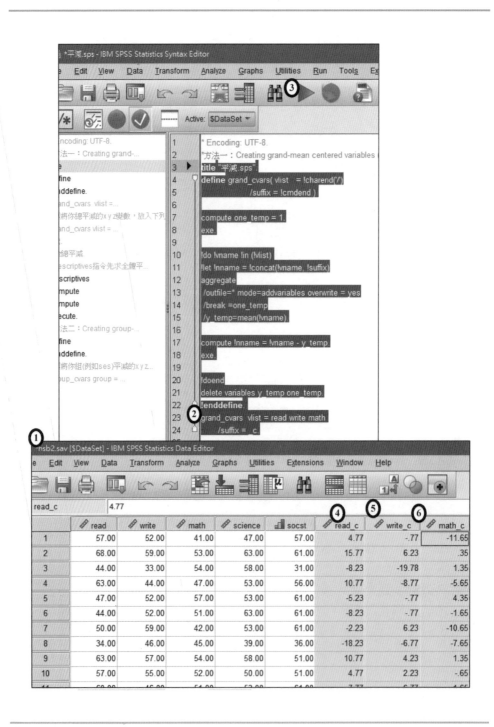

圖 1-45 「**read write math**」執行「平減 .sps」指令檔「grand_cvars」巨集指令之結果

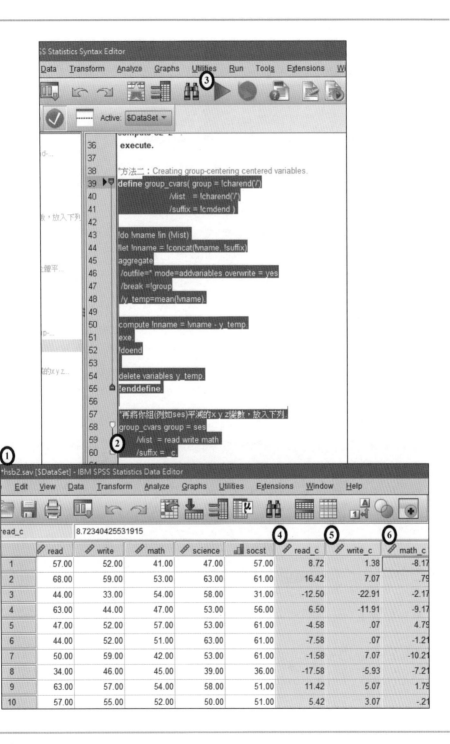

圖 1-46 「**read write math**」執行「平減 .sps」指令檔「group_cvars」巨集之結果

```
group_cvars group = ses
         /vlist  = read write math
         /suffix = _c.
```

1-5-4 中心化 (centering) ／平減的時機

平減可降低交互作用項 (Z×A) 與解釋變數 (Z 或 A) 之多重共線性的問題。多層次分析何時平減變數變換呢？Enders & Tofighi(2007) 認為：(1) 若單獨探討脈絡變數之效果時，則以總平減 (grand-mean centering) 為宜，即以 $\ddot{x}_{ij}$ 取代 x_{ij}，變數變換：$\ddot{x}_{ij} = x_{ij} - \bar{x}$，由於每一個體所減掉的數值均同一常數 (同一個平均數)，因此此一中心化分數 (總平減分數) 所得到的結果，除了截距 α 不同之外，其他都與使用原始分數得到的結果一樣。(2) 若分析焦點是個體層次解釋變數對依變數 (結果變數) 之影響程度，則以組平減 (group-mean centering) 為宜。(3) 若分析焦點是跨層次解釋變數對依變數之交互作用，則以組平減為宜。(4) 若分析焦點是 Level-2 群組層次解釋變數對依變數 (結果變數) 之影響程度，則以標準化平減為宜。

總平減比組平減 (以組平均數來進行中心化) 簡單許多。由於每組的組平均並不相同，每一組 (脈絡) 的個體所減掉的數值並不相同，組平減後的解釋變數 $\tilde{x}_{ij}$ 為原始分數減去各組平均數，即 $\tilde{x}_{ij} = x_{ij} - \bar{x}_j$。使用組平減新變數來取代舊變數，將使模型產生變化，其方程式為：

$$\underline{\alpha}_j = \alpha + \gamma_{01}\bar{x}_j + \gamma_{02}z_j + \underline{\delta}_{0j}$$

1-5-5 中心化 (centering) 的類別

解釋變數中心化的類別可以分為三類：

一、殘差中心化 (Residual-centering)

Lance(1988), Little, Bovaird & Widaman(2006) 之正交化乘積指標法，包含兩大步驟：

Step-1：首先，須先建立未中心化指標之交乘積項，利用這些交乘積項當作效標進行迴歸分析，將殘差存檔以作後續分析之資料。

Step-2：建立潛在交互作用項，並以交乘積殘差項(Res11~Res22)作爲其指標(參
見下圖)。

　　新建立的正交化交互作用項(orthogonalized product terms)，僅包含代表交互
作用效果的獨特變異量，因此交乘積或高次方項與主要效果間之關係完全獨立
無關，而平均數中心化 (mean-centering) 僅能降低兩者間之強度關係，此係殘差
中心化之最大特色。

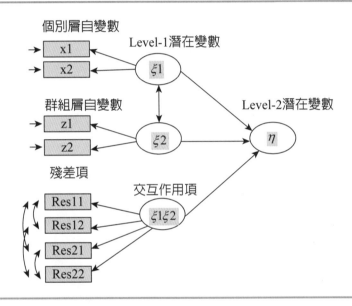

圖 1-47　殘差中心化之二階 SEM 例子

二、平均數中心化 (Mean-centering)

　　平均數中心化常見於迴歸分析、SEM 與 HLM 分析中，尤其是 HLM 多層次
分析時，變數中心化更是無法逃避的重要課題。茲將常用的平均數中心化方法
簡介如下：

(一) 組平均數中心化

　　組平均數中心化 (centering within clusters，又稱爲 group-mean centering)，
或稱爲脈絡中心化 (context centering，簡稱爲 CWC)，適用時機有：

1. 研究者旨在探究「層次一」中變數 X & Y 間之關係 (個體效果)，希望：

　(1) 獲得淨組內迴歸係數的估計值 (可排除組間變異量)，與 (2) 較精確估計

斜率變異數。不過，當 $\beta_b = \beta_w$ 則要使用總平減「CGM(centering at the grand mean)」，最為有效率。

2. 研究者希望進行跨層次之交互作用 (sopes as outcome)，以獲得純淨的「層次一」斜率 (此斜率受到其他預測變數的調節)，因為本法可以分離 cross-level & between group interaction 的效果 (Hofmann & Gavin, 1998)。

3. 研究者旨在探究「層次一」變數間之交互作用。

(二) 總平均數中心化

總平均數中心化 (centering at the grand mean，又稱為 grand-mean centering，簡稱為 CGM)，又稱為總平減置中，適用時機為：

1. 研究者旨在探究「level-2」中預測變數之淨效果 (以排除 level-1 共變數之效果)。

2. 研究者旨在探究「level-2」中變數間的交互作用。

如欲探究變數在「level-1 與 level-2」是否具有差異效果 (亦即脈絡效果)，Wu & Wooldridge(2005) 建議使用原始分數或使用 CGM(請在 level-2 中加入組平均數預測變數)，不必進行線性轉換即可區分個體層次效果與組織層次效果。

另外，總平減置中與原始分數間之關係非常密切 (二者係等同模型)，所估計之參數可以透過線性轉換互轉，細節請看下列數學公式一～公式三之推導：

$$y = \beta_0 + \beta_1 X_1 + \beta_2 X_2 + \beta_3 X_1 X_2$$

$$y = \gamma_0 + \gamma_1 X_1^c + \gamma_2 X_2^c + \gamma_3 X_1^c X_2^c \ (X_1^c = X_1 - \overline{X}_1, X_2^c = X_2 - \overline{X}_2)$$

$$y = \gamma_0 + \gamma_1(X_1 - \overline{X}_1) + \gamma_2(X_2 - \overline{X}_2) + \gamma_3(X_1 - \overline{X}_1)(X_2 - \overline{X}_2) \qquad (\text{公式一})$$

$$= \gamma_0 + (\gamma_1 - \gamma_3 \overline{X}_2)X_1 + (\gamma_2 - \gamma_3 \overline{X}_1)X_2 + \gamma_3 X_1 X_2$$

$$= (\gamma_0 + \gamma_3 \overline{X}_1 \overline{X}_2 - (\gamma_1 \overline{X}_1 + \gamma_2 \overline{X}_2)) + (\gamma_1 - \gamma_3 \overline{X}_2)X_1 + (\gamma_2 - \gamma_3 \overline{X}_1)X_2 + \gamma_3 X_1 X_2$$

由上式知，總平減置中對於最高階交互作用項係數完全無影響 $(\beta_3 = \gamma_3)$，置中後 X_1 & X_2 的斜率為：

$$\beta_1 = (\gamma_1 - \gamma_3 \overline{X}_2) \rightarrow \gamma_1 = \beta_1 + \gamma_3 \overline{X}_2$$
$$\beta_2 = (\gamma_2 - \gamma_3 \overline{X}_1) \rightarrow \gamma_2 = \beta_2 + \gamma_3 \overline{X}_1 \qquad (\text{公式二})$$

至於置中後截距為：

將上式變數

$$\beta_0 = (\gamma_0 + \gamma_3 \overline{X}_1 \overline{X}_2 - (\gamma_1 \overline{X}_1 + \gamma_2 \overline{X}_2))$$

移項後可得：

$$\gamma_0 = (\beta_0 + (\gamma_1 \overline{X}_1 + \gamma_2 \overline{X}_2) - \gamma_3 \overline{X}_1 \overline{X}_2 \qquad\qquad （公式三）$$

三、固定值中心化

固定值中心化 (fixed-value centering) 之適用時機為：潛在成長變化分析 (latent change analysis)。

以下列成長變化模型為例：

$$Y_{ij} = \pi_{0i} + \pi_{1i} \alpha_{ti} + \varepsilon_{ti}$$

假設觀察兒童的年齡分別在 2、3、4、5、6 歲，截距 π_{0i} 即當 $\alpha_{ti} = 0$ 時的預測值。變數置中會影響截距的意義，例如：如果研究者定義 2 歲為 $\alpha_{ti} - 2 = 0$，作為資料蒐集的初始狀態，如果研究者想了解研究中點 4 歲作為初始狀態，則使用 $\alpha_{ti} - 4$，如果研究者想了解研究終點 6 歲作為初始狀態，則使用 $\alpha_{ti} - 6$。

以上係對於不同感興趣時間點的歸 0 設定方法，中心化目的在找到一個時間點，對於截距的解釋才具有意義或才能有效回答待答問題。

1-6 線性混合模型：多層次分析入門 (mixed, xtmixed 指令)

指令 xtmixed、mixed 專門處理多層次 mixed regression (具常態分布、連續型結果變數)。

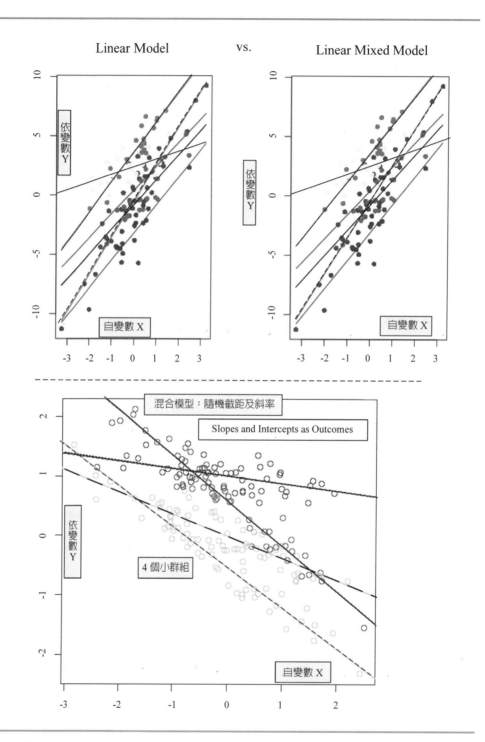

圖 **1-48** 線性混合模型之示意圖

1-6-1 線性混合模型 (linear mixed model) 之方程式

$$y = X\beta + Zu + \varepsilon$$

其中：

    y：$n \times 1$ 向量之反應變數

    X：$n \times p$ 固定效果之設計矩陣

    β：固定效果

    Z：$n \times q$ 隨機效果之設計矩陣

    u：固定效果

    ε：$n \times 1$ 誤差向量

使得

$$\begin{bmatrix} u \\ \varepsilon \end{bmatrix} \sim N \left(0, \begin{bmatrix} G & 0 \\ 0 & \sigma_\varepsilon^2 \mathrm{ln} \end{bmatrix} \right)$$

    由於隨機效果無法直接估計，但其特性為 G 矩陣元素，它就是誤差變異成分。故你仍可用 best linear unbiased prediction (BLUPs) 來「預測」隨機效果。

    以上之混合模型數學式，旨在估計未知數，其中包括：β、σ_ε^2、G 矩陣內的變異成分。

Chapter 02

獨立樣本 ANOVA、重複測量 (MIXED 指令)、Moderated 迴歸方程式

ANOVA 及無母數統計之分析流程圖

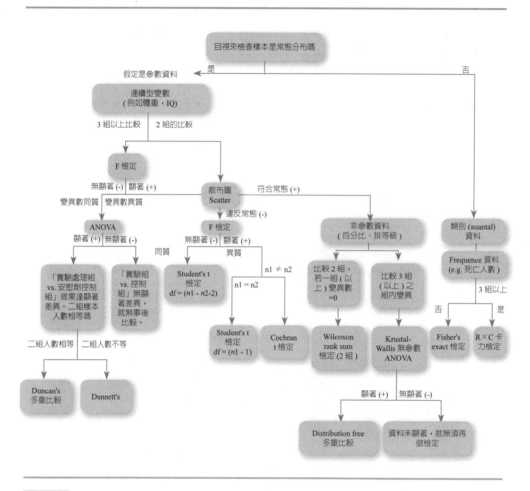

圖 2-1 ANOVA 及無母數統計之分析流程圖

變異數分析 (ANOVA) 分析流程

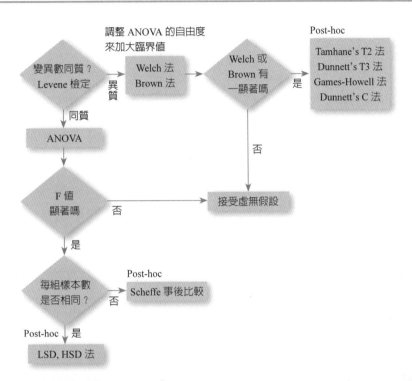

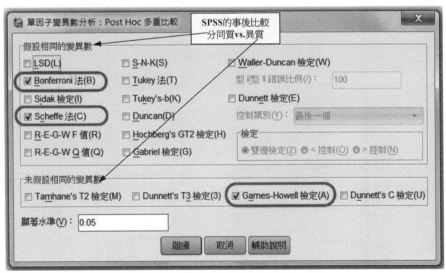

圖 2-2　變異數分析 (ANOVA) 分析流程圖 (SPSS 的事後比較分同質 vs. 異質)

異質性分析流程

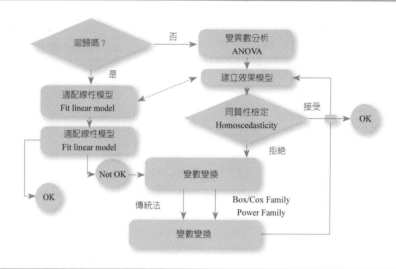

圖 2-3　異質性分析的流程

盒形圖

通常，變異數分析 (ANOVA) 分析流程如上圖。但 ANOVA 分析前，可由盒形圖快速檢視樣本資料的同質性。

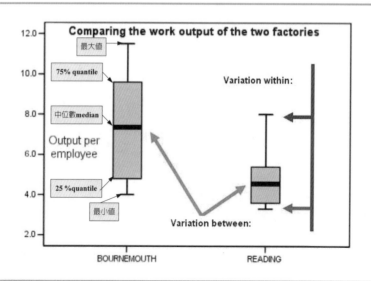

　圖 2-4　盒型圖的示意圖

2-1 變異數分析 (ANOVA) 之簡介

2-1-1 ANOVA【基本概念】

一、變異數分析的應用領域

ANOVA 之應用例子，包括：

-------------- 管理類 --------------

1. 以資產規模 (a 因子) 觀點，分析國內鋼鐵業之財務營運績效 (y)。

2. 公司員工個人特徵 (a 因子) 對組織變遷接受度 (y) 影響之研究。

3. 網路商城的消費者行為 (y) 研究。

4. 高爾夫球之模仁流道設計 (a 因子) 與製程參數 (b 因子) 研究。

5. 金融控股公司購併銀行 (a 因子) 之綜效 (y) 分析：臺新金控與彰化銀行購併案例。

6. 羽球社團組織氛圍 (a 因子)、團隊凝聚力 (b 因子) 與滿意度關係之研究。

7. 政府組織再造之會計品質研究。

8. 垃圾委外與自行清運 (a 因子) 對清除機構安全文化 (y) 影響評估之研究。

9. 消費者選擇溫體豬肉 (a 因子) 與冷凍豬肉行為 (y) 之研究。

-------------- 工程類 --------------

10. 封裝結構之尺寸 (a 因子) 與材料參數 (b 因子) 對熱傳效益 (y) 之影響。

11. 應用田口法於 cBN-TiC 與 WC-Co 複合擠型之製程最佳化 (y)。

12. 營建廢棄物產出因子 (a 因子) 建立之研究。

13. 半導體廠空調系統節能效益 (y) 分析──以 12 吋 DRAM 廠為例。

14. 實驗計畫法 (a 因子) 於三金屬粉末光纖雷射燒結 (y) 之最佳化。

15. 以田口實驗方法 (a 因子) 應用於 IC 最佳化雷射參數 (y) 研究。

16. 銅金屬材料表面燒結釉料 (y) 之特性 (a 因子) 分析。

17. 太陽光電熱能複合系統結合反射板之系統設置參數 (a 因子) 設計最佳化 (y) 與實務驗證。

-------------- 生醫類 --------------

18. 乳癌術後存活病患心理介入方案 (a 因子) 之心理健康結果 (y) 評估。

19. 白內障患者驗光 (a 因子) 與配鏡 (y) 之分析研究。

二、變異數分析的適用時機

依變數 ／ 自變數	縱貫面研究 2 Levels 以上之類別變數
單一連續變數	相依樣本 ANOVA

1. 變異數分析適用的條件

當自變數是類別變數 (nominal scale)，依變數是等距 (interval scale) 時使用。但 t-test 僅是適用於自變數只有兩類的變數中，像性別便只有兩種屬性。自變數若是超過兩類，則需要使用其他的資料分析方法，如：ANOVA。

2. 變異數分析目的

在比較兩個群組母體平均數是否有差異時，可以用常態分配 (當母體標準差已知或是兩個樣本數皆大於 30 時) 或 t 分配 (當母體標準差未知且至少有一個樣本數小於 30 時) 進行比較；但是在比較多個群組的母體平均數是否有差異時，必須改用變異數分析。

三、變異數分析的概念

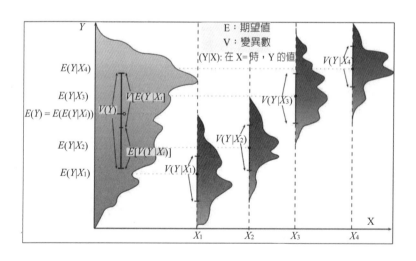

圖 2-5　ANOVA 之示意圖 (四組的變異數不盡相同)

(一) 使用狀況

變異數 (S^2) 代表觀測資料與平均數之間的離散程度，當變異數愈小代表資料分布愈集中，變異數愈大代表資料分布愈分散。在進行變異數分析時，必須先找出個別群組的平均數與總平均數。利用觀測值與總平均數之間差距平方的總和，找出總變異，而總變異 (SS_T) 可以分成兩大類：一種為可解釋的變異，也就是群組間 (between group) 的變異 (SS_B)，當此值很小時，代表個別群組平均數與總平均數之間沒有顯著差異；另一種為不可解釋的變異，也就是各個群組內 (within group) 的變異 (SS_W)，此變異是由合理的機率所造成。因為我們是比較多個群組平均數之間的變異以及群組內的變異，因此這個方法被稱為變異數分析。

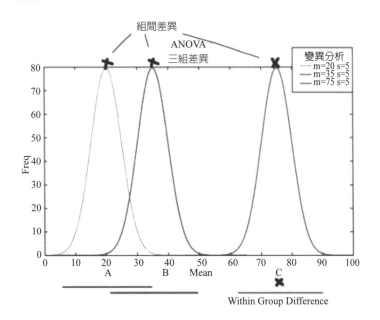

圖 2-6　　ANOVA 之 F 檢定的示意圖

(二) 變異數分析的前提假定 (assumption)：簡單隨機樣本、常態性、變異數同質

1. 從每個母體中抽取一組簡單隨機樣本，且母體之間相互獨立。

由於調查整個母體會花費過多的時間與成本、或者是受限於實驗特性等因素，無法對母體進行調查，此時必須進行抽樣調查。當我們使用簡單隨機抽樣時，可以確保資料具有不偏性 (每個個體中選的機率都一樣) 與獨立性 (一

個個體中選與否不影響其他個體中選的機率)。

2. 母體皆為常態分配。

當母體皆為常態分配時，抽樣分配必然服從常態分配。

3. 母體在各類別的變異數同質。

若母體間離散程度相同，則造成差異的原因在於平均數不相同。

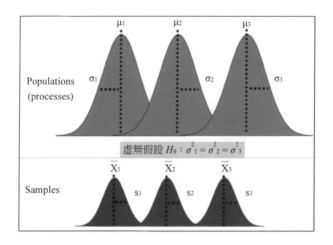

圖 2-7　變異數同質之示意圖

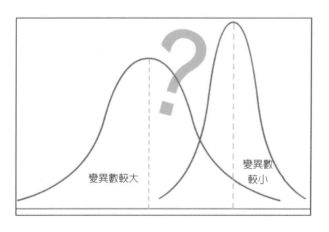

圖 2-8　變異數異質之示意圖

(三) 檢定假設 (Hypothesis testing)

虛無假設 H_0：母體平均數皆相同，H_0：$\mu_1 = \mu_2 = \cdots = \mu$

對立假設 H_1：母體平均數不完全相同，H_1：有一個 $\mu_i \neq \mu_j$

值得一提的是，很多人會將對立假設寫成母體平均數「完全不相等」，這跟上述的「不完全相等」之間有所差異。所謂「完全不相等」，代表所有的母體平均數的值都不相同；所謂「不完全相等」，則代表至少有一個母體平均數跟其他的母體平均數的值不同。「不完全相等」有包含「完全不相等」的情況，但「完全不相等」僅是「不完全相等」中的一種可能性，請勿搞混。

(四) 變異數分析使用的檢定統計量：F 分配

F 分配的主要特性：

1. F 分配是一個家族：家族的特定成員是由兩個參數所決定：分子自由度與分母自由度。隨著自由度的改變，曲線形狀也會隨之改變。

2. F 分配是連續的：F 分配的值介於 0 到無窮大

3. F 分配不可能為負值：F 的最小值為 0

4. F 分配為正偏分配：分配的長尾在右側，隨著分子與分母的自由度的增加，分配愈趨近於常態分配，如下圖所示。

5. F 分配為漸進線，不會與 X 軸有交會

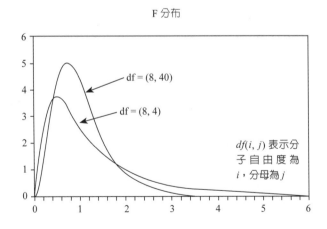

F 分布

$df(i, j)$ 表示分子自由度為 i，分母為 j

圖 2-9　F 分配

(五) ANOVA 之 F 檢定公式

公式請見第 1 章。

2-1-2　ANOVA【重點整理】

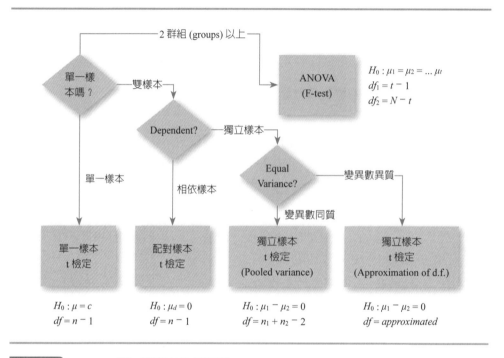

圖 2-10　ANOVA 與 t 檢定之分析流程

一、ANOVA 之重點整理

變異數分析 (analysis of variance，簡稱 ANOVA) 為資料分析中常見的統計模型，主要為探討連續型 (continuous) 資料型態之依變數 (dependent variable) 與類別型資料型態之自變數 (independent variable) 的關係，當自變數的因子中包含等於或超過三個類別情況下，檢定其各類別間平均數是否相等的統計模型，廣義上可將 t 檢定中變異數相等 (equality of variance) 的合併 t 檢定 (pooled t-test) 視為是變異數分析的一種，基於 t 檢定為分析兩組平均數是否相等，並且採用相同的計算概念，而實際上當變異數分析套用在合併 t 檢定的分析上時，產生的 F 值則會等於 t 檢定的平方項。

　　變異數分析依靠 F- 分布爲機率分布的依據，利用平方和 (sum of square) 與自由度 (degree of freedom) 所計算的組間與組內均方 (mean of square) 估計出 F 值，若有顯著差異則考量進行事後比較或稱多重比較 (multiple comparison)，較常見的爲 Scheffé's method、Tukey-Kramer method 與 Bonferroni correction，用於探討其各組之間的差異爲何。

　　在變異數分析的基本運算概念下，依照所感興趣的因子數量而可分爲單因子變異數分析、雙因子變異數分析、多因子變異數分析三大類，依照因子的特性不同而有三種型態，固定效果變異數分析 (fixed-effect analysis of variance)、隨機效果變異數分析 (random-effect analysis of variance) 與混合效果變異數分析 (Mixed-effect analaysis of variance)，然而第三種型態在後期發展上被認爲是 Mixed model 的分支，關於更進一步的探討可參考本章 Mixed model 的部分。

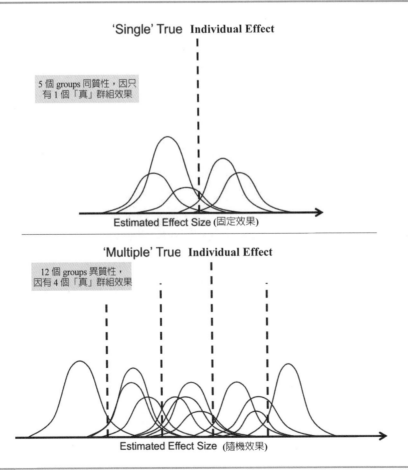

圖 2-11 固定效果 vs. 隨機效果之示意圖

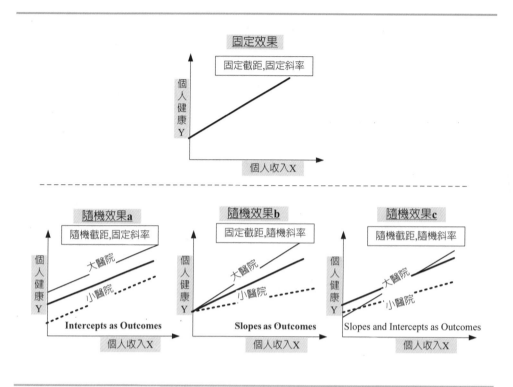

圖 2-12 固定效果 vs. 三種隨機效果 (random effect)

　　變異數分析優於兩組比較的 t 檢定之處，在於後者會導致多重比較 (multiple comparisons) 的問題而致使第一型誤差 (Type one error) 的機會增高，因此比較多組平均數是否有差異則是變異數分析的主要命題。

　　在統計學中，變異數分析 (ANOVA) 是一系列統計模型及其相關的過程總稱，其中某一變數的變異數可以分解為歸屬於不同變數來源的部分。其中最簡單的方式中，變異數分析的統計測試能夠說明幾組數據的平均值是否相等，因此得到兩組的 t 檢定。在做多組雙變數 t 檢定的時候，誤差的機率會越來越大，特別是第一型誤差，因此變異數分析只在二到四組平均值的時候比較有效。

　　變異數分析的目的，即在於探究反應值 (依變數) 之間的差異，是受到那些主要因子 (自變數) 的影響，以作為往後擬定決策時的參考情報。反應值 (依變數) 間之差異，統計學上稱為「變異」。

　　變異數分析法，乃將樣本之總變異 (平方和) 分解為各原因所引起之平方和及實驗變異所引起之平方和，然後將各平方和化為不偏變異數，使其比值為 F 統計量後，即可根據 F 分配以檢定各原因所引起之變異是否顯著。

二、二因子 (two way)ANOVA 分析流程

二因子變異數分析是利用變異數分析法來處理兩個自變數的統計方法，主要是想了解這兩個自變數 (因子) 之間是否有交互作用效果存在。二因子變異數分析有下列三種實驗設計：(1) 受試者間設計：獨立樣本；(2) 受試者內設計：相依樣本；(3) 混合設計：有一個自變數採受試者間設計，另一個自變數採受試者內設計。

二因子變異數分析主要是想了解這兩個因子之間是否有交互作用存在，即 A 因子的不同水準是否隨著 B 因子水準不同而有不同的效果。若交互作用達顯著，則進一步分析其單純主要效果。即 A 因子在 B 因子的哪一個水準有顯著效果，以及 B 因子在 A 因子的哪一個水準有顯著效果。若單純主要效果顯著，則可比較水準間的差異。分析的流程見下圖。

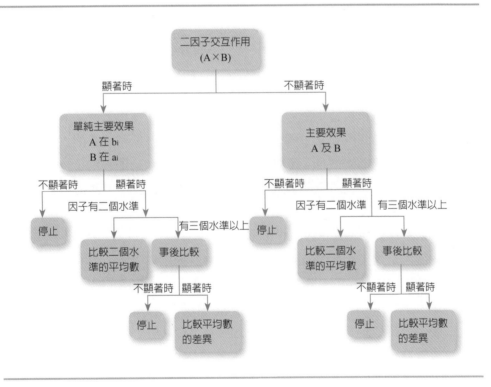

圖 2-13 二因子變異數分析流程

三、ANOVA 的模型型態

資料分析中常見的統計模型，主要為探討連續型 (continuous) 資料型態之依變數 (dependent variable) 與類別型資料型態之自變數 (independent variable) 的關係，當自變數的因子中包含等於或超過三個類別情況下，檢定其各類別間平均數是否相等的統計模型，廣義上可將 t 檢定中變異數相等 (equality of variance) 的合併 t 檢定 (pooled t-test) 視為是變異數分析的一種，基於 t 檢定為分析兩組平均數是否相等，並且採用相同的計算概念，而實際上當變異數分析套用在合併 t 檢定的分析上時，產生的 F 值則會等於 t 檢定的平方項。

在統計學中，變異數分析 (ANOVA) 是一系列統計模型及其相關的過程總稱，其中某一變數的變異數 (variance) 可以分解為歸屬於不同變數來源的部分。其中最簡單的方式中，變異數分析的統計測試能夠說明幾組數據的平均值是否相等，因此得到兩組的 t 測試。在做多組雙變數 t 測試的時候，錯誤的幾率會越來越大，特別是第 I 型誤差 (α)。因此，變異數分析只在二到四組平均值的時候比較有效。

變異數分析分為三種型態：

1. 固定效果模型 (Fixed-effects models)

用於變異數分析模型中所考慮的因子為固定的情況，換言之，其所感興趣的因子是來自於特定的範圍，例如：比較五種不同的汽車銷售量的差異，感興趣的因子為五種不同的汽車，反應變數為銷售量，該命題即限定了特定範圍，因此模型的推論結果也將全部著眼在五種汽車的銷售差異上，故此種狀況下的因子便稱為固定效果。

2. 隨機效果模型 (Random-effects models)

不同於固定效果模型中的因子特定性，在隨機效果中所考量的因子是來自於所有可能得母群體中的一組樣本，因子變異數分析所推論的並非著眼在所選定的因子上，而是推論到因子背後的母群體，例如：藉由一間擁有全部車廠種類的二手車公司，從所有車廠中隨機挑選 5 種車廠品牌，用於比較其銷售量的差異，最後推論到這間二手公司的銷售狀況。因此在隨機效果模型下，研究者所關心的並非侷限在所選定的因子上，而是希望藉由這些因子推論背後的母群體特徵。

3. 混合效果模型 (Mixed-effects models)

此種混合效果絕對不會出現在單因子變異數分析中，當雙因子或多因子變

異數分析同時存在固定效果與隨機效果時，此種模型便是典型的混合型模型。

四、重複測量 ANOVA 分析的特色

1. 重複測量 (repeated measure) 實驗是指受試者 (subject) 重複參與一因子 (factor) 內每一層次 (level)。即重複測量實驗的數據違反了一般變異數分析的個案數值獨立的要求，所以需要一些新的統計檢定方法，能解決個案數值非獨立的問題──重複測量變異數分析。

2. 重複測量變異數分析的優點：需要的受試者人數較少；殘差的變異數降低，使得 F 檢定值較大，所以統計檢定力 (power)「$1 - \beta$」較大。

3. 重複測量變異數分析不適合有練習效果 (practice effect) 或持續效果 (carryover effect) 的情況

4. 分析前，先列出資料的排列 (layout)，以便了解因子的屬性 (受試者內或間因子)。同一受試者重複參與一因子內每一層次的測量，此因子便稱為受試者內因子 (within factor)。受試者內因子通常是研究者可操控的因子，如時間。受試者沒有參與因子內每一層次，此因子稱為受試者間因子 (between factor)。受試者間因子通常是研究者不可操控的因子，如個案的性別、年齡。

5. ANOVA 的假定：

   (1) 依變數 (dependent variable)：

   (1a) 必須是連續變數 (continuous variable)

   (1b) 必須為隨機樣本 (random variable) →從母群體 (population) 中隨機抽樣得到。

   (2) 依變數的母群體：必須是常態分布 (normal distribution)

   (3) 相依事件 (dependent event)：樣本須為相依 (dependent) →每組樣本之間不獨立，即選擇一案例為樣本時，會影響另一樣本是否被納入。

   例如：分析一群高血壓患者，平均服藥前、服藥後 5 分鐘、服藥後 30 分鐘以及服藥後 1 小時之血壓值是否有差異，需同時納入 4 次量測值，故為相依事件。

6. 重複測量變異數分析的前提假定 (statistical assumption) 為相同受試者內因子的不同層次間 Y 差異值的變異數相同，此前提假設稱為球型假設 (assumption of sphericity)。 如：受試者內因子 A 有 3 個層次，分別為 A1、A2、A3，則球型假設是指 A1 − A2、A1 − A3、A2 − A3 的變異數相同。

7. Repeated measures ANOVA 的分析法有二：

(1) 單層次：多變量方法 (multivariate approach) 或單變量方法 (univariate approach) 來執行重複測量變異數分析。

(2) 多層次模型，詳情見本章節的實例介紹。

五、重複測量在生物醫學研究上的應用

在臨床實驗或介入型研究，經常需要對同一個受試個體 (subject) 在不同的時間點觀察其反應，當觀察的時間點只有兩個時，可以用來分析的統計方法為 paired t-test；如果觀察的個體數目太少，則會建議使用相依樣本的無母數檢定方法，如：Wilcoxon signed-rank test，若反應變數為類別型資料，且資料為相依樣本的情況下，其統計檢定方法為 McNemar Test。

如果觀察的時間點有兩個以上時，上述的方法則不再適用，此時，就必須使用到一些重複測量的方法，包括：

1. Hotelling T^2：反應變數為連續型資料，且符合常態分配假設之下，可分析單一樣本或兩樣本的重複測量，是單變量 t-test 的延伸。

2. Friedman's test：反應變數為連續型資料，且為小樣本的情況下使用，為單一樣本重複測量。由於是無母數檢定方法，原始值必需先轉為 rank 型態。

3. Cochran's Q test：反應變數為類別型資料 (二元型態，binomial) 的情況下可使用，為單一樣本重複測量，且為無母數檢定方法。基本假定為不同時間點，感興趣的事件發生的機率相等。

4. 重複測量型變異數分析 (Repeated Measures ANOVA)：

其中兩個重要的基本假定為：(1) 不同個體 (subject) 之間無關聯性；(2) 同一個個體在不同時間 (visit) 的測量有相關。在共變異數矩陣 (Covariance matrix) 的分析中有一個基本的假設，同一個個體在不同時間的測量之相關都一樣。事實上，距離愈前期的測量結果愈遠，測量的相關會愈來愈弱，與臨床上許多的實際狀況不符，這樣的相關矩陣稱為 Compound Symmetry(CS)。檢定這項基本假定的方法為球面性假定 (Mauchly's test of Sphericity)，SPSS MANOVA 有提供此幼能，若不符基本假定，應採取更適合的方法。

重複測量型變異數分析可分析單一樣本與多組樣本的重複測量，反應變數為連續型資料，且需符合常態分配的基本假定。資料為橫向資料，若有任一次的資料中有缺失值，將整個 subject 被刪除，因此分析的資料特性必須是完整資料 (complete case)。對於會隨時間改變的解釋變數 (例如：每次所測量的除反應變數以外之生化值)，無法一一對應至每一個時間點的反應變數，因此僅

能分析不隨時間改變的解釋變數 (例如：性別)。

5. 線性混合模型 (Linear Mixed model)(mixed、xtmixed 指令)：

Mixed model 的使用時機必需為反應變數為連續型資料且需符合常態分配的基本假定。由於不同測量時間的資料為縱向資料，當有一個時間點的資料為缺失值 (missing)，只會被刪除有缺失的特定時間點資料，其他資料會被保留下來，因此所使用的資料為可用的資料 (available data)，在有缺失值的情況下，仍有很好的估計。由於資料是縱向的，因此會隨時間改變的解釋變數可以放在模型中分析。此外，Mixed model 最主要的特色是混合了兩種效果 (effect)，包括固定效果 (fixed effect) 與隨機效果 (random effect)，其中 fixed effect 為研究者要用來作比較用的變數，例如：治療方法 (treatment)、不同測量時間 (visit) 等；random effect 所放的變數主要作為調整變數用，例如：將多中心研究中的不同醫學中心 (center) 放在 random effect，調整不同醫學中心間的差異。若是介入型研究，要將基期的資料特別挑出，且放在解釋變數中。

六、樣本配對 (matched-pair) 後隨機分派到各組。

1. 在組內受試者設計，也就是重複測量設計 (repeatedmeasures design) 時，使用對抗平衡次序 (counterbalanced order) 給受試者施以自變數的處理，使研究的結果不會因處理的次序而引起偏差。

2. 給控制組 / 對照組使用安慰劑 (placebo)。控制組接受一個「假」的實驗處理，而實驗組接受「真」的實驗處理 (treatment)。

3. 以單盲 (single-blind) 或雙盲 (double-blind) 的方式來實施實驗處理。單盲是指受試者對當次的處理，不知道是真處理 (真藥) 或假處理 (安慰劑)；雙盲是指受試者和施測者均不知當次的處理是真或是假，以免引起心理上或預期性的效果。

4. 艾維斯效果 (Avis effect)：控制內在效度威脅的一種方法，受試者可能會因為身在控制組而特別努力。

2-2 one way ANOVA 分析

「單向變異數分析」是以類別變數為自變數、連續變數為應變數，所以是二維表。但在卡方分析中，二維表卻是以「雙向卡方」為主，又可為「單向卡方」。

「單因子變異數分析」，因子就是自變數。所以，就是自變數、應變數各一的雙變數分析。

表 2-1　ANOVA 摘要表

變異來源	Degrees of Freedom	Mean of Squares	F-Ratio
組間	$n - k$	$MS_w = \dfrac{\sum \sum (x_{ij} - \bar{x}_j)^2}{r - k}$	MS_b / MS_w
組內	$k - 1$	$MS_b = \dfrac{\sum n_j (\bar{x}_j - \bar{x})^2}{k - 1}$	
總和	$n - 1$	$MS_{tot} = \dfrac{\sum \sum (x_{ij} - \bar{x})^2}{n - 1}$	

2-2-1 one way ANOVA：四種教學法的教學效果比較 (oneway 指令)

範例：四種教學法的教學效果 (oneway、oneway /contrast、oneway /posthoc、unianova /print = etasq.、oneway / polynomial 指令)

一、問題說明

例子：各組人數相同時 (參考林清山，民 81，P315)
某研究將某國小六年級學生隨機分派成四個班，分別接受自然科四種教學法，想了解這四種教學法對自然科成績的影響。這些學生參加實驗一年後，其自然科成就測驗如下表。問這四種教學法的教學效果是否有所不同？
虛無假設「$H_0 : \mu_1 = \mu_2 = \mu_3 = \mu_4$」

表 2-2　四種教學法的研究資料

	演　講	自　學	啓　發	編　序	
	4	5	9	7	
	3	7	8	9	
	5	4	9	5	
	7	6	6	8	
	6	5	8	7	
ΣX	25	27	40	36	$\Sigma \Sigma X = 128$
$\Sigma \Sigma X^2$	135	151	326	268	$\Sigma \Sigma X^2 = 880$
$\bar{x}_{.j}$	5.0	5.4	8.0	7.2	$\bar{x}_{..} = 6.4$

獨立樣本單因子變異數分析的計算公式如下：

$$SS_t = \sum\sum(X_{ij} - \overline{X}..)^2$$

$$= \sum\sum X^2 - \frac{(\sum\sum X)^2}{N} = 880 - \frac{(128)^2}{20} = 60.8$$

$$SS_w = \sum\sum(X_{ij} - X_{.j})^2$$

$$= \sum\sum X^2 - \sum\frac{(\sum X)^2}{N_j}$$

$$= [135 - \frac{(25)^2}{5}] + [151 - \frac{(27)^2}{5}] + [326 - \frac{(40)^2}{5}] + [268 - \frac{(36)^2}{5}]$$

$$= 880 - \frac{(25)^2 + (27)^2 + (40)^2 + (36)^2}{5} = 30.0$$

$$SS_b = n\sum(X_{.j} - \overline{X}..)^2$$

$$= \frac{(25)^2 + (27)^2 + (40)^2 + (36)^2}{5} - \frac{(128)^2}{20} = 30.8$$

代入公式：$F = \dfrac{\dfrac{SS_b}{df_b}}{\dfrac{SS_w}{df_w}} = \dfrac{\dfrac{SS_b}{k-1}}{\dfrac{SS_w}{k(n-1)}} = \dfrac{\dfrac{30.8}{4-1}}{\dfrac{30.0}{4(5-1)}} = 5.48$

查表 $F_{.95(3,16)} = 3.24$，計算所得 F 值大於臨界 F 值，故拒絕 $H_0：\mu_1 = \mu_2 = \mu_3 = \mu_4$，結果顯示這四種教學法的教學效果有所不同。

表 2-3　單因子變異數分析摘要表

變異來源	SS	df	MS	F
組間 (實驗處理)	SS_b	$df_b = k - 1$	SS_b/df_b	MS_b/MS_w
組內 (誤差)	SS_w	$df_w = k(n - 1)$	SS_w/df_w	
總和	SS_t	$N - 1$		

* $F_{1-\alpha(k-1, N-k)}$

薛費法 (Scheffe) 事後多重比較

　　由於本例所求出的，達顯著差異，所以我們必須再進行多重事後比較 (multiple post hoc comparison)，以了解到底哪些組平均數之間存有差異。

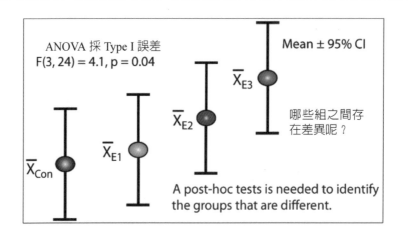

圖 2-14　事後比較之示意圖

　　事後比較法中，不管是 HSD 法或 Newman-Keuls 法，均只適用於各組人數均同為 n 的時候，以及只適用於比較兩個平均數之間的差異的時候。如果各組人數不相等，或者想要進行複雜的比較，亦即每次比較包含兩個以上平均數之間的差異時，就可以使用這裡要討論的薛費法 (Scheffe method，簡稱 S 法)。

　　使用 S 法時要用到下面的 F 公式：

$$F = \frac{(c_j \overline{X}_j + c_{j'} \overline{X}_{j'} + \cdots\cdots + c_{j''} \overline{X}_{j''})^2}{MS_w(\frac{c_j^2}{n_j} + \frac{c_{j'}^2}{n_{j'}} + \cdots\cdots + \frac{c_{j''}^2}{n_{j''}})}$$

這裡的 c_j、$c_{j'}$ 或 $c_{j''}$ 均表示「比較係數」。n_j、$n_{j'}$ 或 $n_{j''}$ 均表示各組人數。以上列公式所計算出來的 F 值如果大於下列的值，則該項比較便算達到顯著水準：

$$F' = (k-1)F_{1-\alpha(k-1,N-k)}$$

這裡，$k-1$ 是組間變異數估計值 (均方)MS_b 的自由度，$N-k$ 是組內變異數估計值 MS_w 的自由度。Scheffe 法的誤差率也是以 α_{EW} 為觀念單位，不是以每次一對比較的誤差率 (α_{PC}) 為觀念單位。

我們先以 S 法來檢定本例裡的六個每次一對平均數之間的比較：

$$\Psi_1 = \overline{X_1} - \overline{X_4} \text{ 時 } F = \frac{\left[(1)(5.0) + (-1)(7.2)^2\right]}{1.875\left[\frac{(1)^2}{5} + \frac{(-1)^2}{5}\right]}$$

$$= \frac{(5.0 - 7.2)^2}{0.75} = 6.45$$

$$\Psi_2 = \overline{X_1} - \overline{X_3} \text{ 時 } F = \frac{\left[(1)(5.0) + (-1)(8.0)\right]^2}{1.875\left[\frac{(1)^2}{5} + \frac{(-1)^2}{5}\right]}$$

$$= \frac{(5.0 - 8.0)^2}{0.75} = 12.0^*$$

$$\Psi_3 = \overline{X_1} - \overline{X_2} \text{ 時 } F = \frac{(5.0 - 5.4)^2}{0.75} = 0.21$$

$$\Psi_4 = \overline{X_2} - \overline{X_4} \text{ 時 } F = \frac{(5.4 - 7.2)^2}{0.75} = 4.32$$

$$\Psi_5 = \overline{X_2} - \overline{X_3} \text{ 時 } F = \frac{(5.4 - 8.0)^2}{0.75} = 9.01$$

$$\Psi_6 = \overline{X_3} - \overline{X_4} \text{ 時 } F = \frac{(8.0 - 7.2)^2}{0.75} = 0.85$$

查表 $F_{.95(3.16)} = 3.24$，再乘以 $(k-1) = 4-1 = 3$，便得臨界值 F'：

$$F' = (k-1)F_{1-\alpha(k-1,N-k)} = 3 \times F_{.95(3.16)} = 3 \times 3.24 = 9.72$$

最後將以上六種比較結果，整理成如下表之摘要表。因之，上面幾個比較之中，只有 $\varphi_2 = X_1 - X_3$ 達到顯著水準。此一結果與用 HSD 法和 Newman-Keuls 法的結果略有出入，亦即，只得到一個達到顯著水準的比較。換言之，Scheffe 法的統計檢定力要比 HSD 法的統計檢定力為低。因此，每次兩個平均數的簡單比較時，還是建議使用 HSD 法 (參看 Kirk，1982，p.121)。

表 2-4 資料的薛費氏法事後比較

教學法	平均數	1 演講	2 自學	4 編序	3 啟發
1 演　講	$\overline{X_1} = 5.0$	—			
2 自　學	$\overline{X_2} = 5.4$		—		
4 編　序	$\overline{X_4} = 7.2$			—	
3 啟　發	$\overline{X_3} = 8.0$	*	*		—

*$P < 0.05$

　　雖然，每一次對平均數的簡單比較使用 HSD 法比使用 Scheffe 法為好，但 Scheffe 法則特別適用於各組人數不同或需要複雜比較的情況。

二、資料檔之內容

　　「1_way_ANOVA_P315.sav」資料檔，自變數 a 為教學法 (有 4 levels)，依變數 y 為教學效果。內容如下圖。

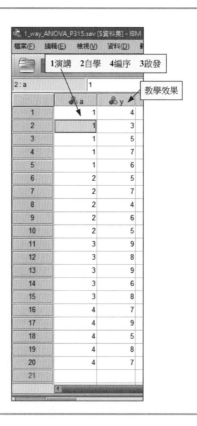

圖 2-15 「1_way_ANOVA_P315.sav」資料檔 (N=20 , 2 variables)

三、分析結果與討論

Step 1 求各組平均數

對應的指令語法：

```
title "1_way_ANOVA_P315.sav, anova.sps".
subtitle " 各組平均數 ".

GET
  FILE='D:\CD 範例 \1_way_ANOVA_P315.sav'.
means tables=y by a.
```

Report

y

a	Mean	N	Std. Deviation
1 演講	5.00	5	1.581
2 自學	5.40	5	1.140
3 啟發	8.00	5	1.225
4 編序	7.20	5	1.483
Total	6.40	20	1.789

Step 2 ANOVA F 檢定 + 變異數同質性

ANOVA 分析時，應考量：

(1) 假定符合「變異數同質」時，通常選：Tukey 法、Scheffe 法。

(2) 假定違反「變異數同質」時，ANOVA 摘要表改用「Welch」法。而 ANOVA 事後多重比較則改選 Games-Howell 檢定，來校正 F 檢定之分母自由度 (實數有小數點)。

117

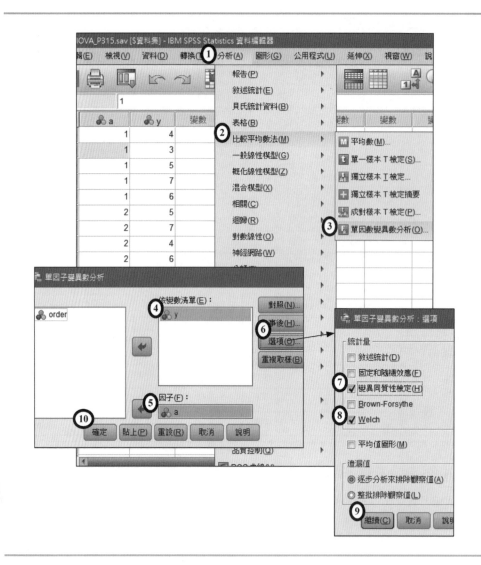

圖 2-16 「ANOVA F 檢定 + 變異數同質性」選擇表

對應的指令語法：

```
subtitle "單因子 ANOVA F 檢定".

ONEWAY y BY a
   /STATISTICS HOMOGENEITY WELCH
   /MISSING ANALYSIS.
```

獨立樣本 ANOVA、重複測量 (MIXED 指令)、Moderated 迴歸方程式

【A. 分析結果說明】：變異數同質性檢定

Test of Homogeneity of Variances					
		Levene Statistic	df1	df2	Sig.
y	Based on Mean	.244	3	16	.864
	Based on Median	.237	3	16	.870
	Based on Median and with adjusted df	.237	3	15.563	.870
	Based on trimmed mean	.239	3	16	.868

1. Levene's 檢定 (homogeneity of variance)：本例，p 值 (Sig.) 大於型 I 誤差 α(= 0.05) 值，故接受虛無假設：跨組的依變數之誤差是同質 (相等的).
2. 變異數同質性檢定，若顯著性 (Sig.) 小於 0.05，亦即組間具異質性，亦即變異數差異很大，可能導致對平均數比較的誤判。
3. 分子自由度 (df1) 就是組間自由度，分母自由度 (df2) 就是組內自由度。
4. 若組間具異質性，亦即變異數差異很大，若是因極端值 (outliers) 造成的，可以經由極端值清掃後，再次分析。極端值清掃時，就是分配形狀檢查的功能，通常會使用 Box 圖來視覺檢查，請見《多層次模型 (HLM) 及重複測量：使用 STaTa》〈2-3-4 ANOVA：盒形圖發現變異數異質性：改用 Welch 法〉。

【B. 分析結果說明】：ANOVA 摘要表

ANOVA					
y					
	Sum of Squares	df	Mean Square	F	Sig.
Between Groups	30.800	3	10.267	5.476	.009
Within Groups	30.000	16	1.875		
Total	60.800	19			

Robust Tests of Equality of Means				
y				
	Statistic[a]	df1	df2	Sig.
Welch	5.134	3	8.821	.025

a. Asymptotically F distributed.

1. ANOVA 分析結果，得 $F_{(3,16)} = 5.48$，p<0.05，故拒絕 H_0。即 4 種教學方法對學習效有顯著的差異。由於自變數 a 有 4 個 levels，故需再做組別兩兩之間的事後比較，Scheffe 事後比較，顯示 y(level 1 vs. level 3) 及 (level 2 vs. level 3) 都達到顯著差異 (p<0.05)。即「演講法效果＜啓發法」、「自學法效果＜啓發法」。「啓發法平均效果－演講法平均效果 = 3」、「啓發法平均效果－自學法平均效果 = 2.6」。

2. 求得 $F_{(3,16)} = 5.48$，(p<.05)。故拒絕虛無假設 H_0：$\mu_1 = \mu_2 = \mu_3 = \mu_4$，表示至少有一個 $\mu_i \neq \mu_j$。因此得再進行「各組間比較的組合」或事後比較 (Scheffe、Tukey) 法。

Step 3-1 ONEWAY「自訂各組間比較的組合」：「對照」(Contrast)

　　如果組別超過 (含)3 組，才需要做「多重比較」(multiple comparison)，包括：自定的「對照」(contrast) 及系統內建的「事後比較」(Post Hoc) 二種。

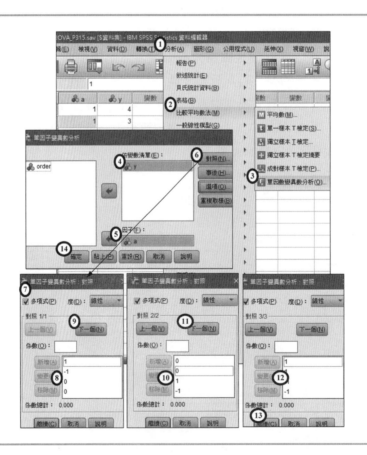

圖 2-17 ONEWAY「自訂各組間比較的組合」選擇表

對應的指令語法：

```
subtitle " 自訂 ANOVA 各組比較的組合 ".
ONEWAY  y  BY  a
  /POLYNOMIAL=1
  /CONTRAST=1 -1 0 0
  /CONTRAST=0 0 1 -1
  /CONTRAST=1 1 -1 -1.
```

Contrast Coefficients

Contrast	1 演講	2 自學	3 啓發	4 編序
1	1	-1	0	0
2	0	0	1	-1
3	1	1	-1	-1

a

Contrast Tests

		Contrast	Value of Contrast	Std. Error	t	df	Sig. (2-tailed)
y	Assume equal variances	1	-.40	.866	-.462	16	.650
		2	.80	.866	.924	16	.369
		3	-4.80	1.225	-3.919	16	.001
	Does not assume equal variances	1	-.40	.872	-.459	7.275	.660
		2	.80	.860	.930	7.724	.381
		3	-4.80	1.225	-3.919	14.970	.001

1. 以上三個 Contrast，若 t 值絕對值 >1.96，表示你自定「各組間比較」達顯著差異。

2. 第 3 個「CONTRAST=1 1 -1 -1」，就是你只想對比「組一＋組二」vs.「組三＋組四」。本例求得「CONTRAST=1 1 -1 -1」的 t 值絕對值 >1.96，t 值負的，表示此自定「組一＋組二」效果顯著低於「組三＋組四」。

Step 3-2 ANOVA「事後比較」(Post Hoc)：TUKEY 法

如果組別超過 (含)3 組，才需要做「多重比較」(multiple comparison)，包括：自定的「對照」(contrast) 及系統內建的「事後比較」(Post Hoc) 二種。

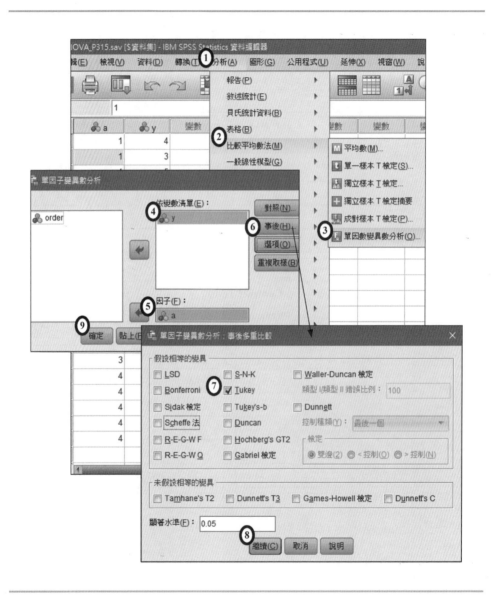

圖 2-18　ANOVA「事後比較法：TUKEY 法」選擇表

對應的指令語法：

```
subtitle "ANOVA 事後比較法：TUKEY 法 ".
ONEWAY y BY a
  /POSTHOC = TUKEY ALPHA(.05).
```

Multiple Comparisons

Dependent Variable: y

Tukey HSD

(I) a	(J) a	Mean Difference (I-J)	Std. Error	Sig.	95% Confidence Interval Lower Bound	Upper Bound
1 演講	2 自學	-.400	.866	.966	-2.88	2.08
	3 啓發	-3.000*	.866	.015	-5.48	-.52
	4 編序	-2.200	.866	.091	-4.68	.28
2 自學	1 演講	.400	.866	.966	-2.08	2.88
	3 啓發	-2.600*	.866	.038	-5.08	-.12
	4 編序	-1.800	.866	.202	-4.28	.68
3 啓發	1 演講	3.000*	.866	.015	.52	5.48
	2 自學	2.600*	.866	.038	.12	5.08
	4 編序	.800	.866	.793	-1.68	3.28
4 編序	1 演講	2.200	.866	.091	-.28	4.68
	2 自學	1.800	.866	.202	-.68	4.28
	3 啓發	-.800	.866	.793	-3.28	1.68

*. The mean difference is significant at the .05 level.

1. 因 ANOVA F 值達顯著差異，才需再做 Scheffe、Tukey 事後比較。

2. 二組「Mean Difference」除以「Std. Error」即是 t 值 (報表沒印出)，若「Sig.」 <0.05，則表示該二組「Mean Difference」達到顯著性 (標示「*」)。

3. 例如：組一效果的平均數 =5.0；組三效果的平均數 =8.0。二組的「Mean Difference」為 -3.0。因「Sig.」<0.05，表示組一的效果顯著低於組三。

y

Tukey HSD[a]		Subset for alpha = .05	
a	N	1	2
1 演講	5	5.00	
2 自學	5	5.40	
4 編序	5	7.20	7.20
3 啓發	5		8.00
Sig.		.091	.793

Means for groups in homogeneous subsets are displayed.
a. Uses Harmonic Mean Sample Size = 5.000.

Step 4 A 因子對依變數 **Y** 的效果量 **Eta squared**

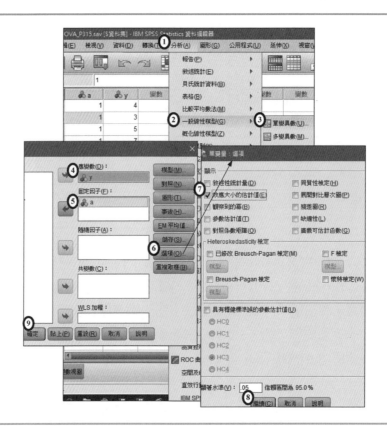

圖 2-19 UNIANOVA 指令「A 因子對依變數 Y 的效果量：Eta squared」選擇表

對應的指令語法：

```
subtitle "A 因子對依變數 Y 的效果量 Eta squared".
UNIANOVA y BY a
 /PRINT = ETASQ.
```

Tests of Between-Subjects Effects

Dependent Variable:　y

Source	Type III Sum of Squares	df	Mean Square	F	Sig.	Partial Eta Squared
Corrected Model	30.800[a]	3	10.267	5.476	.009	.507
Intercept	819.200	1	819.200	436.907	.000	.965
a	30.800	3	10.267	5.476	.009	.507
Error	30.000	16	1.875			
Total	880.000	20				
Corrected Total	60.800	19				

a. R Squared = .507 (Adjusted R Squared = .414)

1. A 因子對依變數 Y 的效果量 (effect size)：$\eta^2 = .507$，表示 A 因子可解釋依變數 Y 高達 50.7% 變異。
2. η^2 值越大，代表實驗操弄因子對依變數的效果越大。

Step 5 A 因子在依變數 **Y** 的趨勢分析

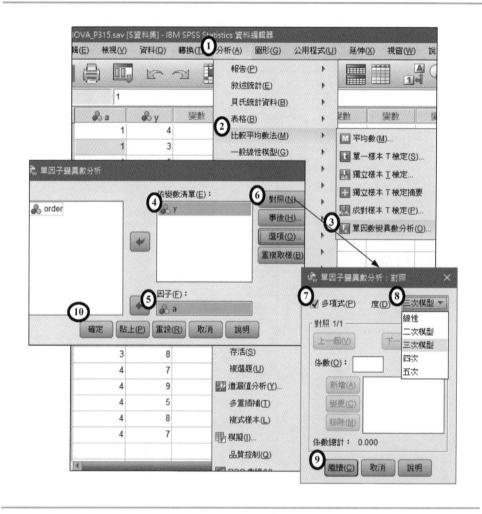

圖 2-20 ONEWAY「A 因子在依變數 Y 的趨勢分析」選擇表

對應的指令語法：

```
subtitle "A因子在依變數Y的趨勢分析".

GET
  FILE='D:\CD範例\1_way_ANOVA_P315.sav'.
ONEWAY y BY a
 /POLYNOMIAL= 3.
```

ANOVA

y

			Sum of Squares	df	Mean Square	F	Sig.
Between Groups	(Combined)		30.800	3	10.267	5.476	.009
	Linear Term	Contrast	21.160	1	21.160	11.285	.004
		Deviation	9.640	2	4.820	2.571	.108
	Quadratic Term	Contrast	1.800	1	1.800	.960	.342
		Deviation	7.840	1	7.840	4.181	.058
	Cubic Term	Contrast	7.840	1	7.840	4.181	.058
Within Groups			30.000	16	1.875		
Total			60.800	19			

1. 本例 Linear Term Contrast 的 p<.05，表示 A 因子 (4 組) 在依變數 Y 的趨勢符合線性遞增趨勢。

2. 另外，從各組平均數亦可看出「線性遞增」趨勢。假設 A 因子代表：a1=1 單位劑量、a2=2 單位劑量、a3=3 單位劑量、a4=4 單位劑量。依變數 Y 代表醫療效果。則本實驗結果，發現劑量 A 與醫療效果 Y 呈現「線性遞增」關係。

3. 另外，從各組平均數亦可看出「線性遞增」趨勢。假設 A 因子代表每日讀書時間長短：a1= 一小時、a2= 二小時、a3= 三小時、a4= 四小時。依變數 Y 代表學習效果。則本教學實驗結果，發現讀書時間長短 A 與學習效果 Y 呈現「線性遞增」關係 (如下圖)。

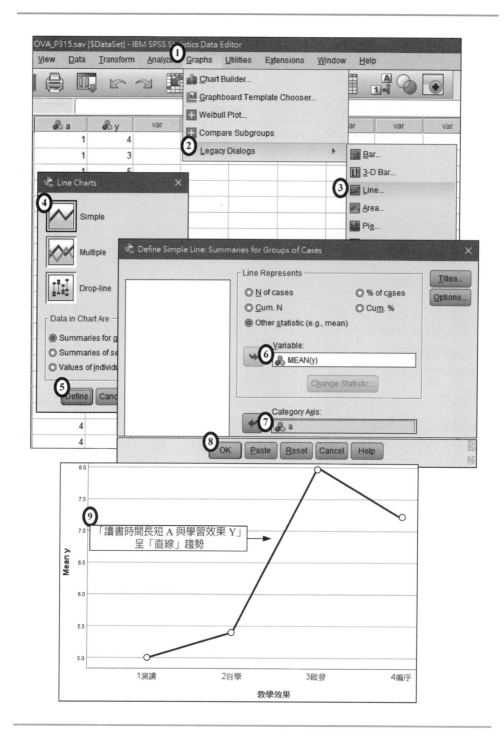

圖 2-21 繪「讀書時間長短 A 與學習效果 Y」趨勢線形圖

2-2-2 單因子 ANOVA：A 因子 (四組) 在連續變數 Y 的平均數比較 (oneway、oneway /contrast、oneway / posthoc、unianova /print = etasq.、oneway / polynomial 指令)

Step 1：新建資料檔

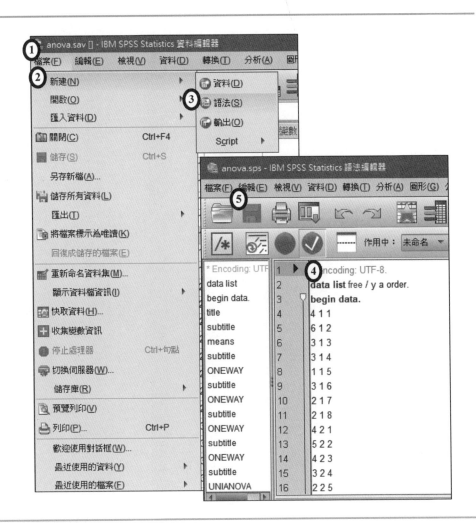

圖 2-22 用 SPSS「data list free」搭配「begin data. …end data.」這對指令「新建資料檔」畫面

對應的指令語法：

```
data list free / y a order.
begin data.
4 1 1
6 1 2
3 1 3
3 1 4
1 1 5
3 1 6
2 1 7
2 1 8
4 2 1
5 2 2
4 2 3
3 2 4
2 2 5
3 2 6
4 2 7
3 2 8
5 3 1
6 3 2
5 3 3
4 3 4
3 3 5
4 3 6
3 3 7
4 3 8
3 4 1
5 4 2
6 4 3
5 4 4
6 4 5
7 4 6
8 4 7
10 4 8

end data.
```

```
title "anova.sav, anova.sps".
* 存檔至 anova.sav 資料檔.
SAVE OUTFILE=' D:\CD 範例 \anova.sav'
   /COMPRESSED.
```

Step 2：求各組平均數

對應的指令語法：

```
title "anova.sav, anova.sps".
subtitle " 各組平均數 ".
means tables=y by a.
```

Report

y			
a	Mean	N	Std. Deviation
組一	3.00	8	1.512
組二	3.50	8	.926
組三	4.25	8	1.035
組四	6.25	8	2.121
Total	4.25	32	1.884

Step 3：**ANOVA F 檢定 + 變異數同質性**

ANOVA 分析時，應考量：

(1) 假定符合「變異數同質」時，通常選：Tukey 法、Scheffe 法。

(2) 假定違反「變異數同質」時，ANOVA 摘要表改用「Welch」法。而 ANOVA 事後多重比較則改選 Games-Howell 檢定，來校正 F 檢定之分母自由度 (實數有小數點)。

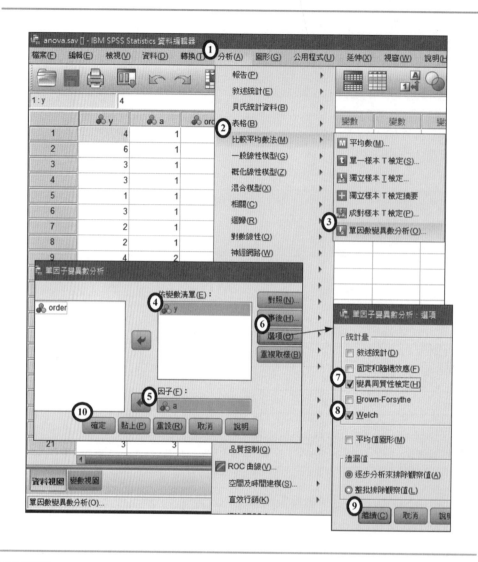

圖 2-23 「ANOVA F 檢定 + 變異數同質性」畫面

對應的指令語法：

```
subtitle "單因子 ANOVA F 檢定".
ONEWAY y BY a
  /STATISTICS HOMOGENEITY WELCH
  /MISSING ANALYSIS.
```

Test of Homogeneity of Variances		Levene Statistic	df1	df2	Sig.
y	Based on Mean	1.293	3	28	.296
	Based on Median	1.037	3	28	.391
	Based on Median and with adjusted df	1.037	3	18.590	.399
	Based on trimmed mean	1.273	3	28	.303

1. Levene's 檢定 (homogeneity of variance)：本例，p 值 (Sig.) 大於型 I 誤差 α(= 0.05) 值，故接受虛無假設：跨組的依變數之誤差是同質 (相等的)。

2. 變異數同質性檢定，若顯著性 (Sig.) 小於 0.05，亦即組間具異質性，亦即變異數差異很大，可能導致對平均數比較的誤判。

3. 分子自由度 (df1) 就是組間自由度，分母自由度 (df2) 就是組內自由度。

4. 若組間具異質性，亦即變異數差異很大，若是因極端值 (outliers) 造成的，可以經由極端值 (outliers) 清掃後，再次分析。極端值 (outliers) 清掃時，就是分配形狀檢查的功能，通常會使用 Box 圖來視覺檢查。

ANOVA					
y	Sum of Squares	df	Mean Square	F	Sig.
Between Groups	49.000	3	16.333	7.497	.001
Within Groups	61.000	28	2.179		
Total	110.000	31			

1. 求得 $F_{(3,28)} = 7.497(p < .05)$。故拒絕虛無假設 $H_0：\mu_1 = \mu_2 = \mu_3 = \mu_4$，表示至少有一個 $\mu_i \neq \mu_j$。因此得再進行「各組間比較的組合」或事後比較 (Scheffe、Tukey) 法。

Step 4-1：ONEWAY「自訂各組間比較的組合」：「對照」(Contrast)

如果組別超過 (含)3 組，才需要做「多重比較」(multiple comparison)，包括：自定的「對照」(contrast) 及系統內建的「事後比較」(Post Hoc) 二種。

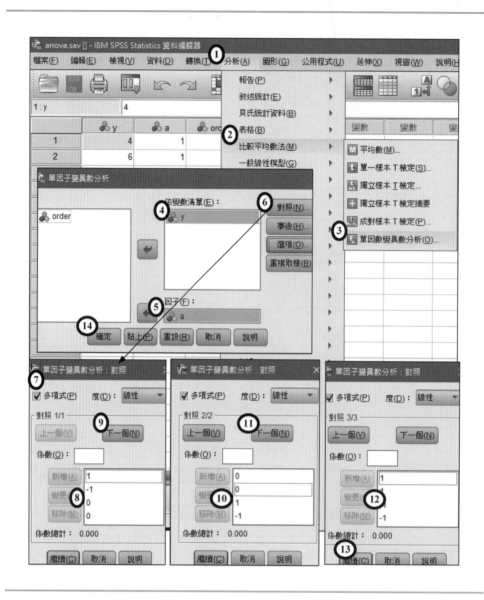

圖 2-24　ONEWAY「自訂各組間比較的組合」畫面

對應的指令語法：

```
subtitle "自訂 ANOVA 各組比較的組合".
ONEWAY y BY a
  /POLYNOMIAL=1
  /CONTRAST=1 -1 0 0
  /CONTRAST=0 0 1 -1
  /CONTRAST=1 1 -1 -1.
```

Contrast Coefficients

		a		
Contrast	組一	組二	組三	組四
1	1	-1	0	0
2	0	0	1	-1
3	1	1	-1	-1

Contrast Tests

		Contrast	Value of Contrast	Std. Error	t	df	Sig. (2-tailed)
y	Assume equal variances	1	-.50	.738	-.678	28	.504
		2	-2.00	.738	-2.710	28	.011
		3	-4.00	1.044	-3.833	28	.001
	Does not assume equal variances	1	-.50	.627	-.798	11.603	.441
		2	-2.00	.835	-2.397	10.155	.037
		3	-4.00	1.044	-3.833	19.431	.001

1. 以上三個 Contrast，若 t 值絕對值 >1.96，表示你自定「各組間比較」達顯著差異。

2. 第 2 個「CONTRAST=0 0 1 -1」，就是你只想對比「組三 vs. 組四」，並將「組一及組二」排除在這次「組間效果」的對比。本例求得「CONTRAST=0 0 1 -1」的 t 值絕對值 >1.96，t 值負的，表示此自定「組三效果顯著低於組四」。

Step 4-2：ANOVA「事後比較」(Post Hoc)：TUKEY 法

如果組別超過 (含)3 組，才需要做「多重比較」(multiple comparison)，包括：自定的「對照」(contrast) 及系統內建的「事後比較」(Post Hoc) 二種。

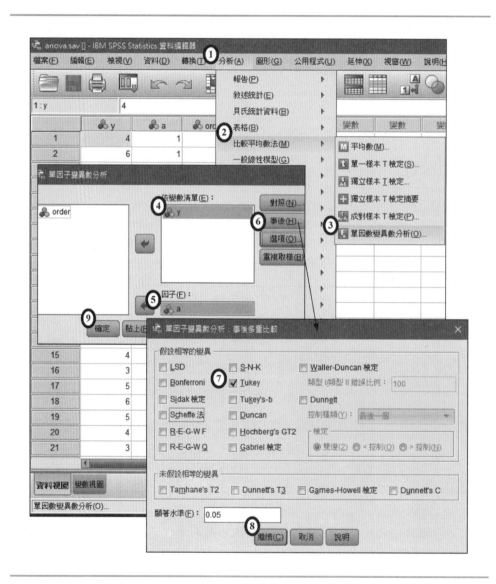

圖 2-25 ANOVA「事後比較法：TUKEY 法」畫面

對應的指令語法：

```
subtitle "ANOVA 事後比較法：TUKEY 法 ".
ONEWAY y BY a
 /POSTHOC = TUKEY ALPHA(.05).
```

Multiple Comparisons

Dependent Variable:　y

Tukey HSD

(I) a	(J) a	Mean Difference (I-J)	Std. Error	Sig.	95% Confidence Interval Lower Bound	Upper Bound
組一	組二	-.500	.738	.905	-2.51	1.51
	組三	-1.250	.738	.346	-3.26	.76
	組四	-3.250*	.738	.001	-5.26	-1.24
組二	組一	.500	.738	.905	-1.51	2.51
	組三	-.750	.738	.741	-2.76	1.26
	組四	-2.750*	.738	.005	-4.76	-.74
組三	組一	1.250	.738	.346	-.76	3.26
	組二	.750	.738	.741	-1.26	2.76
	組四	-2.000	.738	.052	-4.01	.01
組四	組一	3.250*	.738	.001	1.24	5.26
	組二	2.750*	.738	.005	.74	4.76
	組三	2.000	.738	.052	-.01	4.01

*. The mean difference is significant at the .05 level.

1. 因 ANOVA F 值達顯著差異，才需再做 Scheffe、Tukey 事後比較。

2. 二組「Mean Difference」除以「Std. Error」即是 t 值 (報表沒印出)，若「Sig.」 <0.05，則表示該二組「Mean Difference」達到顯著性 (標示「*」)。

3. 例如：組一效果的平均數 =3.0；組四效果的平均數 =6.25。二組的「Mean Difference」為 -3.250。因「Sig.」<0.05，表示組一的效果顯著低於組四。

Homogeneous Subsets

y

Tukey HSD[a]

a	N	Subset for alpha = .05	
		1	2
組一	8	3.00	
組二	8	3.50	
組三	8	4.25	4.25
組四	8		6.25
Sig.		.346	.052

Means for groups in homogeneous subsets are displayed.

a. Uses Harmonic Mean Sample Size = 8.000.

1. 印出各組的效果平均數。

Step 5：A 因子對依變數 Y 的效果量 Eta squared

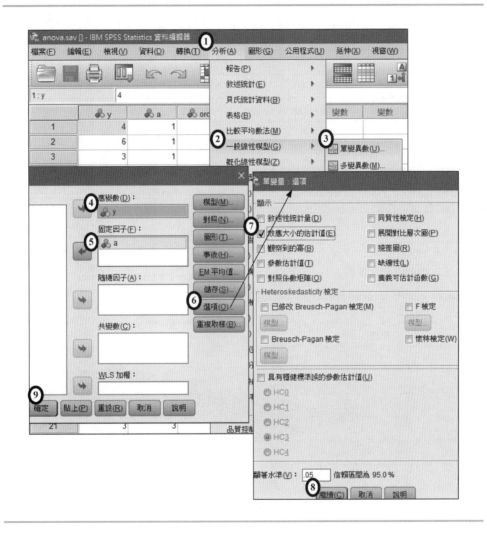

圖 2-26 「A 因子對依變數 Y 的效果量：Eta squared」畫面 (UNIANOVA 指令)

對應的指令語法：

```
subtitle "A因子對依變數Y的效果量E ta squared".
UNIANOVA y BY a
 /PRINT = ETASQ.
```

Tests of Between-Subjects Effects

Dependent Variable:　y

Source	Type III Sum of Squares	df	Mean Square	F	Sig.	Partial Eta Squared
Corrected Model	49.000[a]	3	16.333	7.497	.001	.445
Intercept	578.000	1	578.000	265.311	.000	.905
a	49.000	3	16.333	7.497	.001	.445
Error	61.000	28	2.179			
Total	688.000	32				
Corrected Total	110.000	31				

a. R Squared = .445 (Adjusted R Squared = .386)

1. A 因子對依變數 Y 的效果量 (effect size)：$\eta^2 = .445$，表示 A 因子可解釋依變數 Y 高達 44.5% 變異。

2. η^2 值越大，代表實驗操弄因子對依變數的效果越大。

Step 6：A 因子在依變數 Y 的趨勢分析

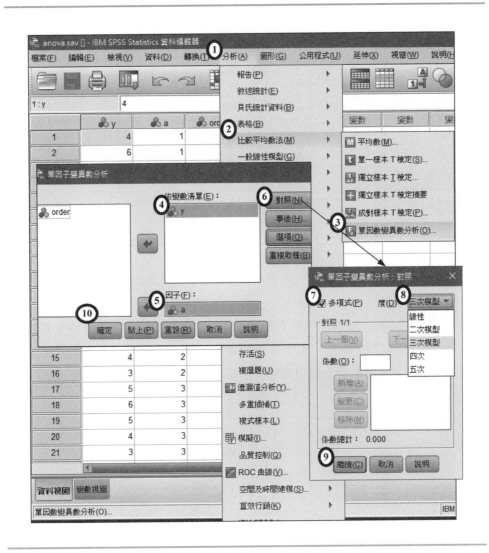

圖 2-27　ONEWAY「A 因子在依變數 Y 的趨勢分析」畫面

對應的指令語法：

```
subtitle "A因子在依變數Y的趨勢分析".
ONEWAY y BY a
 /POLYNOMIAL= 3.
```

ANOVA y			Sum of Squares	df	Mean Square	F	Sig.
Between Groups	(Combined)		49.000	3	16.333	7.497	.001
	Linear Term	Contrast	44.100	1	44.100	20.243	.000
		Deviation	4.900	2	2.450	1.125	.339
	Quadratic Term	Contrast	4.500	1	4.500	2.066	.162
		Deviation	.400	1	.400	.184	.672
	Cubic Term	Contrast	.400	1	.400	.184	.672
Within Groups			61.000	28	2.179		
Total			110.000	31			

1. 本例 Linear Term Contrast 的 p<.05，表示 A 因子 (4 組) 在依變數 Y 的趨勢符合線性遞增趨勢。

2. 另外，從各組平均數亦可看出「線性遞增」趨勢。假設 A 因子代表：a1=1 單位劑量、a2=2 單位劑量、a3=3 單位劑量、a4=4 單位劑量。依變數 Y 代表醫療效果。則本實驗結果，發現劑量 A 與醫療效果 Y 呈現「線性遞增」關係 (如下圖)。

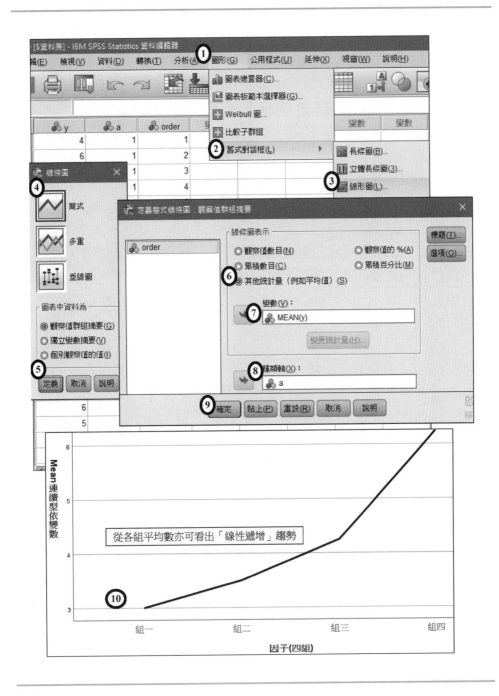

圖 2-28 繪「趨勢線形圖」

2-3 two way ANOVA 分析：Moderated 迴歸方程式

　　常見的 ANOVA 分析法可分為：單因子變異數分析與二因子變異數分析；二因子變異數分析是利用變異數分析法來處理兩個自變數的統計方法，主要是想了解這兩個自變數 (因子) 之間是否有交互作用效果存在。相較於單因子變異數分析，二因子變異數分析有以下的優點：

1. 同時研究兩個因子比個別研究單一因子要來得有效率。
2. 藉著在模型中引進的第二個對反應變數有影響的變數，可以降低殘差部分的差異。
3. 若因子間具有交互作用時，可研究因子間的交互作用所造成的影響。

　　二因子變異數分析有下列三種實驗設計：(1) 受試者間設計——獨立樣本；(2) 受試者內設計——相依樣本；(3) 混合設計——有一個自變數採受試者間設計，另一個自變數採受試者內設計。

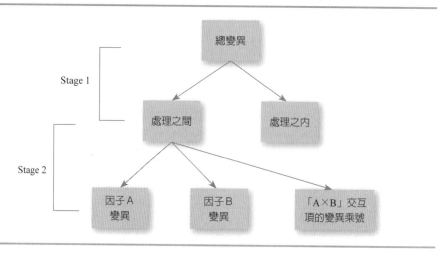

圖 2-29 ANOVA 之變異數分解 (A 與 B 二因子)

　　二因子變異數分析主要是想了解這兩個因子之間是否有交互作用存在，即 A 因子的不同水準是否隨著 B 因子水準不同而有不同的效果。若交互作用達顯著，則進一步分析其單純主要效果。即 A 因子在 B 因子的哪一個水準有顯著效果，以及 B 因子在 A 因子的哪一個水準有顯著效果。若單純主要效果顯著，則可比較水準間的差異。

2-3-1 two way ANOVA：教室氣氛 (a) 和教學方法 (b) 對學習成就 (y)：交互作用項 (MANOVA 指令)

範例 二因子獨立樣本 ANOVA

一、問題說明

例 (參考林清山，民 81，P371)

　　某研究者想了解不同教室氣氛 (A 因子) 和不同教學方法 (B 因子) 對學生學習成就 (依變數 Y) 的影響，研究結果如下表。試問：(1) 二種教室氣氛對學生學習是否有不同的影響？(2) 三種教學方法對學生學習是否有不同的影響？(3) 教室氣氛與教學方法之間是否有交互作用存在？N=30

二因子 ANOVA 有三個虛無假設：

H_0：A 因子所有 p 個水準的 $\alpha_i = 0$(或 $\sigma_\alpha^2 = 0$)

H_0：B 因子所有 q 個水準的 $\beta_j = 0$(或 $\sigma_\beta^2 = 0$)

H_0：所有 $p \times q$ 個細格的 $\alpha\beta_{ij} = 0$ (或 $\alpha\beta_{ij} = 0$)

表 2-5　二因子在學習成就 (依變數 Y) 的資料

A 因子　　　B 因子	演　講 b1	自　學 b2	啓　發 b3
嚴 　　　a1 肅	4 9 8 9 6	1 3 4 5 3	3 9 6 5 9
輕 　　　a2 鬆	3 8 5 6 3	7 3 4 2 5	11 8 10 12 9

實際計算步驟：

[AB 摘要表]

	b_1	b_2	b_3	
a_1	36	16	32	84
a_2	25	21	50	96
	61	37	82	180

[計算代號]

$$(1) = \frac{G^2}{npq} = \frac{(180)^2}{5(2)(3)} = 1080$$

$$(2) = \Sigma\Sigma X^2 = 4^2 + 9^2 + 8^2 + \cdots\cdots + 10^2 + 12^2 + 9^2 = 1326$$

$$(3) = \frac{\Sigma A^2}{nq} = \frac{(84)^2 + (96)^2}{5 \times 3} = 1084.8$$

$$(4) = \frac{\Sigma B^2}{np} = \frac{(61)^2 + (37)^2 + (82)^2}{5 \times 2} = 1181.4$$

$$(5) = \frac{\Sigma(AB)^2}{n} = \frac{(36)^2 + (16)^2 + (32)^2 + (25)^2 + (21)^2 + (50)^2}{5} = 1228.4$$

[計算方式]

公式	SS	df
$SS_t = (2)-(1)$	$=246.0$	npq-1
$SS_{b.cell} = (5)-(1)$	$=148.4$	pq-1
$SS_A = (3)-(1)$	$=4.8$	p-1
$SS_B = (4)-(1)$	$=101.4$	q-1
$SS_{A \times B} = (5)-(3)-(4)+(1)$	$=42.2$	(p-1)(q-1)
Residual $= SS_{w.cell} = (2)-(5)$	$=97.6$	pq(n-1)

1. 先假定現在有六個小組，每個細格中的五個人 (n=5) 為一小組。然後求這六個小組的總離均差平方和 (SS_t)、組間離均差平方和 ($SS_{b.cell}$)、和組內離均差平方和 ($SS_{w.cell}$)。因為表 2-5 三十個分數的總和為 $\sum_i^2 \sum_j^3 \sum_m^5 X = 180$，平方和為 $\sum_i^2 \sum_j^4 \sum_m^5 X^2 = 1326$，故：

$$SS_t = 1326 - \frac{(180)^2}{30} = 1326 - 1080 = 246.0$$

$$SS_{b.cell} = \frac{(36)^2 + (16)^2 + (32)^2 + (25)^2 + (21)^2 + (50)^2}{5} - \frac{(180)^2}{30} = 1228.4 - 1080 = 148.4$$

$$SS_{w.cell} = 246.0 - 148.4 = 97.6$$

2. 其次，要假定全體只根據 A 因子分為 α_1 及 α_2 兩組，每組有 nq=5×3=15 個人。然後求 A 因子的組間離均差平方和。亦即：

$$SS_A = \frac{(84)^2 + (96)^2}{15} - \frac{(180)^2}{30} = 1084.8 - 1080 = 4.8$$

3. 再假定全體受試者只根據 B 因子分為 b_1，b_2，和 b_3 等三組，每組有 np=5×2=10 個人。然後求 B 因子的組間離均差平方和：

$$SS_B = \frac{(61)^2 + (37)^2 + (82)^2}{10} - \frac{(180)^2}{30} = 1181.4 - 1080 = 101.4$$

4. 其次求 A 因子和 B 因子交互作用的離均差平方和 SS_{AB}。因為 $SS_{b.cell} = SS_A + SS_B + SS_{AB}$，所以：

$$SS_{AB} = SS_{b.cell} - SS_A - SS_B$$
$$SS_{AB} = 148.4 - 4.8 - 101.4 = 42.2$$

表 2-6 變異數分析摘要表

變界來源	SS	df	MS	F
A(教室氣氛)	4.8	1	4.80	1.18
B(教學方法)	101.4	2	50.70	12.46*
A×B(交互作用)	42.2	2	21.10	5.18*
w.cell(誤差)	97.6	24	4.07	
total(全體)	246.0	29		

$F_{.95(1,24)} = 4.26$　　　$*F_{.95(2,24)} = 3.40$

5. 列出上面變異數分析摘要表：由上表之變異數分析的結果可以看出，A 與 B 兩因子之交互作用達顯著水準，F=5.18，大於 $F_{.95(2,24)}=3.40$，故虛無假設 H_0：所有 2×3=6 個細格的 $\alpha\beta_{ij}=0$ 應予以拒絕。換言之，教室氣氛之不同是否影響學生的學習效果，必須視所採用的教學方法是哪一種而定。由於交互作用達顯著差異，我們要記得進行單純 (simple) 主要效果檢定。

二、資料檔之內容

「2_way_ANOVA_P371.sav」資料檔，自變數 a 為教室氣氛 (有 2 levels)，自變數 b 為教學方法 (有 2 levels)，依變數 y 為學習成就。內容如下圖。

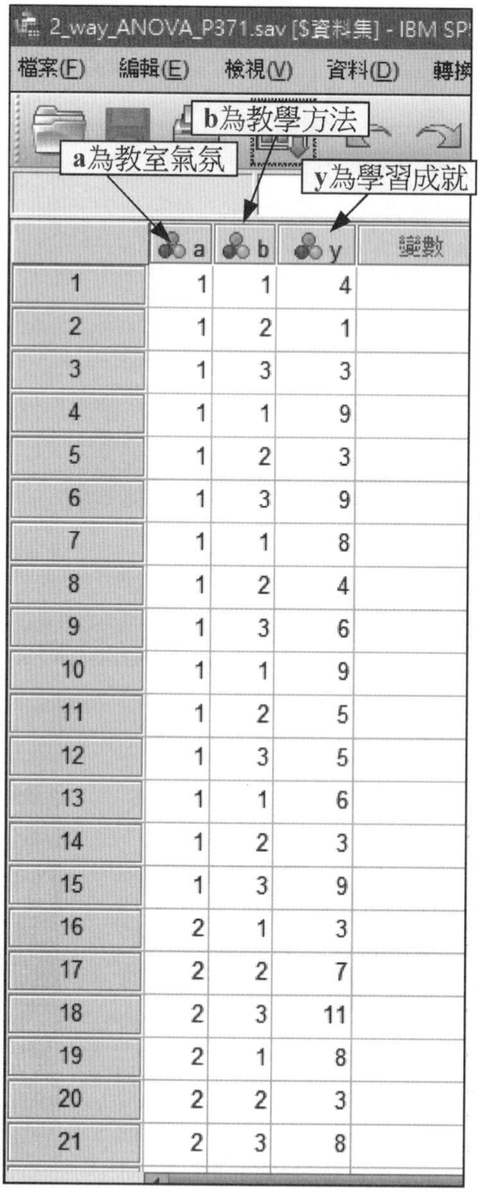

	a	b	y	變數
1	1	1	4	
2	1	2	1	
3	1	3	3	
4	1	1	9	
5	1	2	3	
6	1	3	9	
7	1	1	8	
8	1	2	4	
9	1	3	6	
10	1	1	9	
11	1	2	5	
12	1	3	5	
13	1	1	6	
14	1	2	3	
15	1	3	9	
16	2	1	3	
17	2	2	7	
18	2	3	11	
19	2	1	8	
20	2	2	3	
21	2	3	8	

圖 2-30 「2_way_ANOVA_P371.sav」資料檔 (N= 30, 3 variables)

三、分析結果與討論

Step 1 獨立樣本二因子 ANOVA：交互作用項有顯著嗎？

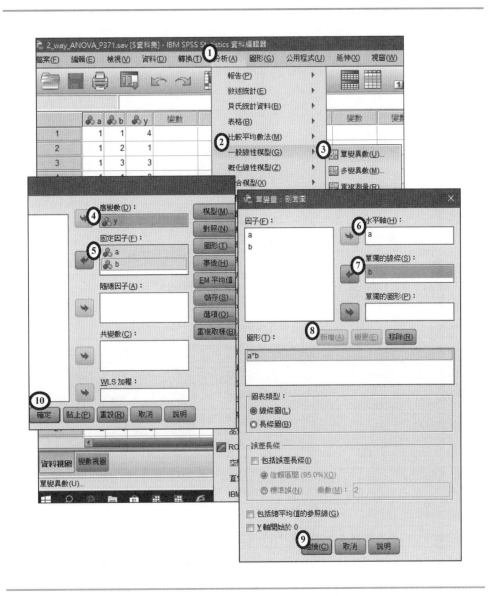

圖 2-31 「獨立樣本二因子 ANOVA：A×B 交互作用項」畫面

對應的指令語法

```
title "二因子 ANOVA: 2_way_ANOVA_P371.sav 資料".

GET
   FILE='D:\CD 範例\2_way_ANOVA_P371.sav'.

UNIANOVA y BY a b
   /METHOD=SSTYPE(3)
   /INTERCEPT=INCLUDE
   /PLOT=PROFILE(a*b) TYPE=LINE ERRORBAR=NO MEANREFERENCE=NO YAXIS=AUTO
   /CRITERIA=ALPHA(0.05)
   /DESIGN=a b a*b.
```

【A. 分析結果說明】二因子 ANOVA 摘要表

Tests of Between-Subjects Effects

Dependent Variable:　y

Source	Type III Sum of Squares	df	Mean Square	F	Sig.
Corrected Model	148.400[a]	5	29.680	7.298	.000
Intercept	1080.000	1	1080.000	265.574	.000
a	4.800	1	4.800	1.180	.288
b	101.400	2	50.700	12.467	.000
a * b	42.200	2	21.100	5.189	.013
Error	97.600	24	4.067		
Total	1326.000	30			
Corrected Total	246.000	29			

a. R Squared = .603 (Adjusted R Squared = .521)

上表所示之二因子 ANOVA 摘要表，顯示 A 因子與 B 因子有交互作用效果，F=5.189(p<0.05)，拒絕「H_0：所有 $p×q$ 個細格的 $\alpha\beta_{ij} = 0$」，故交互作用達顯著性。因此先暫時不要急著看「B 因子對依變數的主要效果」，而是還要做事後之單純主要效果 (simple main effect) 檢定，即「A 因子在 b1、b2、b3 的效果」、及「B 因子在 a1、a2 的效果」。

【B. 分析結果說明】二因子交互作用圖

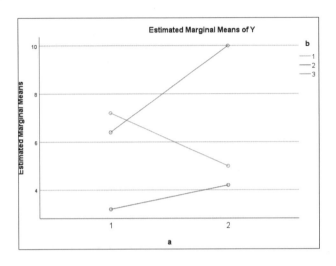

圖 2-32 「A×B 交互作用圖」

Step 2 A 在 B$_j$ 因子主要效果 (simple main effect) 之事後比較的語法

圖 2-33 「B 因子、A 因子單純主要效果」指令檔「例 2-2-1(P371).SPS」

程式共分 1 段，第一段進行「獨立樣本二因子 ANOVA：變異數同質性檢定」，第二段進行「獨立樣本二因子變異數分析」；第三段進行「A 因子單純主要效果檢定」；第四段進行「B 因子單純主要效果檢定」。

當單純主要效果達顯著時，即進行事後比較。程式中第四段「Contrast(B)」即表示 B 因子在 A(1) 及在 A(2) 的事後比較。「special」副命令中所指定比較係數，是可由使用者自定。因 B 因子有三個水準，故其比較矩陣應爲 3×3，如下：

$$\begin{array}{cc} & \begin{array}{ccc} B_1 & B_2 & B_3 \end{array} \\ \begin{array}{c} 常數項 \\ 比較一 \\ 比較二 \end{array} & \begin{bmatrix} 1 & 0 & 1 \\ 1 & -1 & 0 \\ 0 & 1 & -1 \end{bmatrix} \end{array}$$

第一列爲常數項的比較係數，第二列爲 B 因子第一個水準與第二個水準效果的比較，第三列爲第二個水準與第三個水準之 B 因子效果之比較。寫成一橫列，則爲

∕ contrast(B)=special(1 1 1 − 1 0 0 1 − 1)

「/DESIGN=B WITHIN A(1) , B WITHIN A(2).」，旨在檢定在 A(1) 及在 A(2) 之 B 因子單純主要效果。A 因子後面的括號表示水準數。

第四段程式段主要在「檢定 B 因子單純主要效果」，程式結構同第三段，因爲 A 因子只有二個水準，故其比較係數矩陣爲 2×2，請讀者自行類推。

【C. 分析結果說明】A 在 B_j 因子 (2 個 levels) 的單純主要效果

由於 B 因子主要效果的檢定結果，$p < 0.05$，故可再做 B 因子 3 個 levels 之間的事後比較，指令語法如下表。

```
subtitle 'A在 Bj 因子單純主要效果考驗'.

DATASET CLOSE $ 資料集 .
GET
  FILE='D:\CD 範例 \2_way_ANOVA_P371.sav'.

MANOVA Y BY A(1,2) B(1,3)
  /CONTRAST(A)=SPECIAL( 1  1  1  -1)
  /ERROR=WITHINCELL
  /DESIGN=A WITHIN B(1), A WITHIN B(2), A WITHIN B(3).
```

```
*****A n a l y s i s   o f   V a r i a n c e -- design   1 *****
Tests of Significance for y using UNIQUE sums of squares
Source of Variation        SS       DF       MS        F  Sig of F
WITHIN CELLS             97.60      24      4.07
A WITHIN B(1)            12.10       1     12.10     2.98      .097
A WITHIN B(2)             2.50       1      2.50      .61      .441
A WITHIN B(3)            32.40       1     32.40     7.97      .009
- - - - - - - - - - - - - - - - - - - - - - - - - - - - - - - -
```

所謂**單純 (simple)** 主要效果，是指 A 因子在 B 因子各水準的主要效果，或 B 因子在 A 因子各水準的主要效果。此為 A 因子的單純主要效果檢定摘要表，其誤差項如同二因子變異數分析的「within cells」效果項。結果只有在 B(3) 的 A 因子單純主要效果達顯著水準，即嚴肅與輕鬆的教學氣氛只在啟發式教學法有顯著的差異。

```
A WITHIN B(3)
Parameter      Coeff.   Std. Err.    t-Value       Sig. t Lower -95%  CL- Upper
   4        -3.6000000   1.27541    -2.82263       .00942   -6.23231   -.96769
```

事後比較的結果，因 A 因子只有兩個水準，其事後比較的結果同單純主要效果檢定結果。僅 A WITHIN B(3) 達顯著水準。

1. 「means tables=y by b.」指令，得 $\overline{b_1} = 6.1$、$\overline{b_2} = 3.7$、$\overline{b_3} = 8.2$。
2. 連續三個「contrast」指令，可得 $\overline{b_1} - \overline{b_3} = 2.1$ (t=−2.33, p<0.05)；$\overline{b_1} - \overline{b_2} = 2.4$ (t=2.66, p<0.05)；$\overline{b_2} - \overline{b_3} = -4.5$ (t=−4.99, p<0.05)。故 B 因子之事後比較，可整理成下表。

表 2-7　**B 因子主要效果之事後比較結果**

		b2 自學法	b1 演講法	b3 啟發法
	平均數	3.7	6.1	8.2
b2 自學法	3.7	—	2.4*	4.5*
b1 演講法	6.1		—	2.1
b3 啟發法	8.2			—

* p < 0.05

Step 3 B 在 A_i 因子主要效果 (simple main effect) 之事後比較的語法

　　對應的的指令語法：

```
subtitle 'B 在 A 因子單純主要效果考驗'.
MANOVA Y BY A(1,2) B(1,3)
  /CONTRAST(B)=SPECIAL( 1 1 1 1 -1 0 0 1 -1)
  /ERROR=WITHINCELL
  /DESIGN=B WITHIN A(1) , B WITHIN A(2).
```

【C. 分析結果說明】B 在 A_i 因子 (2 個 levels) 的單純主要效果

```
* * * * A n a l y s i s   o f   V a r i a n c e -- design  1 * * * * *
Tests of Significance for y using UNIQUE sums of squares
Source of Variation        SS        DF       MS         F   Sig of F
WITHIN CELLS             97.60       24      4.07
B WITHIN A(1)            44.80        2     22.40      5.51    .011
B WITHIN A(2)            98.80        2     49.40     12.15    .000
```

1. B 因子在 A 因子二個水準的單純主要效果檢定，其誤差項仍為「within cells」。檢定結果顯示，在 A(1) 及在 A(2) 的 B 因子單純主要效果均達 .05 顯著水準。因為 B 因子有三個水準，須進一步進行事後比較，以檢定到底是哪兩個水準之間在 A(1) 嚴肅的教學氣氛之下有顯著差異，而 B 因子哪兩水準在 A(2) 輕鬆的教學氣氛之下有顯著差異。

```
B WITHIN A(1)
Parameter      Coeff.    Std. Err.    t-Value     Sig. t  Lower -95%  CL- Upper
     2     4.00000000    1.27541     3.13625     .00448    1.36769    6.63231
     3    -3.2000000     1.27541    -2.50900     .01926   -5.83231    -.56769
```

1. A(1) 之 B 因子事後比較。根據程式段「Contrast(B)」之比較係數，第一個比較參數為 B 因子第一個水準與第二個水準之比較，第二個比較參數為 B 因子第二個水準與第三個水準之比較。換句話說，參數 2 為第一個比較參數，其 t 值 =3.13625，p<.05，達顯著水準，即演講法與自學法在嚴肅的教學氣氛下有顯著差異。參數為第二個比較參數，其 t 值 = −2.509，p<.05，亦達顯著水準，

即自學法與啓發法在嚴肅的教學氣氛下亦有顯著差異。

```
B WITHIN A(2)
Parameter      Coeff.   Std. Err.    t-Value      Sig. t Lower -95%  CL- Upper
        4   .800000000   1.27541      .62725      .53642   -1.83231    3.43231
        5  -5.8000000    1.27541     -4.54756     .00013   -8.43231   -3.16769
```

1. 在 A(2) 之 B 因子事後比較。參數 4 爲 B 因子第一個水準與第二個水準之比較，t=.62725，p>.05，未達顯著差異。參數 5 爲 B 因子第二個水準之第三個水準之比較，t= –4.54756，p<.05，達顯著水準，即在輕鬆的教學氣氛下，自學法與啓發法有顯著差異。

上述二個「單純主要效果」，再整理成下表。

表 2-8　單純主要效果之變異數摘要表

變異來源	df	F
A 因子 (教學氣氛)		
在 b_1 (演講)	1	2.98
在 b_2 (自學)	1	0.61
在 b_3 (啓發)	1	7.97*
B 因子 (教學方法)		
在 a_1 (嚴肅)	2	5.51*
在 a_1 (輕鬆)	2	12.15*
Residual(w.cell)	24	

* p<0.05

上述「單純主要效果之變異數摘要表」，可看出：

1. A 因子在的 simple main effect 達顯著水準 (F=7.96, p<0.05)，故須再看，其事後比較。因 A 因子只有 2 個 levels，故從 A 因子在的平均數：$\overline{a_1} = 6.4$，$\overline{a_2} = 10.0$，則 ($\overline{a_1} - \overline{a_2}$)= 3.6(t=2.82, P<0.05)，表示在「啓發法」之環境下學習，嚴肅法 (a_1) 效果顯著低於輕鬆法 (a_2)。

2. B 因子在 a_1 及 a_2 的 simple main effect 均達顯著水準，故須再進行這方面的事後比較。因 B 因子有 3 個 levels，故：

(1) 從 B 因子在 a_1 的平均數：$\overline{b_1} = 7.2$，$\overline{b_2} = 3.2$，$\overline{b_3} = 6.4$。$(\overline{b_2} - \overline{b_1}) = -4.0$(t=−3.4, P<0.05)，表示在「$a_1$ 嚴肅」之環境下學習，自學法 (b_2) 效果顯著低於演講法 (b_1)。此外，$(\overline{b_3} - \overline{b_1}) = -0.8$(t=−0.63, P>0.05)，表示在「$a_1$ 嚴肅」之環境下學習，啓發法 (b_3) 效果並未顯著低於演講法 (b_1)。

(2) 從 B 因子在 a_2 的事後比較，求得：$\overline{b_1} = 5.0$，$\overline{b_2} = 4.2$，$\overline{b_3} = 10.0$。故 $(\overline{b_2} - \overline{b_1}) = -0.8$(t=−0.63, P>0.05)，表示在「$a_2$ 輕鬆」之環境下學習，自學法 (b_2) 效果不顯著低於演講法 (b_1)。此外，$(\overline{b_3} - \overline{b_1}) = 5.0$(t=3.92, P<0.05)，表示在「$a_2$ 輕鬆」之環境下學習，啓發法 (b_3) 效果顯著優於演講法 (b_1)。

2-4 單層次：重複測量的混合效果模型 (Mixed Effect Model for Repeated Measure)

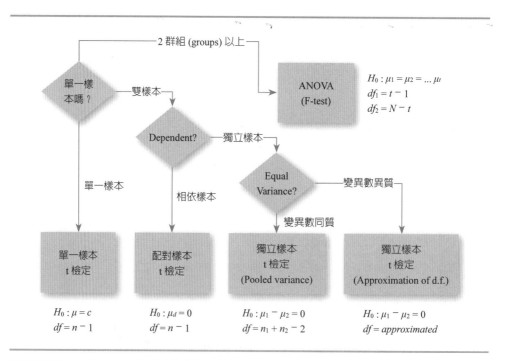

圖 2-34 ANOVA 與 t 檢定之分析流程

一、ANOVA 之重點整理

變異數分析 (analysis of variance，簡稱 ANOVA) 爲資料分析中常見的統計

模型，主要爲探討連續型 (continuous) 資料型態之依變數 (dependent variable) 與類別型資料型態之自變數 (independent variable) 的關係，當自變數的因子中包含等於或超過三個類別情況下，檢定其各類別間平均數是否相等的統計模型，廣義上可將 t 檢定中變異數相等 (equality of variance) 的合併 t 檢定 (pooled t-test) 視爲是變異數分析的一種，基於 t 檢定爲分析兩組平均數是否相等，並且採用相同的計算概念，而實際上當變異數分析套用在合併 t 檢定的分析上時，產生的 F 值則會等於 t 檢定的平方項。

變異數分析依靠 F- 分布爲機率分布的依據，利用平方和 (sum of square) 與自由度 (degree of freedom) 所計算的組間與組內均方 (mean of square) 估計出 F 值，若有顯著差異則考量進行事後比較或稱多重比較 (multiple comparison)，較常見的爲 Scheffé's method、Tukey-Kramer method 與 Bonferroni correction，用於探討其各組之間的差異爲何。

在變異數分析的基本運算概念下，依照所感興趣的因子數量而可分爲單因子變異數分析、雙因子變異數分析、多因子變異數分析三大類，依照因子的特性不同而有三種型態，固定效果變異數分析 (fixed-effect analysis of variance)、隨機效果變異數分析 (random-effect analysis of variance) 與混合效果變異數分析 (Mixed-effect analaysis of variance)，然而第三種型態在後期發展上被認爲是 Mixed model 的分支，關於更進一步的探討可參考本章節 Mixed model 的部分。

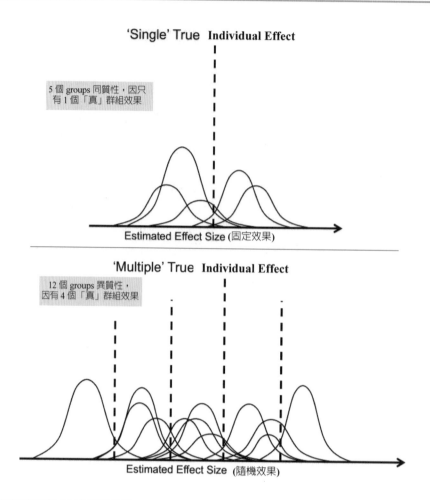

圖 2-35　固定效果 vs. 隨機效果之示意圖

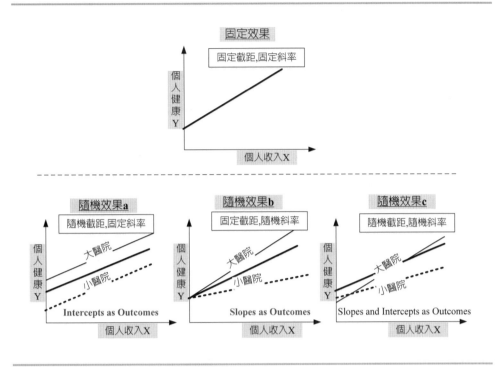

圖 2-36 固定效果 vs. 三種隨機效果 (random effect)

　　變異數分析優於兩組比較的 t 檢定之處，在於後者會導致多重比較 (multiple comparisons) 的問題而致使第一型誤差 (Type one error) 的機會增高，因此比較多組平均數是否有差異則是變異數分析的主要命題。

　　在統計學中，變異數分析 (ANOVA) 是一系列統計模型及其相關的過程總稱，其中某一變數的變異數可以分解為歸屬於不同變數來源的部分。其中最簡單的方式中，變異數分析的統計測試能夠說明幾組數據的平均值是否相等，因此得到兩組的 t 檢定。在做多組雙變數 t 檢定的時候，誤差的機率會越來越大，特別是第一型誤差，因此變異數分析只在二到四組平均值的時候比較有效。

　　變異數分析的目的，即在於探究反應值 (依變數) 之間的差異，是受到那些主要因子 (自變數) 的影響，以作為往後擬定決策時的參考情報。反應值 (依變數) 間之差異，統計學上稱為「變異」。

　　變異數分析法，乃將樣本之總變異 (平方和) 分解為各原因所引起之平方和及實驗變異所引起之平方和，然後將各平方和化為不偏變異數，使其比值為 F 統計量後，即可根據 F 分配以檢定各原因所引起之變異是否顯著。

二、二因子 ANOVA 分析流程

　　二因子變異數分析是利用變異數分析法來處理兩個自變數的統計方法，主要是想了解這兩個自變數 (因子) 之間是否有交互作用效果存在。二因子變異數分析有下列三種實驗設計：(1) 受試者間設計：獨立樣本；(2) 受試者內設計：相依樣本；(3) 混合設計：有一個自變數採受試者間設計，另一個自變數採受試者內設計。

　　二因子變異數分析主要是想了解這兩個因子之間是否有交互作用存在，即 A 因子的不同水準是否隨著 B 因子水準不同而有不同的效果。若交互作用達顯著，則進一步分析其單純主要效果。即 A 因子在 B 因子的哪一個水準有顯著效果，以及 B 因子在 A 因子的哪一個水準有顯著效果。若單純主要效果顯著，則可比較水準間的差異。分析的流程見下圖。

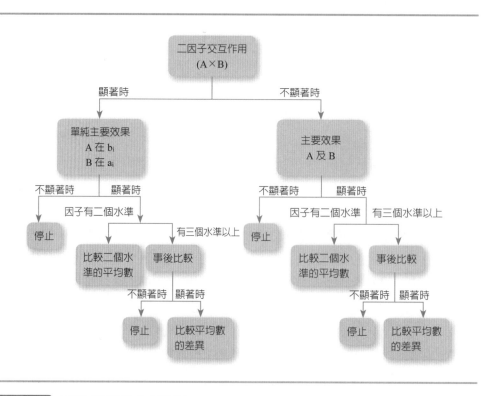

圖 2-37　二因子變異數分析流程

三、重複測量 (repeated measure) vs. 混合效果模型 (mixed effect model)

在生物醫學的長期研究中，重複測量 (repeated measure) 是常使用的資料收集方法之一，會對同一個實驗對象在不同時間點上做測量，以探討不同變數的影響。例如：將實驗對象依服用藥物劑量分成控制組、低劑量組、高劑量組，測量不同劑量組在不同時間點上的反應，以了解不同劑量對於治療效果、副作用或成長的影響。由於同一個實驗對象的測量值間可能會有相關，因此在資料分析時必須考慮此關係，而混合效果模型 (mixed effect model) 則是常被應用在分析此類資料的統計方法之一。

混合效果模型由兩部分組成，分別為固定效果 (fixed effect) 與隨機效果 (random effect)，以線性混合效果模型 (linear mixed effect model) 為例，依變數與獨立變數之間的關係可以表示成：

$$Y = X\beta + Z\gamma + \varepsilon$$

其中，X 與 Z 分別為獨立變數矩陣，β 代表固定效果的常數向量，γ 代表隨機效果的隨機向量，ε 為誤差項；γ 及 ε 假設為常態分布平均值 0 以及殘差的共變異數矩陣分別為 G 和 R，且兩者互相獨立，即 $\gamma \sim N(0, G)$、$\varepsilon \sim N(0, R)$、$\text{cov}(\gamma, \varepsilon) = 0$。

當我們要利用混合效果模型來分析重複測量資料時，我們可以宣告共變異數矩陣 R 或 G 的共變異數結構 (covariance structure) 型式以解釋重複測量之間的關係。常用的 Mixed model 殘差的共變異數矩陣共有 5 種假設型態可供挑選：

1. 無結構 (unstructured)

$$\begin{bmatrix} \sigma_1^2 & \sigma_{12} & \cdots & \sigma_{1p} \\ \sigma_{12} & \sigma_2^2 & \cdots & \sigma_{2p} \\ \vdots & \vdots & \ddots & \vdots \\ \sigma_{1p} & \sigma_{2p} & \cdots & \sigma_p^2 \end{bmatrix}$$

2. 簡易式 (simple 或 variance components)：Diagonal (對角線矩陣)：僅適用在獨立樣本資料分析，其假設為不同測量時間點的相關為 0，此假設與重複測量的資料特性不符，在重複測量中不可挑選。

$$\begin{bmatrix} \sigma_1^2 & 0 & \cdots & 0 \\ 0 & \sigma_2^2 & \cdots & 0 \\ \vdots & \vdots & \ddots & \vdots \\ 0 & 0 & \cdots & \sigma_p^2 \end{bmatrix} \text{或} \begin{bmatrix} \sigma^2 & 0 & \cdots & 0 \\ 0 & \sigma^2 & \cdots & 0 \\ \vdots & \vdots & \ddots & \vdots \\ 0 & 0 & \cdots & \sigma^2 \end{bmatrix}$$

3. 複合對稱 (compound symmetry, CS)：同一個個體 (subject) 在不同時間 (visit) 的測量之相關都一樣。

$$\begin{bmatrix} \sigma_1^2+\sigma^2 & \sigma_1^2 & \cdots & \sigma_1^2 \\ \sigma_1^2 & \sigma_1^2+\sigma^2 & \cdots & \sigma_1^2 \\ \vdots & \vdots & \ddots & \vdots \\ \sigma_1^2 & \sigma_1^2 & \cdots & \sigma_1^2+\sigma^2 \end{bmatrix}$$

4. 第一階自我迴歸 (first-order autoregressive, AR(1))：當期的反應變數與距離前一期的結果之相關是最強的，相距的期數愈遠，相關愈小，此假設最符合長期追蹤資料的假設。

$$\sigma^2 \begin{bmatrix} 1 & \rho & \cdots & \rho^{p-1} \\ \rho & 1 & \cdots & \rho^{p-2} \\ \vdots & \vdots & \ddots & \vdots \\ \rho^{p-1} & \rho^{p-2} & \cdots & 1 \end{bmatrix}$$

5. Unstructure：不做任何假設，資料的特性是什麼，就是什麼，其優點為最具彈性，但缺點為需要估計的參數最多，追蹤的次數愈多，估計的參數就愈多。

SPSS 混合模型 (mixed model) 的殘差共變異數矩陣有 17 種

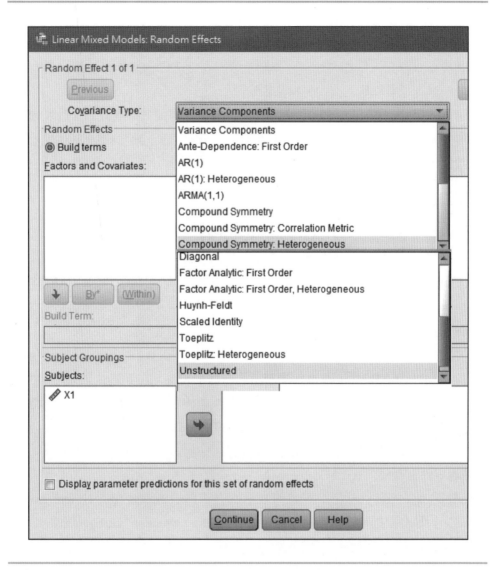

圖 2-38　SPSS 混合模型 (Mixed model) 的共變異數矩陣有 17 種

名詞定義與解釋：在 ANOVA 模型中

1. 固定效果 (Fixed-effects)：若別人要重複你的研究，則別人只能以同樣的分類標準來分類，例如：性別、年齡及教育程度，即推論是來自於目前的分類標準，通常就是研究中要探討的變數

2. 隨機效果 (Random effects)：允許別人有不同分類標準的變數，在重複量測中，通常個案即是 random effects 變數，代表允許每一位個案的初始值 (在我們這個例子中，就是前測分數) 可以不同

3. 混合線性模型 (mixed-effects model)：同時包含固定效果跟隨機效果，我們就稱為混合線性模型

4. 殘差的共變異數矩陣 (covariance structure)：用來解釋測量之間的關係，常見有以上 4 種：無結構 (unstructured)、簡易式 (Simple)、複合對稱 (Compound symmetry)、一階自迴歸模型 (First-order autoregressive, AR(1))

6. 廣義估計方程式 (Generalized estimating equation, GEE)(gee 指令)

GEE 為半母數方法 (semiparametric)，由於具有假設少，以及較具穩健性的特性，在近幾年的分析上為應用最廣泛的方法。可適用於類別或數值型態的資料。透過 link function(連結函數) 將各種類型的資料轉換成 GEE 可分析的型態，其殘差的共變異數矩陣的基本假定與 Mixed model 近似。資料型態亦為縱向資料，但無法放入 random effect 在模型中。

7. 廣義線性混合模型 (GLMM)

在長期追蹤的資料分析上，目前常用的方法為線性混合模型 (linear mixed model) 及廣義估計方程式 (generalized estimating equation ,GEE)。然而，傳統的 Mixed model 僅能處理連續型的 response, GEE 無法考量隨機效果 (random effect)；所以，當 response 為類別型資料，又須考慮隨機效果時，所用的分析方法即為廣義線性混合模型 (GLMM)。

此外，臨床上的長期追蹤資料，常會有缺失值 (missing value) 的情形發生，當出現此種情形時，必須先探討其成因，再尋求解決的方法如：imputation 等，不正確的處理方式將導致錯誤的結論。適當地處理缺失值的問題後，再以 GLMM 來分析其結果，才可得到最為恰當的推論結果。

四、如何找最適配的 Covariance Structure 呢？

你可估計許多不同的共變數結構 (covariance structures)。這概念很關鍵，每

個實驗可能有不同的共變數結構。重要的是要知道哪個共變數結構最適合數據的隨機「變異數和共變數」。

(一) 挑選策略 / 演算法 (Strategy/Algorithm)

1. 先挑 unstructured (UN)
2. 再挑 compound symmetry (CS)：最簡單 RM 結構。
3. 接著挑其他 structures(that best fit the experimental design and biology of organism)

(二) 使用模型適配準則 (Model-Fitting Statistics)

1. AIC 準則：Akaike's Information Criteria(越小越好)。
2. BIC(SBC) 準則：Schwarz's Bayesian Criteria(越小越好)。

五、重複測量的混合效果模型

重複測量實驗是指受試者 (subject) 重複參與一因子 (factor) 內每一層次 (level)。即重複測量實驗的數據違反了一般變異數分析的個案數值獨立的要求，所以需要一些新的統計檢定方法，能解決個案數值非獨立的問題——重複測量變異數分析。

重複測量變異數分析的優點：需要的受試者人數較少；殘差的變異數降低，使得 F 檢定值較大，所以統計檢定力 (power) 較大，power=1-β。注意重複測量變異數分析不適合有練習效果 (practice effect) 或持續效果 (carryover effect) 的情況。

資料排列

建議先列出資料的排列 (layout)，以便了解因子的屬性 (受試者內或間因子)。同一受試者重複參與一因子內每一層次的測量，此因子便稱為受試者內因子 (within factor)。受試者內因子通常是研究者可操控的因子，如時間。受試者沒有參與因子內每一層次，此因子稱為受試者間因子 (between factor)。受試者間因子通常是研究者不可操控的因子，如個案的性別、年齡。

2-4-1 重複量測 (repeated measurement)ANOVA 的重點整理

一、重複量測 ANOVA 的概念

1. 使用狀況

如果在不同時間點 (different times) 或同時間點不同狀況 (different conditions)，量測同一個事件或物體，且其對應值是連續 (continuous)，則採用重複量測變異數分析。因兩兩量測間具有非獨立事件 (dependent) 的特性，會相互影響，故不可以使用變異數分析 (ANOVA)。例如：練習一的不同方向前伸研究，對同一受試者而言，有四個不同前伸方向的最大前伸距離，若要分析四個方向的最大前伸距離是否具有差異，則採用重複量測變異數分析。

2. 假設檢定 (Hypothesis testing)

重複量測變異數分析檢測假說在於比較受試者間差異與受試者內差異。

(1) 受試者間效果 (between-subject effects) 指得是對同一受試者而言不會改變的變數，如身高、性別等。

(2) 受試者內效果 (within-subject effects) 則是指同一受試者的不同量測時間或狀況下所產生的差異，如不同前伸方向或治療前後時間。

(3) 有時候也會比較二者間的交互作用 (within-subject by between-subject interaction effect)，如「性別 × 時間」。

3. 假定 (assumption)

檢測受試者內效果 (within-subject effect) 的變數須符合 Type H covariance structure：

(1) Sphericity test：測試數據資料是否符合 Type H covariance structure。若是受試者內效果只有二級，則不需要進行 Sphericity test。

(2) 若資料不符合 Type H covariance structure 的假定，則顯著水準的自由度 (degree of freedom) 須以 Box's 做調整。Greenhouse and Geisser 最早提出 Box's 的最大可能估計值是 Greenhouse-Geisser。

(3) 但 Huynh and Feldt (1976) 則認為在小樣本數的研究時，Greenhouse-Geisser Epsilon (你可安裝外掛指令 mauchly.ado) 較易低估顯著水準，故提出 Huynh-Feldt。

4. 統計模型 (Statistical model)

相依變數 = 常數 + (受試者間差異的變數) + (受試者內差異的變數) + 交互作用

5. 共變數結構 (Covariance Structure)

由於不同時間或不同狀況下獲得的兩個量測間具有相關性 (correlation)，重複量測變異數分析必須考量此相關性的影響。因此受試者間的誤差 covariance structure 必須選擇正確，以確保其對平均值的影響是有效的。SPSS 常用的有上述五種，SPSS 則有 8 種選擇。

6. 兩個敵對之重複量測 ANOVA，那個較適配呢?

可比較二個相同固定效果但不同共變數結構的統計模型之 Akaike's Information Criteria (AIC) 與 Schwarz's Bayesian Criterion (SBC)，那個模型具有**較低的 IC** 值，則為較適當的統計模型」)。

補充說明：迴歸模型之適配度指標：IC

1. R square 代表的是一個迴歸模型的解釋能力，假設某一線性迴歸之決定係數 R Square=0.642，即 =0.642，表示此模型的解釋能力高達 64.2%。

2. AIC (Akaike Information Criterion) 屬於一種判斷任何迴歸 (e.g 時間序列模型) 是否恰當的訊息準則，一般來說數值愈小，線性模型的適配較好。二個敵對模型優劣比較，是看誰的 IC 指標小，那個模型就較優。

   $AIC = T \times Ln(SS_E) + 2k$

   $BIC = T \times Ln(SS_E) + k + Ln(T)$

3. BIC (Bayesian information criterion) 亦屬於一種判斷任何迴歸是否恰當的訊息準則，一般來說數值愈小，線性模型的適配較好。但較少有研究者用它。

4. 判定係數 R2、AIC 與 BIC，雖然是幾種常用的準則，但是卻沒有統計上所要求的『顯著性』。故 LR test(概似比) 就出頭天，旨在比對兩個模型 (如 HLM vs. 單層固定效果 OLS) 是否顯著的好。

---

7. 重複測量變異數分析 (repeated measures anova) 缺點

(1) 受試者內 (within subject) 不允許的各組人數不相等。

(2) 你必須確定每個效果的正確誤差項

(3) 你要事先假定 : compound symmetry/exchangeable covariance structure

(4) Repeated measures 可用 mixed model 來取代其缺點。

8. 重複測量混合模型 (Repeated measures mixed model)

它具備 mixed models 的優缺點，但整體混合模型更為靈活，優點比缺點多

優點：

(1) 自動校正每個效果之標準誤 (standard errors)

(2) 容忍各群組人數不平衡、遺漏值在在。

(3) 允許不等時間間隔 (unequal time intervals)

(4) 受試者內允許不同的共變數結構 (various within-subject covariance structures)

(5) 允許 time 被視為分類或連續變數 (time to be treated as categorical or continuous)

缺點：

xtmixed 印出報表 (如 chi-square; the p-values) 適合大樣本分析，小樣本會有統計偏誤 (biased)。

Mixed model 誤差之共變異數矩陣，SPSS 有 8 種，常見的共有 4 種假設可供挑選：

(1) Diagonal (對角線矩陣)：僅適用在獨立樣本資料分析，其假設為不同測量時間點的相關為 0，此假設與重複測量的資料特性不符，在重複測量中不可挑選。

(2) Compound Symmetry(CS)：同一個個體 (subject) 在不同時間 (visit) 的測量之相關都一樣。

(3) AR(1)(The first-order autoregressive model)：當期的反應變數與距離前一期的結果之相關是最強的，相距的期數愈遠，相關愈小，此假設最符合長期追蹤資料的假設。

(4) Unstructure：不做任何假設，資料的特性是什麼，就是什麼，其優點為最具彈性，但缺點為需要估計的參數最多，追蹤的次數愈多，估計的參數就愈多。

二、公式：重複測量型變異數分析 (Repeated Measures ANOVA)

設 A 為受試者內的因子 (within factor)，即同一受試者會在 A1、A2、A3 重複測量 Y(依變數)。例如：6 名受試者之運動介入都有三次重複測量：「前測、3 個月後再測、6 個月後再測」。

Exercise Intervention				
Subjects	Pre-	3 Months	6 Months	Subject Means:
1	45	50	55	50
2	42	42	45	43
3	36	41	43	40
4	39	35	40	38
5	51	55	59	55
6	44	49	56	49.7
Monthly Means:	42.8	45.3	49.7	
			Grand Mean:	45.9

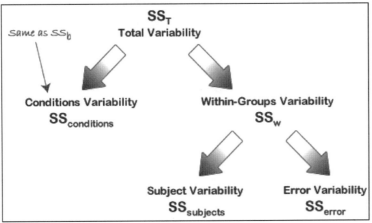

其中 $SS_{error} = SS_w - SS_{subjects}$

或 $SS_{error} = SS_T - SS_{conditions} - SS_{subjects}$

$SS_{time} = SS_b = \sum\limits_{i=1}^{k} n_i (\bar{x}_i - \bar{x})^2$

$SS_{time} = SS_b = \sum\limits_{i=1}^{k} n_i (\bar{x}_i - \bar{x})^2$

$\quad = 6[(42.8 - 45.9)^2 + (45.3 - 45.9)^2 + (49.7 - 45.9)^2]$

$\quad = 6[9.61 + 0.36 + 14.44]$

$\quad = 143.44$

$SS_{subjects} = k \cdot \sum (\bar{x}_i - \bar{x})^2$

$\quad = 3[(50 - 45.9)^2 + (43 - 45.9)^2 + (40 - 45.9)^2 + (38 - 45.9)^2 + (55 - 45.9)^2 + (49.7 - 45.9)^2]$

$\quad = 658.3$

$SS_w = SS_{subjects} + SS_{error}$

$SS_{error} = SS_w - SS_{subjects}$

$\quad = 715.5 - 658.3$

$\quad = 57.2$

$$F = \frac{MS_{time}}{MS_{error}} \quad or \quad F = \frac{MS_{conditions}}{MS_{error}}$$

$$MS_{time} = \frac{SS_{time}}{(k-1)} = \frac{143.44}{2} = 71.72$$

$$MS_{error} = \frac{SS_{error}}{(n-1)(k-1)} = \frac{57.2}{(5)(2)} = 5.72$$

$$F = \frac{MS_{time}}{MS_{error}} = \frac{71.72}{5.72} = 12.53$$

圖 2-39 運動介入有三次重複測量之 F 檢定公式

其 F 檢定公式為：

$$F = \frac{MS_{time}}{MS_{error}} \quad or \quad F = \frac{MS_{conditions}}{MS_{error}}$$

2-4-2 重複測量 ANOVA 之主要效果／交互效果檢定 (雙層 MIXED vs. 單層 GLM 指令)

一、重複測量型變異數分析 (Repeated Measures ANOVA)

在臨床實驗或介入型研究，經常需要對同一個受試個體 (Subject) 在不同的時間點觀察其反應。謂之重複測量型變異數分析。

其中兩個重要的基本假定為 (1)：不同個體 (subject) 之間無關聯性；(2) 同一個個體 (subject) 在不同時間 (visit) 的測量有相關。在共變異數矩陣 (Covariance matrix) 的分析中有一個基本的假設，同一個個體 (subject) 在不同時間 (visit) 的測量之相關都一樣。事實上，距離愈前期的測量結果愈遠，測量的相關會愈來愈弱，與臨床上許多的實際狀況不符，這樣的相關矩陣稱為 Compound Symmetry(CS)。檢定這項基本假定的方法為 Mauchly's test of Sphericity(球面性假定)，若不符基本假定，應採取更適合的方法。

Repeated Measures ANOVA 可分析單一樣本與多組樣本的重複測量，反應變數為連續型資料，且需符合常態分配的基本假定。資料為橫向資料，若有任一次的資料中有缺失值，將整個 subject 被刪除，因此分析的資料特性必須是完整資料 (Complete case)。對於會隨時間改變的解釋變數 (例如每次所測量的除反應變數以外之生化值)，無法一一對應至每一個時間點的反應變數，因此僅能分析不隨時間改變的解釋變數 (例如性別)。

二、公式：重複測量型變異數分析 (Repeated Measures ANOVA)

設 A 為受試者內的因子 (within factor)，即同一受試者會在 A1、A2、A3 重複測量 Y(依變數)。例如：6 名受試者之運動介入都有三次重複測量：「前測、3 個月後再測、6 個月後再測」。

Exercise Intervention				
Subjects	Pre-	3 Months	6 Months	Subject Means:
1	45	50	55	50
2	42	42	45	43
3	36	41	43	40
4	39	35	40	38
5	51	55	59	55
6	44	49	56	49.7
Monthly Means:	42.8	45.3	49.7	
	Grand Mean:		45.9	

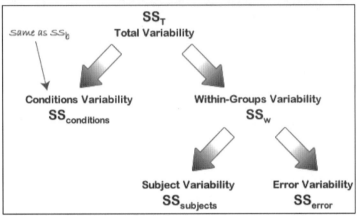

其中 $SS_{error} = SS_w - SS_{subjects}$

或 $SS_{error} = SS_T - SS_{conditions} - SS_{subjects}$

$$SS_{time} = SS_b = \sum_{i=1}^{k} n_i (\bar{x}_i - \bar{x})^2$$

$$SS_{time} = SS_b = \sum_{i=1}^{k} n_i (\bar{x}_i - \bar{x})^2$$

$$= 6[(42.8 - 45.9)^2 + (45.3 - 45.9)^2 + (49.7 - 45.9)^2]$$

$$= 6[9.61 + 0.36 + 14.44]$$

$$= 143.44$$

$$SS_{subjects} = k \cdot \sum (\bar{x}_i - \bar{x})^2$$

$$= 3[(50 - 45.9)^2 + (43 - 45.9)^2 + (40 - 45.9)^2 + (38 - 45.9)^2 + (55 - 45.9)^2 + (49.7 - 45.9)^2]$$

$$= 658.3$$

$SS_w = SS_{subjects} + SS_{error}$

$SS_{error} = SS_w - SS_{subjects}$

$$= 715.5 - 658.3$$

$$= 57.2$$

$$F = \frac{MS_{time}}{MS_{error}} \quad or \quad F = \frac{MS_{conditions}}{MS_{error}}$$

$$MS_{time} = \frac{SS_{time}}{(k-1)} = \frac{143.44}{2} = 71.72$$

$$MS_{error} = \frac{SS_{error}}{(n-1)(k-1)} = \frac{57.2}{(5)(2)} = 5.72$$

$$F = \frac{MS_{time}}{MS_{error}} = \frac{71.72}{5.72} = 12.53$$

圖 2-40 運動介入有三次重複測量之 F 檢定公式

其 F 檢定公式為：

$$F = \frac{MS_{time}}{MS_{error}} \quad or \quad F = \frac{MS_{conditions}}{MS_{error}}$$

三、範例：重複測量型變異數分析 (Repeated Measures ANOVA)

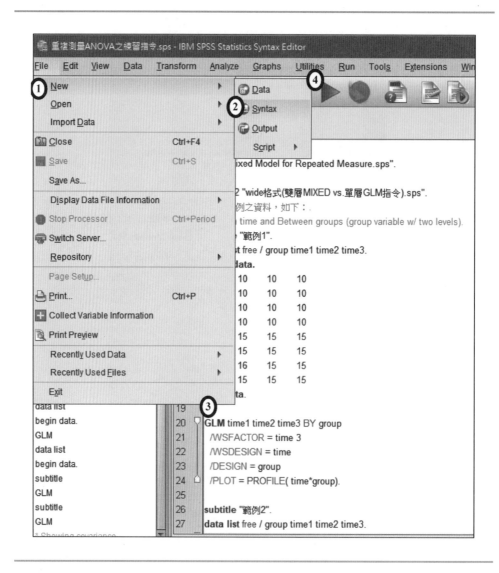

圖 2-41 「重複測量 ANOVA 之練習指令 .sps」指令檔內容

```
* 使用範例之資料，如下：

* Within time and Between groups (group variable w/ two levels).

title "範例 1：單因子重複測量 ANOVA".
data list free / group time1 time2 time3.
begin data.
    1         10        10        10
    1         10        10        10
    1         10        10        10
    1         10        10        10
    2         15        15        15
    2         15        15        15
    2         16        15        15
    2         15        15        15
end data.

GLM time1 time2 time3 BY group
   /WSFACTOR = time 3
   /WSDESIGN = time
   /DESIGN = group
   /PLOT = PROFILE( time*group).

title "範例 2：單因子重複測量 ANOVA ".
data list free / group time1 time2 time3.
begin data.
    1         14        19        29
    1         15        25        26
    1         16        16        31
    1         12        24        32
    2         10        21        24
    2         17        26        35
    2         19        22        32
    2         15        23        34
end data.

GLM time1 time2 time3 BY group
   /WSFACTOR = time 3
```

```
 /WSDESIGN = time
 /DESIGN = group
 /PLOT = PROFILE( time*group).

title "範例 3：單因子重複測量 ANOVA ".
data list free / group time1 time2 time3.
begin data.
    1        35        25        16
    1        32        23        12
    1        36        22        14
    1        34        21        13
    2        57        43        22
    2        54        46        26
    2        55        46        23
    2        60        47        25
end data.

GLM time1 time2 time3 BY group
 /WSFACTOR = time 3
 /WSDESIGN = time
 /DESIGN = group
 /PLOT = PROFILE( time*group).
```

```
title "範例 4：單因子重複測量 ANOVA ".
data list free / group time1 time2 time3.
begin data.
    1        35        25        12
    1        34        22        13
    1        36        21        18
    1        35        23        15
    2        31        43        57
    2        35        46        58
    2        37        48        51
    2        32        45        53
end data.
```

```
GLM time1 time2 time3 BY group
  /WSFACTOR = time 3
  /WSDESIGN = time
  /DESIGN = group
  /PLOT = PROFILE( time*group).
```

2-5 雙層次 (MIXED 指令)：重複測量的混合效果模型 (mixed effect model for repeated measure)

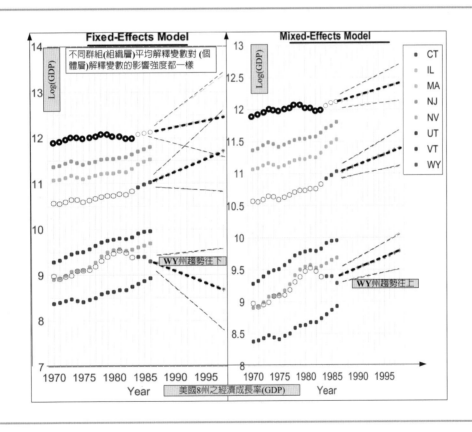

圖 2-42 固定效果模型 vs. 混合效果模型之差異比較圖

ANOVA(ONEWAY 指令)、MANOVA(GLM、MANOVA)、以及 MANCOVA 多數採固定效果模型；相對地，重複測量也是多層次模型之一，它採混合效果模型 (MIXED 指令)，混合模型等同重複測量 ANOVA 及 ANCOVA。

2-5-1　雙層次 vs. 二因子混合設計 ANOVA：wide 格式 (雙層 MIXED vs. 單層 GLM 指令)

重複測量型變異數分析 (Repeated Measures ANOVA)

二因子混計 ANOVA 有三種解法：GLM 指令、MIXED 指令、MANOVA 指令。其中，「**glm with**」、「**manova with**」指令都是採用 **wide form**。若用分析 **long form** 資料檔，則可採用 **MIXED** 指令。事實上，若遇到時變變數 (time-varying covariates)，就須改用 **mixed 指令**。**varstocases** 指令可將 wide 轉成 long 格式資料檔。時變的共變數 (time-varying covariates) 的範例，請見本書第 5 章。

一、資料檔之內容

「repeated_measure_ 二因子混計 wide.sav」資料檔內容內容如下圖。

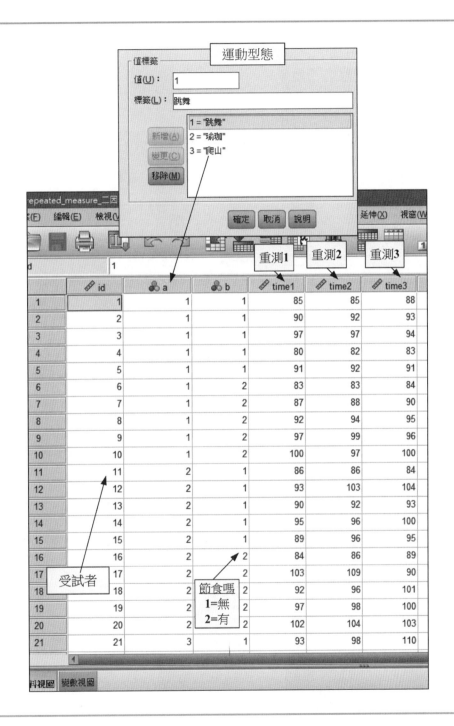

圖 2-43 「repeated_measure_ 二因子混計 wide.sav」資料檔內容 (N=30 個人，每人重複測量 3 次)

方法一：GLM 指令

Step 1 建 SPSS 資料檔

建 SPSS 資料檔的指令如下圖。

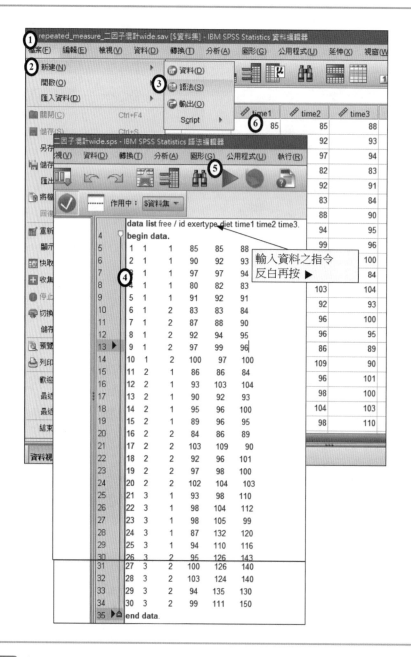

圖 2-44　新建「repeated_measure_ 二因子混計 wide.sav」資料檔

【A. 分析結果】二因子混合設計：wide 格式資料檔

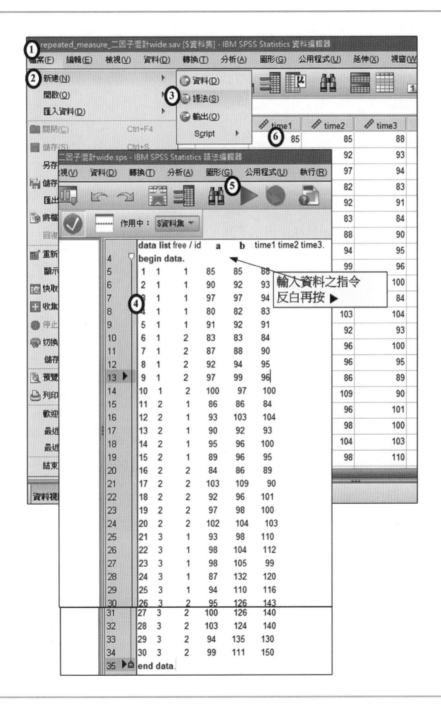

圖 2-45 「GLM time1 time2 time3 BY a」二因子混合設計 wide 格式之 GLM 指令

對應的指令語法：

```
GLM time1 time2 time3 BY a
  /WSFACTOR=time 3 Polynomial
  /MEASURE=time
  /METHOD=SSTYPE(3)
  /PLOT=PROFILE(time*a) TYPE=LINE ERRORBAR=NO MEANREFERENCE=NO YAXIS=AUTO
  /EMMEANS=TABLES(a*time)
  /CRITERIA=ALPHA(.05)
  /WSDESIGN=time
  /DESIGN=a  .
```

【**B.** 分析結果說明】：交互作用效果檢定

Multivariate Tests[a]						
Effect		Value	F	Hypothesis df	Error df	Sig.
time	Pillai's Trace	.623	21.497[b]	2.000	26.000	.000
	Wilks' Lambda	.377	21.497[b]	2.000	26.000	.000
	Hotelling's Trace	1.654	21.497[b]	2.000	26.000	.000
	Roy's Largest Root	1.654	21.497[b]	2.000	26.000	.000
time *[a]	Pillai's Trace	.688	7.087	4.000	54.000	.000
	Wilks' Lambda	.317	10.073[b]	4.000	52.000	.000
	Hotelling's Trace	2.131	13.321	4.000	50.000	.000
	Roy's Largest Root	2.123	28.654[c]	2.000	27.000	.000

a. Design: Intercept + a
   Within Subjects Design: time
b. Exact statistic
c. The statistic is an upper bound on F that yields a lower bound on the significance level.

1. 交互作用「time*a」效果檢定，求得 **Wilks' Lambda=0.317**(p<5.05)，表示
   獨立樣本 A 因子與重複測量 time 存在交互作用，故再繪交互作用圖來檢
   視單純主要效果 (simple main effect) 的趨勢。

【C. 分析結果說明】：重複測量依變數的誤差同質性

Mauchly's test of Sphericitya

Measure: time

Within Subjects Effect	Mauchly's W	Approx Chi Square	df	Sig.	Greenhouse-Geisser	Epsilon[b] Huynh-Feldt	Lower-bound
time	.968	.844	2	.656	.969	1.000	.500

Tests the null hypothesis that the error covariance matrix of the orthonormatized transformed dependent varibales is proportional to an identity matrix.

a. Design: Intercept * a

Within Subjects Design: time

b. May be used to adjust the degess of freedom for the averaged tests of significance. Corrected tests are displayed in the Tests of Within-Subjects Effects table.

1. 同一個個體 (subject) 在不同時間 (visit) 的測量有相關。在共變異數矩陣 (Covariance matrix) 的分析中有一個基本的假設，同一個個體 (subject) 在不同時間 (visit) 的測量之相關都一樣。事實上，距離愈前期的測量結果愈遠，測量的相關會愈來愈弱，與臨床上許多的實際狀況不符，這樣的相關矩陣稱為 Compound Symmetry(CS)。檢定這項基本假定的方法為 Mauchly's test of Sphericity(球面性假定)。

2. 本例檢定結果：Mauchty's W = 0.968($\chi^2_{(2)}$ = 0.844, p > 0.05)，接受虛無假設「H_0：重複測量依變數的誤差同質性」。

【D. 分析結果說明】：受試者內的趨勢：線性趨勢嗎？

Tests of Within-Subjects Contrasts

Measure: time

Source	time	Type III Sum of Squares	df	Mean Square	F	Sig.
time	Linear	1915.350	1	1915.350	37.857	.000
	Quadratic	151.250	1	151.250	4.067	.054
time * a	Linear	2601.100	2	1300.550	25.705	.000
	Quadratic	122.233	2	61.117	1.644	.212
Error(time)	Linear	1366.050	27	50.594		
	Quadratic	1004.017	27	37.186		

1. 本例，重複測量 3 次 (time)，及「time*a」交互作用項都呈線性趨勢 (F=0.857, p<0.05)。

【E. 分析結果說明】：受試者間之效果檢定

Tests of Between-Subjects Effects

Measure: time

Transformed Variable: Average

Source	Type III Sum of Squares	df	Mean Square	F	Sig.
Intercept	894608.100	1	894608.100	5802.399	.000
a	8326.067	2	4163.033	27.001	.000
Error	4162.833	27	154.179		

1. 本例，獨立樣本之 A 因子 (運動型態) 在三次重複測量 (time) 有顯著差異 (F=27.0, p<0.05)。故再看 A 因子的各 levels 在重測三次 (脈搏) 平均數事後比較，如下表：

運動型態 * time(重測三次)

Measure: time

運動型態	time	Mean	Std. Error	95% Confidence Interval	
				Lower Bound	Upper Bound
跳舞 (a1)	1	90.200	1.849	86.406	93.994
	2	90.900	2.953	84.841	96.959
	3	91.400	3.472	84.275	98.525
瑜伽 (a2)	1	93.100	1.849	89.306	96.894
	2	96.600	2.953	90.541	102.659
	3	95.900	3.472	88.775	103.025
爬山 (a3)	1	96.100	1.849	92.306	99.894
	2	117.100	2.953	111.041	123.159
	3	126.000	3.472	118.875	133.125

1. 跳舞 (a1) 及爬山 (a3) 在重測三次 (脈搏)，平時數都是單調遞增。相對地，瑜伽 (a2) 在重測三次 (脈搏)，先增後減的現象，如下圖所示。

【**F.** 分析結果說明】：「運動型態 × **time**」交互作用圖

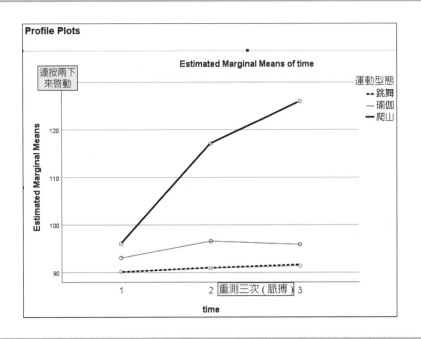

圖 **2-46** 「運動型態 × time」交互作用圖

方法二：MIXED 指令：雙層次之混合模型

二因子混計 ANOVA 有三種解法：GLM 指令、MIXED 指令、MANOVA 指令。在此介紹 MIXED 指令。

Step 1 建 wide 格式之資料檔

「repeated_measure_ 二因子混計 wide.sav」資料檔內容內容如下圖。

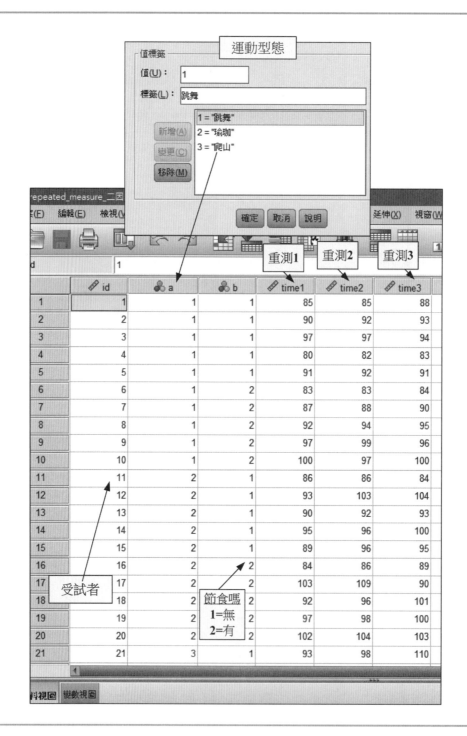

圖 2-47 「repeated_measure_ 二因子混計 wide.sav」資料檔內容 (N=30 個人，每人重複測量 3 次)

Step 2 用 VARSTOCASES 指令，將 wide 格式轉成 long 格式之資料檔

二因子混計 ANOVA 有二種解法：GLM 指令、MIXED 指令。其中，MIXED 指令需 long 格式資料檔。

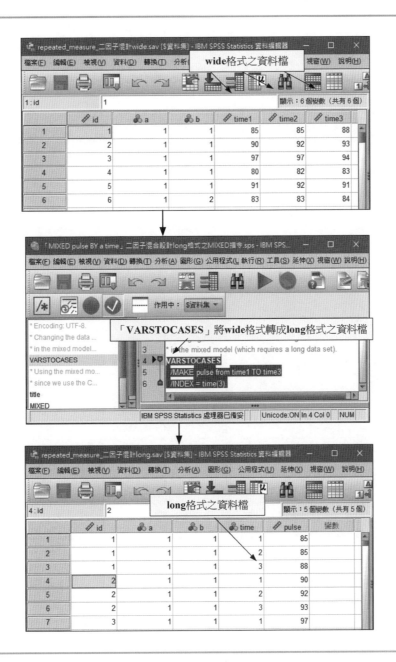

圖 2-48 「VARSTOCASES」將 wide 格式轉成 long 格式之資料檔

對應的指令語法：

```
* Changing the data set from wide to long to be used.
* in the mixed model (which requires a long data set).
VARSTOCASES
  /MAKE pulse from time1 TO time3
  /INDEX = time(3).
```

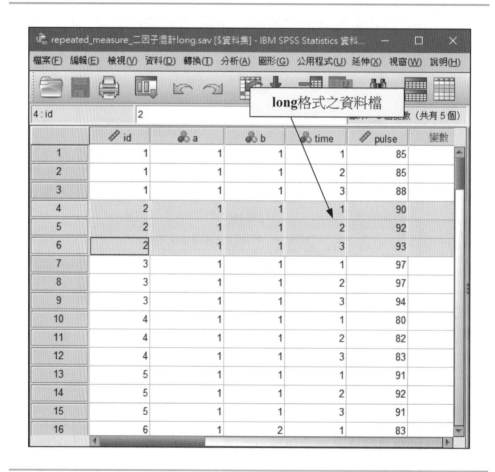

圖 2-49 轉成 long 格式之資料檔「repeated_measure_ 二因子混計 long.sav」

Step 3 用 MIXED 指令分析二因子混合設計 ANOVA

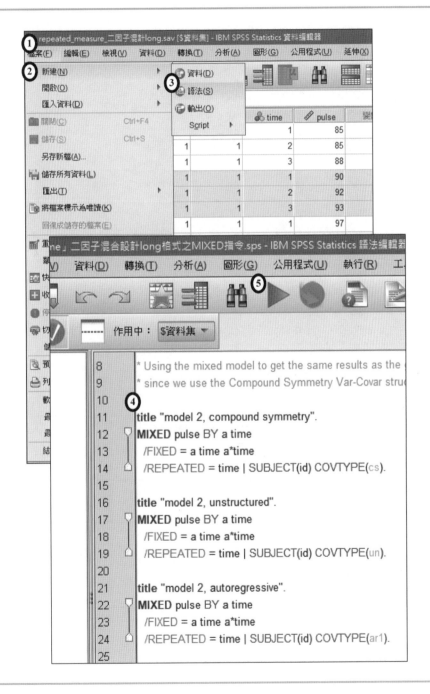

圖 2-50 「MIXED pulse BY a time」二因子混合設計 long 格式之 MIXED 指令

對應的指令語法：：

```
* Using the mixed model to get the same results as the glm .
* since we use the Compound Symmetry Var-Covar structure.

title "model 1, compound symmetry".
MIXED pulse BY a time
  /FIXED = a time a*time
  /REPEATED = time | SUBJECT(id) COVTYPE(cs).

title "model 2, unstructured" .
MIXED pulse BY a time
  /FIXED = a time a*time
  /REPEATED = time | SUBJECT(id) COVTYPE(un).

title "model 3, autoregressive" .
MIXED pulse BY a time
  /FIXED = a time a*time
  /REPEATED = time | SUBJECT(id) COVTYPE(ar1).
```

【A. 分析結果說明】：敵對模型適配度：AIC

Information Criteria[a]	
-2 Restricted Log Likelihood	590.832
Akaike's Information Criterion (AIC)	594.832
Hurvich and Tsal's Criterion (AICC)	594.985
Bozdogan's Criterion (CAIC)	601.621
Schwarz's Bayesian Criterion (BIC)	599.621
The information criteria are displayed in smaller-is-better form.	
a. Dependent Variable: 重測 1.	

兩個敵對模型，AIC 指標愈小者，其適配度愈佳。本例 AIC=594.832。

【**B.** 分析結果說明】：固定效果之多層次模型

Type III Tests of Fixed Effects[a]

Source	Numerator df	Denominator df	F	Sig.
Intercept	1	27.000	5802.399	.000
a	2	27.000	27.001	.000
time	2	54.000	23.543	.000
a * time	4	54.000	15.512	.000

a. Dependent Variable: 重測 1.

1. 主要效果 **a** 及 **time** 效果都達到 **0.05 顯著水準**。

2. 交互作用「a * time」亦達 **0.05 顯著水準**。

【**C.** 分析結果說明】：共變數之估計值

Covariance Parameters

Estimates of Covariance Parameters[a]

Parameter		Estimate	Std. Error
Repeated Measures	CS diagonal offset	43.890123	8.446658
	CS covariance	36.762963	14.267964

a. Dependent Variable: 重測 1 .

方法三：MANOVA 指令

二因子混計 ANOVA 有三種解法：GLM 指令、MIXED 指令、MANOVA 指令。在此介紹 MANOVA 指令。

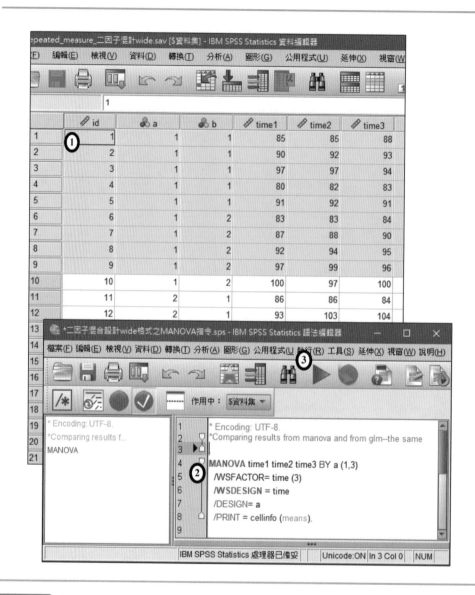

圖 2-51 「MANOVA time1 time2 time3 BY a (1,3)」二因子混合設計 wide 格式之 MANOVA 指令

對應的指令語法：

```
*Comparing results from manova and from glm--the same .
MANOVA time1 time2 time3 BY a (1,3)
   /WSFACTOR= time (3)
   /WSDESIGN = time
   /DESIGN= a
   /PRINT = cellinfo (means).
```

【A. 分析結果說明】

```
- - - - - - - - - - - - - - - - - - - - - - - - - - - - - - - - - - - - - - -
Cell Means and Standard Deviations
Variable .. time1 重測 1
   FACTOR        CODE         Mean  Std. Dev.     N   95 percent Conf. Interval

   a            跳舞         90.200    6.546      10     85.518      94.882
   a            瑜伽         93.100    6.297      10     88.595      97.605
   a            爬山         96.100    4.483      10     92.893      99.307
For entire sample           93.133    6.152      30     90.836      95.430


- - - - - - - - - - - - - - - - - - - - - - - - - - - - - - - - - - - - - - -
Variable .. time2 重測 2
FACTOR          CODE         Mean  Std. Dev.     N   95 percent Conf. Interval
a              跳舞         90.900    6.118      10     86.523      95.277
a              瑜伽         96.600    7.442      10     91.277     101.923
a              爬山        117.100   12.991      10    107.807     126.393
For entire sample          101.533   14.564      30     96.095     106.972


- - - - - - - - - - - - - - - - - - - - - - - - - - - - - - - - - - - - - - -
Variable .. time3 重測 3
FACTOR          CODE         Mean  Std. Dev.     N   95 percent Conf. Interval
a              跳舞         91.400    5.337      10     87.582      95.218
a              瑜伽         95.900    6.740      10     91.078     100.722
a              爬山        126.000   16.964      10    113.865     138.135
   For entire sample       104.433   18.877      30     97.385     111.482
```

```
- - - - - - - - - - - - - - - - - - - - - - - - - - - - - - - -

* * * * * * * * * * * * Analysis of Variance -- Design 1 * * * * * * * * * * * *

Tests of Between-Subjects Effects.

 Tests of Significance for T1 using UNIQUE sums of squares
 Source of Variation          SS      DF        MS         F  Sig of F


 WITHIN+RESIDUAL           4162.83    27     154.18
 A                         8326.07     2    4163.03     27.00       .000


- - - - - - - - - - - - - - - - - - - - - - - - - - - - - - - -

* * * * * * * * * * * * Analysis of Variance -- Design 1 * * * * * * * * * * * *

Tests involving 'TIME' Within-Subject Effect.



 Mauchly sphericity test, W =       .96806
 Chi-square approx. =               .84407 with 2 D. F.
 Significance =                     .656


 Greenhouse-Geisser Epsilon =      .96905
 Huynh-Feldt Epsilon =            1.00000
 Lower-bound Epsilon =             .50000

AVERAGED Tests of Significance that follow multivariate tests are equivalent to
univariate or split-plot or mixed-model approach to repeated measures.
Epsilons may be used to adjust d.f. for the AVERAGED results.


- - - - - - - - - - - - - - - - - - - - - - - - - - - - - - - -

* * * * * * * * * * * * Analysis of Variance -- Design 1 * * * * * * * * * * * *

EFFECT .. A BY TIME
Multivariate Tests of Significance (S = 2, M = -1/2, N = 12)
```

Test Name	Value	Approx. F	Hypoth. DF	Error DF	Sig. of F
Pillais	.68850	7.08706	4.00	54.00	.000
Hotellings	2.13135	13.32093	4.00	50.00	.000
Wilks	.31745	10.07302	4.00	52.00	.000
Roys	.67975				

Note.. F statistic for WILKS' Lambda is exact.

- -

* * * * * * * * * * * * Analysis of Variance -- Design 1 * * * * * * * * * * * *

EFFECT .. TIME
Multivariate Tests of Significance (S = 1, M = 0, N = 12)

Test Name	Value	Exact F	Hypoth. DF	Error DF	Sig. of F
Pillais	.62316	21.49720	2.00	26.00	.000
Hotellings	1.65363	21.49720	2.00	26.00	.000
Wilks	.37684	21.49720	2.00	26.00	.000
Roys	.62316				

Note.. F statistics are exact.

- -

* * * * * * * * * * * * Analysis of Variance -- Design 1 * * * * * * * * * * * *

Tests involving 'TIME' Within-Subject Effect.

AVERAGED Tests of Significance for time using UNIQUE sums of squares

Source of Variation	SS	DF	MS	F	Sig of F
WITHIN+RESIDUAL	2370.07	54	43.89		
TIME	2066.60	2	1033.30	23.54	.000
A BY TIME	2723.33	4	680.83	15.51	.000

- -

```
* * * * * * * * * * * * Analysis of Variance -- Design 2 * * * * * * * * * * * *

Tests of Between-Subjects Effects.

 Tests of Significance for T1 using UNIQUE sums of squares
 Source of Variation        SS      DF      MS      F   Sig of F

 WITHIN+RESIDUAL          4162.83    27   154.18
 a                        8326.07     2  4163.03   27.00    .000


 - - - - - - - - - - - - - - - - - - - - - - - - - - - - - - - - - - - - - - -

* * * * * * * * * * * * Analysis of Variance -- Design 2 * * * * * * * * * * * *

Tests involving 'TIME' Within-Subject Effect.

 Mauchly sphericity test, W =        .96806
 Chi-square approx. =                .84407 with 2 D. F.
 Significance =                      .656

 Greenhouse-Geisser Epsilon =       .96905
 Huynh-Feldt Epsilon =             1.00000
 Lower-bound Epsilon =              .50000


AVERAGED Tests of Significance that follow multivariate tests are equivalent to
univariate or split-plot or mixed-model approach to repeated measures.
Epsilons may be used to adjust d.f. for the AVERAGED results.


 - - - - - - - - - - - - - - - - - - - - - - - - - - - - - - - - - - - - - - -

* * * * * * * * * * * * Analysis of Variance -- Design 2 * * * * * * * * * * * *

 EFFECT .. a BY TIME
 Multivariate Tests of Significance (S = 2, M = -1/2, N = 12 )

 Test Name    Value    Approx. F   Hypoth. DF    Error DF    Sig. of F
 Pillais      .68850   7.08706      4.00          54.00        .000
 Hotellings  2.13135  13.32093      4.00          50.00        .000
```

```
Wilks          .31745    10.07302        4.00            52.00            .000
Roys           .67975
 Note.. F statistic for WILKS' Lambda is exact.


- - - - - - - - - - - - - - - - - - - - - - - - - - - - - - - - - - - - - - -


* * * * * * * * * * * * * Analysis of Variance -- Design 2 * * * * * * * * * * * * *

Tests involving 'TIME' Within-Subject Effect.

AVERAGED Tests of Significance for time using UNIQUE sums of squares
 Source of Variation          SS      DF        MS        F  Sig of F


WITHIN+RESIDUAL            2370.07    54     43.89
TIME                      2066.60     2    1033.30    23.54    .000
a BY TIME                 2723.33     4     680.83    15.51    .000


- - - - - - - - - - - - - - - - - - - - - - - - - - - - - - - - - - - - - - -
```

2-5-2 雙層次 vs. 二因子混合設計 ANOVA：long 格式 (**MIXED 指令**)

範例：架構如下圖

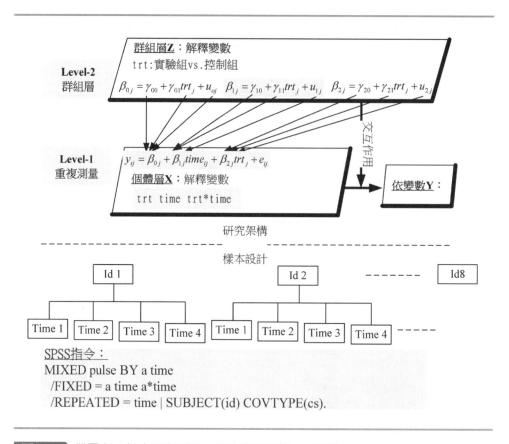

圖 2-52 雙層次：每人重複測量 4 次之研究架構 (cs 結構)

縱向資料通常用於研究個人的成長、發展及個人的改變。這種形式的資料通常包含了同一個受試者在不同時間點上重複的接受測量。多變量分析和重複測量變異數分析常用來分析縱向資料。然而利用這兩項統計方法在分析縱向資料上有它的限制。縱向資料通常需要結構性的共變異數模型，殘差通常含有異質性和相依性；資料通常也屬於多層資料，重複測量是第一層，受試者是第二層。本章節旨在探討使用線性混合效果模型來建立縱向資料的模型的情形，同時也包含了如何建立模型的步驟。

一、資料檔之內容

「repeated_measures.sav」資料檔內容內容如下圖。

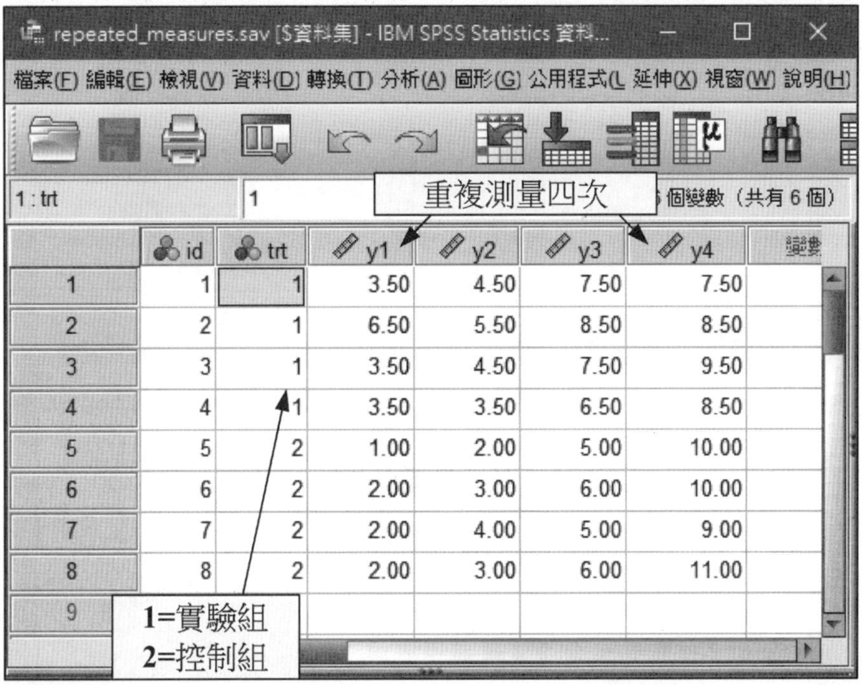

圖 2-53 「repeated_measures.sav」資料檔內容 (N=8 個人，每人重複測量 4 次)

二、雙層次：Repeated measure ANOVA：分析步驟

Step 1：繪混合設計二因子 ANOVA 之 wide 型交互作用圖。先探索，實驗組 vs. 控制組在 4 次重複測量之趨勢圖，如下圖。可見變數 **trt**(實驗組 vs. 控制組) 與重複測量 (**time**) 有交互作用。

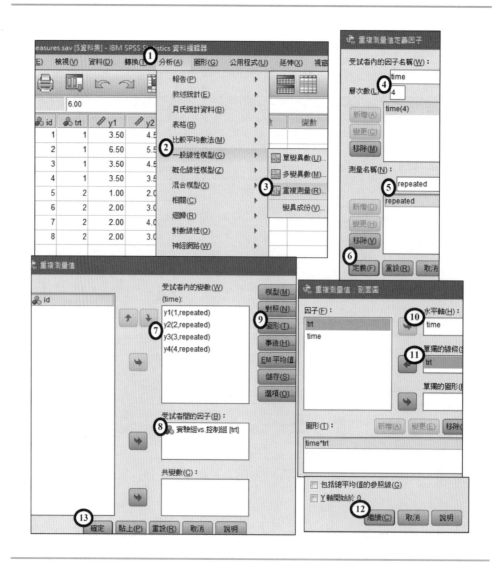

圖 2-54 wide 型資料，GLM「PLOT=PROFILE(**time×trt**)」副指令來繪重複測量交互作用圖

對應的指令語法：

```
GLM y1 y2 y3 y4 BY trt
  /WSFACTOR=time 4 Polynomial
  /MEASURE=repeated
  /METHOD=SSTYPE(3)
  /PLOT=PROFILE(time*trt) TYPE=LINE ERRORBAR=NO MEANREFERENCE=NO YAXIS=AUTO
  /CRITERIA=ALPHA(.05)
  /WSDESIGN=time
  /DESIGN=trt .
```

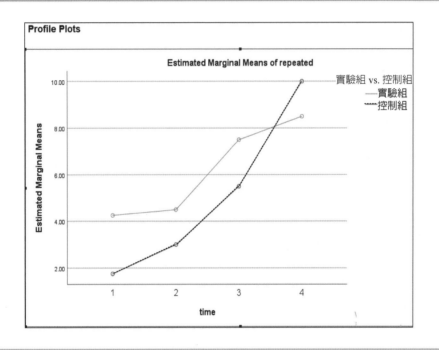

圖 2-55 　wide 型資料，GLM「PLOT=PROFILE(time×trt)」繪出重複測量交互作用圖

　　由於重複量測變異數分析的依變數間是存在相關，故資料鍵入時，應視為不同的變數 (wide 資料結構)，不可以視為單一變數的不同狀況資料。接著再用 VARSTOCASES 指令，將 wide 資料結構轉成 long 資料結構，MIXED 指令才可進行多層次重複測量 ANOVA 分析。

Step 2：資料結構由 wide 型轉成 long 型 **Reshape from wide to long**

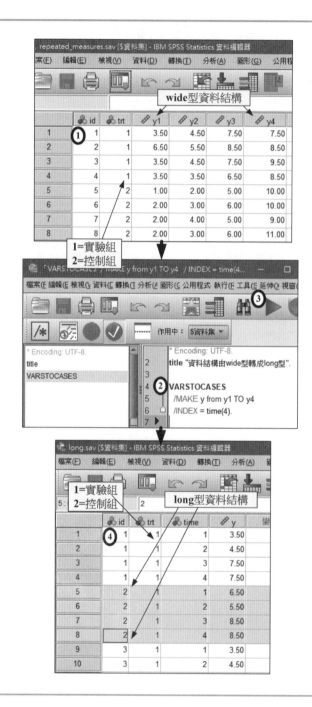

圖 2-56 「**VARSTOCASES /MAKE y from y1 TO y4 /INDEX = time(4).**」將 wide 變 long 型 (存至 **long.sav** 檔)

Step 3 ：重複測量之混合模型：compound symmetry 型「變異數 - 共變數」結構

如何找最適配的 covariance structure 呢？

　　你可估計許多不同的共變數結構 (covariance structures)。這概念很關鍵，每個實驗可能有不同的共變數結構。重要的是要知道哪個共變數結構最適合數據的隨機「變異數和共變數」。

(一) 挑選策略 / 演算法 (Strategy/Algorithm)

1. 先挑 unstructured (UN)

2. 再挑 compound symmetry (CS)：最簡單 RM 結構。

3. 接著挑其他 structures(that best fit the experimental design and biology of organism)

(二) 使用模型適配準則 (model-fitting Statistics)

1. AIC 準則：Akaike's Information Criteria(越小越好)。

2. BIC(SBC) 準則：Schwarz's Bayesian Criteria(越小越好)。

常見的共變數結構 (covariance structure) 有四種

　　共變數結構 (covariance structure)：由於不同時間或不同狀況下獲得的兩個量測間具有相關性 (correlation)，重複量測變異數分析必須考量此相關性的影響。因此受試者間的誤差 covariance structure 必須選擇正確，以確保其對平均值的影響是有效的。STaTa 則有 8 種共變數結構可供選擇。

　　多層次模型，受試者內之共變數結構 (within-subject covariance structures)，常見有下列 4 種：

型態一：Independence (VC)(TYPE= diag)

1. CS= 變異數成分 (variance components).

2. 此法最簡單 (single parameter is estimated) 且是 SPSS/STaTa 內定的 .

3. Independence 不適合於重複測量設計 (repeated measures designs) 或時變變數 .

4. VC 矩陣的非對角元素之共變數都是 0 值 (0 covariance along off-diagonal).

5. VC 矩陣的對角元素之變變數都是 σ^2 值 [constant variance (σ^2) along diagonal].

$$
\begin{array}{c}
Time\_1 \\
Time\_2 \\
Time\_3 \\
Time\_4
\end{array}
\begin{bmatrix}
\sigma^2 & 0 & 0 & 0 \\
0 & \sigma^2 & 0 & 0 \\
0 & 0 & \sigma^2 & 0 \\
0 & 0 & 0 & \sigma^2
\end{bmatrix}
$$

型態二：compound symmetry/exchangeable (TYPE= cs)

1. CS= compound symmetry(複合對稱).
2. VC 矩陣的對角線上之變異數都相等 (equal variances on diagonal)
3. VC 矩陣的非對角線上之共變數都相等 [equal covariance along off diagonal (equal correlation)].
4. 重複測量之最簡單結構 (simplest Structure for fitting Repeated measures).
5. 只需要估算 2 個參數值 (only 2 parameters need to be estimated).
6. RANDOM 或 REPEATED 指令可以與 CS 結構一起使用 (used with CS structure).

$$
\begin{array}{c}
Time\_1 \\
Time\_2 \\
Time\_3 \\
Time\_4
\end{array}
\begin{bmatrix}
\sigma^2+\sigma & \sigma_1 & \sigma_1 & \sigma_1 \\
\sigma_1 & \sigma^2+\sigma & \sigma_1 & \sigma_1 \\
\sigma_1 & \sigma_1 & \sigma^2+\sigma & \sigma_1 \\
\sigma_1 & \sigma_1 & \sigma_1 & \sigma^2+\sigma
\end{bmatrix}
$$

型態三：unstructured (TYPE= un)

1. UN= unstructured(非結構).
2. 最複雜結構。
3. 每次估計的變異數，每對的共變數 (variance estimated for each time, covariance for each pair of times).
4. VC 矩陣的非對角線之共變數都不同值 (different covariances on off-diagonal).
5. VC 矩陣的對角線之變異數都不同值 [different variance (σ_i^2) along diagonal].
   (1) 導致參數估計不太精確 (degrees of freedom problem)
   (2) 非結構須要估計參數有 K+K(K–1)/2 個。
   (3) 只 REPEATED 指令可以與 CS 結構一起使用 UN.

$$
\begin{array}{c}
\begin{matrix} Time\_1 \\ Time\_2 \\ Time\_3 \\ Time\_4 \end{matrix}
\begin{bmatrix}
\sigma_1^2 & \sigma_{21} & \sigma_{31} & \sigma_{41} \\
\sigma_{12} & \sigma_2^2 & \sigma_{32} & \sigma_{42} \\
\sigma_{13} & \sigma_{23} & \sigma_3^2 & \sigma_{43} \\
\sigma_{14} & \sigma_{24} & \sigma_{34} & \sigma_4^2
\end{bmatrix}
\end{array}
$$

型態四：Autoregressive (TYPE＝ ar1)：自我迴歸

1. VC 矩陣的對角線之變異數都相同值 (equal variances on diagonal).

2. VC 矩陣的非對角線：變異數 (σ^2)）乘以重複測量係數 (ρ)，會隨著觀察變得越來越分離而增加其 power（統計檢定力）。

3. 時間變數必須同等有序且間隔相等 (times must be equally ordered and equally spaced).

4. 估計二個參數 (parameters)：ρ and σ^2

5. RANDOM 及 REPEATED 指令都可用 ar1.

$$
\begin{array}{c}
\begin{matrix} Time\_1 \\ Time\_2 \\ Time\_3 \\ Time\_4 \end{matrix}
\begin{bmatrix}
\sigma^2 & \rho\sigma^2 & \rho^2\sigma^2 & \rho^3\sigma^2 \\
\rho\sigma_2 & \sigma^2 & \rho\sigma^2 & \rho^2\sigma^2 \\
\rho^2\sigma^2 & \rho\sigma^2 & \sigma^2 & \rho\sigma^2 \\
\rho^3\sigma^2 & \rho^2\sigma^2 & \rho\sigma^2 & \sigma^2
\end{bmatrix}
\end{array}
$$

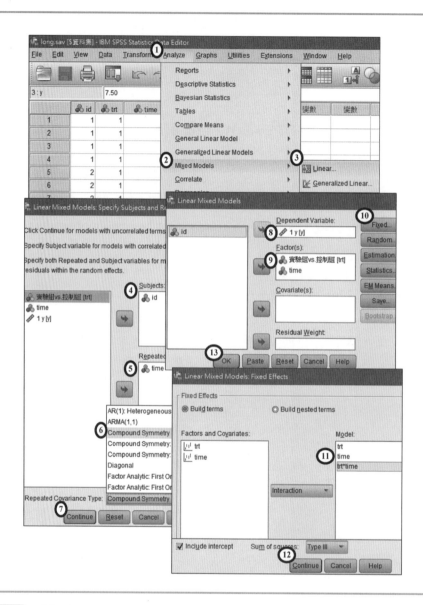

圖 2-57 重複測量之混合模型：Compound Symmetry 型「變異數—共變數」結構 (long.sav 檔)

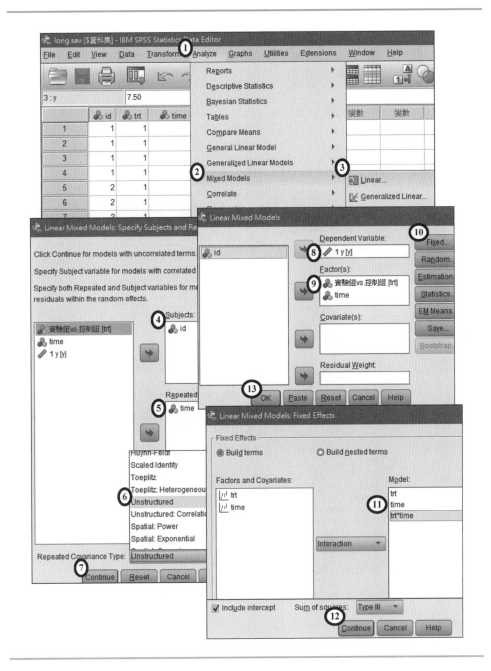

圖 2-58　COVTYPE(un)「unstructured」型混合模型之指令 (long.sav 檔)

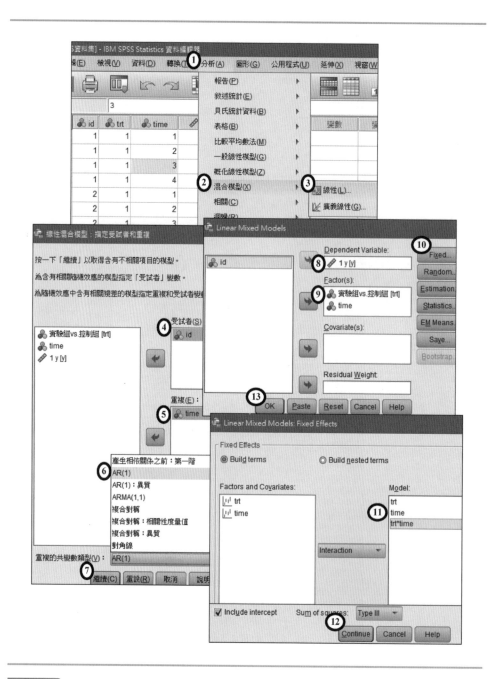

圖 2-59 COVTYPE(ar1)「autoregressive」型混合模型之指令 (long.sav 檔)

上述三種受式者內「變異數 - 共變數」結構，其對應的指令如下表。

```
* Using the mixed model to get the same results as the glm .
* since we use the Compound Symmetry Var-Covar structure.

title "model 1, compound symmetry".
MIXED y BY trt time
  /FIXED = trt time trt*time
  /REPEATED = time | SUBJECT(id) COVTYPE(cs).

title "model 2, unstructured" .
MIXED y BY trt time
  /FIXED = trt time trt*time
  /REPEATED = time | SUBJECT(id) COVTYPE(un).

title "model 3, autoregressive" .
MIXED y BY trt time
  /FIXED = trt time trt*time
  /REPEATED = time | SUBJECT(id) COVTYPE(ar1).
```

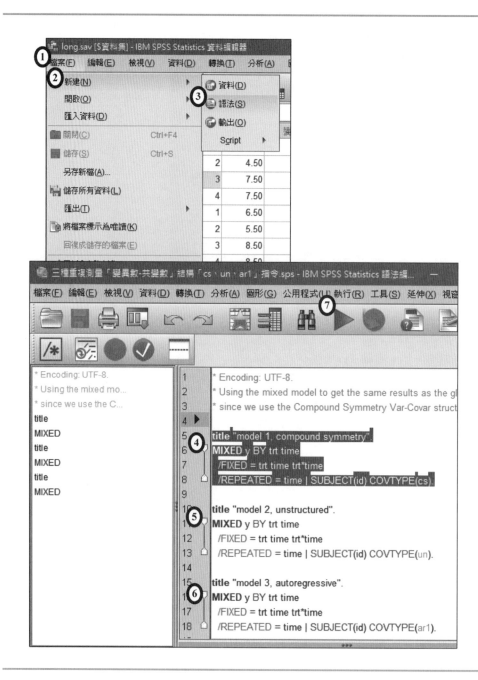

圖 2-60　三種重複測量「變異數—共變數」結構「cs、un、ar1」指令之畫面

$\boxed{\text{Step 4}}$：採「Compound Symmetry」檢定主要效果及交互作用效果，是否達顯著？

由於三種重複測量「變異數—共變數」結構「cs、un、ar1」指令，產生的結果大同小異，故本例只解說「cs」執行結果。

Fixed Effects

Type III Tests of Fixed Effects[a]

Source	Numerator df	Denominator df	F	Sig.
Intercept	1	6.000	648.000	.000
trt	1	6.000	6.480	.044
time	3	18	127.890	.000
trt * time	3	18	12.740	.000

a. Dependent Variable: 1 y.

1. 結果顯示交互作用項「 **trt * time** 」在依變數 (y) 達到顯著效果 ($F_{(3,18)} = 12.74$, $p < 0.05$)。

2. 獨立樣本：trt(實驗組 vs. 控制組)」在依變數 (y) 達到顯著效果 ($F_{(1,6)} = 6.48$, $p < 0.05$)。

3. 相依樣本：time(重測四次)」在依變數 (y) 達到顯著效果 ($F_{(3,18)} = 127.89$, $p < 0.05$)。

小結

混合模型的優點和缺點

混合模型既有優點也有缺點，但總的來說，混合模型更加靈活，比缺點更具優勢。

混合模型的優點包括：

1. 自動計算每個效果的正確標準誤差。

2. 受試者內 (within-subject) 允許不平衡或遺漏值存在。

3. 允許不相等的時間間隔 (allows unequal time intervals)。

4. 允許不同的受試者內 (within-subject) 共變數結構 (allows various within-subject covariance structures)。

5. 允許時間被視為類別變數或連續變數 (allows time to be treated as categorical

or continuous)。

混合模型的缺點包括：

xtmixed 以卡方 (chi-square) 報告結果；此 p 值適用於大樣本，若遇到小樣本則易產生偏誤 (biased)。

Chapter

03

多層次模型之方程式解
說：有 $(Z \times X)$ 交互作
用項就須中心化

多層次模型 (Multilevel models, MLM)，又稱：階層線性模型 (hierarchical linear models, HLM)、巢狀資料模型 (nested data models)、混合模型 (mixed models)，隨機係數 (random coefficient)、隨機效果模型 (random-effects models)、隨機參數模型 (random parameter models) 或 split-plot designs。人們慣用**混合模型**來稱多層次模型，

一、範例：住宅價格之多層次分析

往早的研究，由於統計研究方法及技術上的局限性，特徵價格模型若用 OLS(ordinary least squares) 來估計住宅價格，常常將屬於不同階層 (如：區域特徵及住宅建物特徵) 的資料當成單一階層 (single-level model) 處理。假如在層次分析當中，較高階層的群組之間的屬性 (如：區域特徵) 並無顯著差異，那以單一階層的迴歸方式來資料處理並不會發生過大的估計錯誤，但是假如較高階層的群組之間具有顯著差異，卻仍以單一階層的方式來處理，則估計出來的參數可能就會有很大的偏誤而導致推論錯誤。

近年來由於統計分析技術的進步及電腦發展的快速，學者提出階層線性模型 (HLM) 來解決上述問題，並且據此發展出許多富有彈性的次模型。階層線性模型能夠化解前述傳統迴歸分析所遭遇到的困境，進而能避免產生標準誤的誤估、忽略迴歸的誤差異質性、以及加總誤差等問題 (Raudenbush & Bryk, 2002)。

HLM 與 OLS 兩者均屬迴歸方程式，但是 OLS 將資料當成單一層次資料來分析，因此它的截距項與斜率項不考慮較高層次資料的誤差項，亦即以固定效果 (fixed effect) 來估計截距項及斜率項，得到的多元迴歸方程式也是單一層次的迴歸方程式。Wolverton & Senteza(2000) 曾以虛擬變數來代表美國各不同地區，並利用固定效果以 OLS 作迴歸分析，實證不同地區間之住宅建物特徵對住宅價格的影響，結果產生不一致的效果。在本例中，雖然也可用 22 個虛擬變數來代表 23 個縣 (市) 地區，並在住宅建物特徵與區域特徵變數間設定交互作用項，但這樣的方式仍無法探討影響住宅價格差異有哪些區域特徵，也無法探討有哪些縣 (市) 區域特徵造成各縣 (市) 地區內之建物特徵對住宅價格的影響。

HLM 是將低層次迴歸式中的截距項及斜率項當成較高層次的依變數，考量較高層次的誤差項，以隨機效果 (random effect) 來估計截距項及斜率項，得到的迴歸方程式就會因較高階層的群組不同，而有不同的迴歸方程式來預估各群組的依變數。也就是說階層線性模型分析法與傳統 OLS 迴歸分析最大的不同所在，就是其能夠將不同層次間的誤差項估計出來。

3-1 多層次模型之方程式解說：影響住宅房價之個體層及群組層

多層次模型之公式

多層次分析模型旨在掌握人與環境 (如家庭，組織，醫院，社區，國家) 的巢狀 (nested) 與相互作用關係。

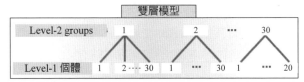

雙層模型

Level-2 groups · 1   2   · · ·   30

Level-1 個體   1   2 · · · 30   1   · · ·   30   1   · · ·   20

單一自變數，其Level-1公式為： $Y_{ij} = \beta_{0j} + \beta_{1j} X_{ij} + e_{ij}$

y_{ij}：Level-1 個體層觀察值在依變數之得分 (subscript i refers to individual case, subscript j refers to the group)。

x_{ij}：Level-1 的預測因子 (predictor)。

β_{0j}：the intercept of the dependent variable 在 (Level 2) 群組 j 之依變數的截距。

β_{1j}：在 j 組 (Level-2) 中，Level-1 預測變數與依變數之斜率關係。

e_{ij}：Level-1 方程式的預測隨機誤差 (有時也稱為 r_{ij})。

單一自變數，其Level-2公式是：

依變數是 Level-2 組中 Level-1 自變數的截距和斜率。

截距：$\beta_{0j} = \gamma_{00} + \gamma_{01} W_j + u_{0j}$

斜率：$\beta_{1j} = \gamma_{10} + u_{0j}$

其中

γ_{00}：整體截距。當所有預測變數等於 0 時，這是所有組中依變數分數的總平均值。

W_j：Level-2 預測因子。

γ_{01}：依變數和 Level-2 預測變數之間的整體迴歸係數或斜率。

u_{0j}：組的截距與整體截距的離差之隨機誤差成分。

γ_{10}：依變數和 Level-1 預測變數之間的整體迴歸係數或斜率。

u_{1j}：斜率的誤差成分 (意味著斜率與整體斜率之離差)。

圖 3-1 雙層模型之迴歸式公式

一、本例：前言

住宅特徵價格模型 (housing hedonic price models) 被廣泛的用來估計住宅價格。模型中不僅包括住宅建物特徵，同時也包括住宅所在位置的區域特徵。由於這些特徵是具有層次 (hierarchical) 及巢狀 (nested structure) 之特性，若是利用普通最小平方法 OLS(ordinary least squares) 對於具有巢狀結構之資料進行估計，

其並沒有考量其層次之特性，而是以單一層次資料作分析，嚴重違反模型中誤差項需符合獨立性的假定 (assumption)。

　　階層線性模型 HLM 是以層次分析方式來處理巢狀或巢狀資料，並以隨機效果 (random effect) 來估計截距項及斜率項。因此，以下例子將以臺灣 23 個縣 (市) 地區之住宅調查統計資料作為分析樣本，並藉由 HLM 之五大次模型，分別探討區域特徵及建物特徵對住宅價格的影響為何？以正確反映所分析具有層次結構特性的資料。

二、影響住宅房價因子為何要區分個體層次及群組層次？

　　住宅是一種高價格的耐久財，與其他商品特性最大之差異，在於其不可移動性。所以，住宅商品買賣交易，實際上是透過書面契約，移轉交換財產權的一束權利 (a bundle of rights)，而由於住宅是附著於土地之上，故不能發生地理位置之變動，其位置固定於某一鄰里、鄉鎮，而該鄰里、鄉鎮亦屬於某一區域或城市。

　　故多數以特徵迴歸模型估計住宅價格時，其所包含的特徵 (characteristics)，除住宅建物特徵 (structural characteristics) 外，亦包含了住宅區域特徵 (locational characteristics)，以反映出消費者對於不同區域住宅商品之偏好。此一現象亦說明了住宅特徵巢狀 (nested structure) 於地區內 (Goodman & Thibodeau, 1998; Jones & Bullen, 1994)。

　　應用特徵價格法來估計影響住宅價格因素的研究相當的多，而這些被用來估計住宅價格的特徵當中也包含了區域特徵，但是過去這些研究大多將各影響因素視為獨立且不相互干擾而進行分析，同時也把誤差項假定 (assumption) 為獨立且相等分配 (independently identically distributed, iid)「$\varepsilon \stackrel{iid}{\sim} N(0, \sigma^2)$」。但是，消費者對於所選擇居住位置的不同，也代表著消費者對於該住宅區位的偏好，而這些位於相同地區的住宅，雖然其本身之建物特徵並不相同，但卻享用著相同的公共設施、環境品質、教育文化等，而該地區特性當會與住宅建物特徵產生大小不一之交互影響效果。也就是說，區域特徵與住宅建物特徵並不是相互獨立的，而是有可能相互干擾的，而這種空間相依性 (spatial dependence) 將使得特徵價格模型中住宅價格間產生空間自我相關 (autocorrelation) 現象 (Anselin, 1988)。

　　傳統上，以特徵價格法來估計住宅價格函數，對於住宅建物特徵 (如：面積、屋齡等)，大多視為固定品質 (constant quality)，隱含住宅建物特徵在不同

地區間，均有同樣的隱含價格。此種估計方法往往忽略了不同地區 (群組層 j)
之住宅建物特徵 (個體層 i) 對住宅價格的影響不一定相同的情況。也就是說，
隨著地區的不同 (群組層 j)，住宅建物特徵 (個體層 i) 與住宅價格 Y_{ij} 的關係可
能有所差異。

例如：Wolverton & Senteza(2000) 改以美國 1986~1992 年 NAR(National
Association of Realators) 的資料估計住宅價格，文中亦證實在忽略區域特性的
情況下，縱使將住宅品質固定，仍會產生估計上的偏誤。由上述之實證結果可
知，建物特徵對住宅價格之影響不該視爲靜態或固定不變的，而是應該隨著不
同區域，而有不同的影響效果。Fotheringham, Brunsdon, & Charlton(1988) 指出
由於每宗土地對於區位因素的敏感度都不盡相同，所以無法以靜態的單一係數
來建立住宅價格預測模型。Bitter, Mulligan, & Dall'erba(2007) 實證結果亦顯示
住宅特徵之隱含價格具有空間變異 (spatial variation)。因此對於具有非固定變異
(non-constant variance) 及空間異質性 (spatial heterogeneity) 的住宅商品，如何正
確估計其隱含價格乃是本節重點。

Orford(2000) 曾就區域住宅市場動態模型的空間結構以多層次 (multilevel)
的觀點來分析，並認爲將 Foster(1991) 的展開特徵價格模型 (expansion hedonic
model)，若是進一步加入隨機效果 (random effect)，則可有效的將住宅商品之
空間相依性及異質性納入模型考量。Brown &Uyar(2004) 以多層次線性模型
HLM(hierarchical linear model) 實證住宅建物特徵與鄰里地區特徵對於住宅價格
的影響，實證結果顯示，從統計的觀點以 HLM 方式來估計參數可以提供一個
較佳 (better) 的估計，另透過多層次模型更可以清楚分析各層次的參數變異數
(variance)。

基於以上學者之實證結果，童作君 (2008) 嘗試複驗，並以 23 個縣 (市) 行
政地區爲住宅次市場 (housing submarkets) 空間範圍，並以多層次線性模型來探
討住宅特徵與住宅價格的關係，可歸納出本例之研究目的如下：

1. 藉由國內外相關理論與文獻回顧，探討傳統住宅特徵價格迴歸模型之優缺點
   及多層次模型對於住宅空間相依性及異質性的改進之道。
2. 利用具有空間效果之多層次模型，探討住宅特徵 (含建物特徵與區域特徵) 對
   於各縣 (市) 地區價格變異的解釋程度。
3. 利用具有空間效果之多層次模型，分析住宅特徵與住宅價格間的相互關係，
   及在住宅建物特徵與區域特徵交互影響下，對於住宅價格的影響效果。

4. 透過實證分析比較特徵價格模型與多層次模型估計結果之差異，以探討多層次模型在降低模型迴歸係數估計偏誤之效果。

三、研究方法

(一) 房價預測之研究架構

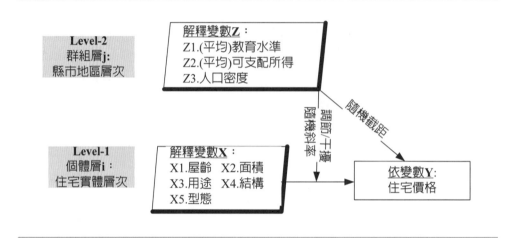

圖 3-2　房價預測之多層次模型之研究架構

階層線性模型 (HLM) 之各階層變數描述

變數	說明	Level-1	Level-2
依變數	Y：住宅價格取自然對數值		
個體層解釋變數	X1：自建造竣工始至民國 95 年之房屋年齡為連續變數，取自然對數。	●	
	X2：屋內總面積坪數 (包含陽臺) 為連續變數取自然對數值。	●	
	X3：住宅結構是否為鋼筋 (骨) 混凝土造之虛擬變數，若是 = 1，其他 = 0。	●	
	X4：住宅型態是否為公寓大廈之虛擬變數，若是 = 1，其他 = 0。	●	
	X5：住宅用途是否為住家專用之虛擬變數，若是 = 1，其他 = 0。	●	

變數	說明	Level-1	Level-2
總體層	Z1：縣 (市) **平均**教育水平取自然對數 ln(Z)		●
解釋變數	Z2：縣 (市) **平均**可支配所得取自然對數 ln(Z)		●
	Z3：縣 (市) **平均**人口密度取自然對數 ln(Z)		●

(二) 資料來源

童作君 (2008) 研究資料來源分成兩個部分。第一部分為個體層次的資料，來自內政部營建署所編撰「95 年度內政部營建署住宅狀況調查訪問表」之原始問卷資料。該調查資料之抽樣架構以內政部所提供 94 年度之村里門牌資料作為抽樣母體，並假設門牌數與實際戶數相近，而依戶數做分層比例抽樣。

首先，依臺灣地區 23 個行政地區為主，包括臺北縣、桃園縣、新竹縣、苗栗縣、臺中縣、彰化縣、南投縣、雲林縣、嘉義縣、臺南縣、高雄縣、屏東縣、宜蘭縣、花蓮縣、臺東縣、澎湖縣、基隆市、新竹市、臺中市、嘉義市、臺南市、臺北市與高雄市。其次，就各鄉鎮市區之戶數，占各行政地區戶數之比例，決定各鄉鎮市區所需之樣本數。最後在臺灣地區 23 個行政地區抽出 20,886 個樣本。

第二部分為總體層次變數資料是來自 1998 至 2006 年度行政院經濟建設委員會都市及住宅發展處所編印之「都市及區域發展統計彙編」及行政院主計處所編之「縣 (市) 重要指標統計要覽」，所需要的總體層次變數包括：人口密度、教育水平與每戶可支配所得。由於每戶可支配所得資料是從 1998 年以後才較為完整，為顧及實證資料期間之一致性。故資料期間為 1998 年至到 2005 為止，亦屬 Panel-data (請見作者另一本書：**《Panel-data 迴歸模型：STaTa 在廣義時間序列的應用》**)。

由於樣本並不是針對具有某些特徵住宅進行剔除，剔除過程是隨機性的，因此並不構成樣本選擇偏誤 (sample selection bias) 所衍生的問題 (Wooldridge, 1996)。

(三) 資料處理

不動產與一般商品相較之下，不僅其異質性 (heterogeneity) 較高，且價格較高，因此樣本本身可能會出現許多極端值 (outlier)，為避免極端值影響統計量數的運算與推論的結果，故需判斷極端值的存在與程度，找出極端值後，視需要決定剔除與否，使估計結論更符合實際情況。本例住宅價格之極端值係以

*除*價格最高與最低的 5% 資料，剩下 1931 筆資料，再利用 Dffits(Belsely, Kuh,& Welsh (1980) 極端值刪除方法刪除後，剩下 1926 筆資料。由於內政部營建署所編撰「95 年度內政部營建署住宅狀況調查表」調查報告資料是有關住宅價格資料是建造或購買年的資料，而住宅品質 (如：屋齡、面積等) 是調查年的資料，若直接用原始資料分析會產生兩者基準不一致的情形。因此，住宅價格資料是以 2006 年 1 月為基期，配合物價指數調整。

四、五種多層次模型

本例採用 HLM 來進行五個階層線性模型之討論，包括：

模型 1：零模型 (null model)

模型 2：**結果變數平均值求出截距**的迴歸模型 (means-as-outcomes regression)

模型 3：Level-1 具固定效果之隨機截距模型

模型 4：隨機係數迴歸模型 (random coefficients regression model)

模型 5：具交互作用之多層次模型

以上 5 個模型之階層模型 (hierarchical model) 如下列方程式。模型與模型之間誰優？則可採用概似比檢定「lrtest」指令來兩兩比較，甚至跟模型 6(傳統迴歸模型，OLS) 做比較，即可找出你樣本資料最適配的模型是那一個？

模型 1：零模型 (null model)

Level 1：$Y_{ij} = \beta_{0j} + r_{ij}$ ， $r_{ij} \sim N(0, \sigma^2)$

Level 2：$\beta_{0j} = \gamma_{00} + u_{0j}$ ， $u_{0j} \sim N(0, \tau_{00})$

模型 2：以平均數為結果的迴歸模型 (means-as-outcomes regression)

Level 1：$Y_{ij} = \beta_{0j} + r_{ij}$ ， $r_{ij} \sim N(0, \sigma^2)$

Level 2：$\beta_{0j} = \gamma_{00} + \gamma_{01}(Z_{1j} - \bar{Z}_{1\cdot}) + \gamma_{02}(Z_{2j} - \bar{Z}_{2\cdot}) + \gamma_{03}(Z_{3j} - \bar{Z}_{3\cdot}) + u_{0j}$ ， $u_{0j} \sim N(0, \tau_{00})$

模型 3：具隨機效果的單因子共變數分析模型 (one-way ANCOVA with)

Level 1：$Y_{ij} = \beta_{0j} + \beta_{1j}(X_{1ij} - \bar{X}_{1\cdot\cdot}) + \beta_{2j}(X_{2ij} - \bar{X}_{2\cdot\cdot}) + \beta_{3j}(X_{3ij} - \bar{X}_{3\cdot\cdot}) + \beta_{4j}(X_{4ij} - \bar{X}_{4\cdot\cdot})$
$\qquad + \beta_{5j}(X_{5ij} - \bar{X}_{5\cdot\cdot}) + r_{ij}$ ， $r_{ij} \sim N(0, \sigma^2)$

Level 2：$\beta_{0j} = \gamma_{00} + u_{0j}$ ， $u_{0j} \sim N(0, \tau_{00})$

$\qquad \beta_{1j} = \gamma_{10} \quad \beta_{2j} = \gamma_{20} \quad \beta_{3j} = \gamma_{30} \quad \beta_{4j} = \gamma_{40} \quad \beta_{5j} = \gamma_{50}$

模型 4：隨機係數迴歸模型 (random coefficients regression model)

Level 1：$Y_{ij} = \beta_{0j} + \beta_{1j}(X_{1ij} - \bar{X}_{1\cdot\cdot}) + \beta_{2j}(X_{2ij} - \bar{X}_{2\cdot\cdot}) + \beta_{3j}(X_{3ij} - \bar{X}_{3\cdot\cdot}) + \beta_{4j}(X_{4ij} - \bar{X}_{4\cdot\cdot})$
$\qquad + \beta_{5j}(X_{5ij} - \bar{X}_{5\cdot\cdot}) + r_{ij}$ ， $r_{ij} \sim N(0, \sigma^2)$

Level 2：$\beta_{0j} = \gamma_{00} + u_{0j}$ ， $u_{0j} \sim N(0, \tau_{00})$

$$\beta_{1j} = \gamma_{10} + u_{1j} \quad , \quad u_{1j} \sim N(0, \tau_{11})$$
$$\beta_{2j} = \gamma_{20} + u_{2j} \quad , \quad u_{2j} \sim N(0, \tau_{22})$$
$$\beta_{3j} = \gamma_{30} + u_{3j} \quad , \quad u_{3j} \sim N(0, \tau_{33})$$
$$\beta_{4j} = \gamma_{40} + u_{4j} \quad , \quad u_{4j} \sim N(0, \tau_{44})$$
$$\beta_{5j} = \gamma_{50} + u_{5j} \quad , \quad u_{5j} \sim N(0, \tau_{55})$$

模型 5：以截距及斜率為結果的迴歸模型 (intercepts and slopes as outcomes)

Level 1：$Y_{ij} = \beta_{0j} + \beta_{1j}(X_{1ij} - \overline{X}_{1..}) + \beta_{2j}(X_{2ij} - \overline{X}_{2..}) + \beta_{3j}(X_{3ij} - \overline{X}_{3..}) + \beta_{4j}(X_{4ij} - \overline{X}_{4..})$
$\qquad\qquad + \beta_{5j}(X_{5ij} - \overline{X}_{5..}) + r_{ij} \quad , \quad r_{ij} \sim N(0, \sigma^2)$

Level 2：$\beta_{0j} = \gamma_{00} + \gamma_{01}(Z_{1j} - \overline{Z}_{1.}) + \gamma_{02}(Z_{2j} - \overline{Z}_{2.}) + \gamma_{03}(Z_{3j} - \overline{Z}_{3.}) + u_{0j}$
$\qquad\qquad \beta_{1j} = \gamma_{10} + \gamma_{11}(Z_{1j} - \overline{Z}_{1.}) + \gamma_{12}(Z_{2j} - \overline{Z}_{2.}) + \gamma_{13}(Z_{3j} - \overline{Z}_{3.}) + u_{1j}$
$\qquad\qquad \beta_{2j} = \gamma_{20} + \gamma_{21}(Z_{1j} - \overline{Z}_{1.}) + \gamma_{22}(Z_{2j} - \overline{Z}_{2.}) + \gamma_{23}(Z_{3j} - \overline{Z}_{3.}) + u_{2j}$
$\qquad\qquad \beta_{3j} = \gamma_{30} + \gamma_{31}(Z_{1j} - \overline{Z}_{1.}) + \gamma_{32}(Z_{2j} - \overline{Z}_{2.}) + \gamma_{33}(Z_{3j} - \overline{Z}_{3.}) + u_{3j}$
$\qquad\qquad \beta_{4j} = \gamma_{40} + \gamma_{41}(Z_{1j} - \overline{Z}_{1.}) + \gamma_{42}(Z_{2j} - \overline{Z}_{2.}) + \gamma_{43}(Z_{3j} - \overline{Z}_{3.}) + u_{4j}$
$\qquad\qquad \beta_{5j} = \gamma_{50} + \gamma_{51}(Z_{1j} - \overline{Z}_{1.}) + \gamma_{52}(Z_{2j} - \overline{Z}_{2.}) + \gamma_{53}(Z_{3j} - \overline{Z}_{3.}) + u_{5j}$

五、多層次模型設定

本章節將以臺灣住宅價格 (P_i) 為例 (童作君，2008)，見「圖 3-2 房價預測之多層次模型之研究架構」。由於住宅商品具有不可移動與異質特性，因此有別於一般商品；且其特徵亦具有空間性之特性，而對於傳統特徵價格方程式常產生相依性及異質性的影響。而影響住宅價格之區域特徵及建物特徵，也具有階層特性；另由於本樣本資料取得之程序，為分層比例抽樣，亦屬階層樣本取得之過程。因此，本例採用採用 HLM 來檢定研究假設 (hypothesis)，並分為個體層次 (individual level) 與總體層次 (group level) 階層，藉由個體層次階層可捕捉住宅建物特徵對住宅價格的影響，也就是所謂的組合效果 (compositional effects)；而藉由總體層次階層的設定，則可將地區的脈絡效果納入考量。

特徵價格函數型式上，並無先驗理論證明哪一種函數型式較好，而 Rosen (1974) 建議在特徵價格的運用上，應依資料的特性嘗試各種不同的函數型態，以找出與資料適配較佳之函數型式 (best fitting functional form) 來建立特徵價格模型。本例採以往住宅特徵價格研究常用的雙對數型式 (log-log form)(Janssen, Soderberg, & Zhou, 2001; Saderion, Smith & Smith, 1994) 如下式所示：

$$\ln P_i = a_0 + \sum a_i \ln Z_i + \varepsilon$$
$$\partial P / \partial Z_i = a_i$$

上式中，a_0 代表截距項。a_i 為特徵價格。Z_i 為可量化特徵值。ln() 為自然對數。ε 為誤差項。此函數表示自變數每變動 1% 時，引起依變數相對變動比率之百分比。

以下就研究假設來說明分析步驟及模型。

3-1-1 Step 1 設定 (模型 1)：零模型 (null model)

階層線性模型 HLM 是以層次分析方式來處理巢狀 (nested structure) 資料，並以隨機效果 (random effect) 來估計截距項以及斜率項。因此，本例以臺灣地區 23 個縣 (市) 地區之住宅調查統計資料作為分析樣本，實證結果顯示住宅建物特徵與價格的關係，會隨著縣 (市) 地區不同而有所差異，且區域特徵不僅對住宅價格有直接效果，亦會在住宅建物特徵與住宅價格間產生調節效果。最後，並與傳統迴歸模型分析結果作一比較，結果顯示：傳統迴歸模型由於忽略了住宅空間效果易造成係數標準誤的低估，造成顯著性考驗高估與型 I(Type I) 錯誤擴大的問題 (童作君，2008)。

住宅是一種高價格的耐久財，與其他商品特性最大之差異，在於其不可移動性。而由於住宅是附著於土地之上，其位置固定於某一鄰里、鄉鎮，而該鄰里、鄉鎮亦巢狀於某一區域或城市，此一現象顯示住宅建物特徵 (characteristics) 巢狀於 (nested structure) 於地區內。故住宅建物特徵是屬個體層次，地區 / 地段是屬群組層次。

形成空間異質性的主要原因是因為住宅所在的地理環境、空間區位這些屬性條件是不同的。Case and Mayer (1996) 亦指出住宅在空間上的位置 (location) 是獨一無二的，所以它的區域特徵是不可能被複製的。換言之，住宅建物特徵與價格的關係可能隨著區域的不同而有非固定的變異數 (non-constant variance)。但傳統的特徵價格模型往往將住宅特徵對住宅價格的影響視為固定不變或是靜態的關係，也就是假設住宅特徵對住宅價格為均質影響，而將誤差項假設成變異相等，這種假設無法確切反映住宅價格這種空間資料所具有的空間異質性的問題。

本例採用 HLM 來進行五個階層線性模型之步驟，包括：

模型 1：零模型。

模型 2：**結果變數平均值求出截距**的迴歸模型。

模型 3：具隨機效果的單因子共變數分析模型。

模型 4：隨機係數迴歸模型。

模型 5：以截距及斜率爲結果的迴歸模型。

一、零模型 (null model)：無任何解釋變數

零模型又稱無條件平均數模型 (unconditional means model)。在進行多層次模型分析前，應先檢視 Level-2 的分析單位在依變數上的變異是否具有組間異質性，俾利選擇適當的統計分析策略進行分析 (Singer & Willett, 2003)。因此，第一步先針對無條件平均數模型進行分析，評估組內變異 (within-group variability) 與組間變異 (between-group variability) 的情形，當零模型分析資料得 ICC > 12% 具有跨組高相關時，則巢狀的資料結構所帶來的影響必須納入估計 (Luke, 2004)。

無條件平均數模型無論就 Level-1 或 Level-2 都未納入任何解釋變數，其目的是對依變數的變異數進行拆解，並針對 Level-2 分析單位內的個體相依程度進行估計。估計結果亦可作爲嗣後比較參照之用。

在 HLM 的分析過程中，零模型分析具有以下目的，分別爲考驗各組之間是否有差異、估計總變異量中有多少變異是由組間的變異所造成、以及提供初步訊息，以做爲進一步分析其他模型時的比較參照之用，決定是否考慮以 HLM 或是一般的迴歸來分析 (Kreft & de Leeuw, 1998)。零模型又稱爲具隨機效果的單因子變異數分析模型 (one-way ANOVA with random effect)。即房價 Y 的預測都未納入群組層次解釋變數及個體層次解釋變數。其模型設定如下圖：

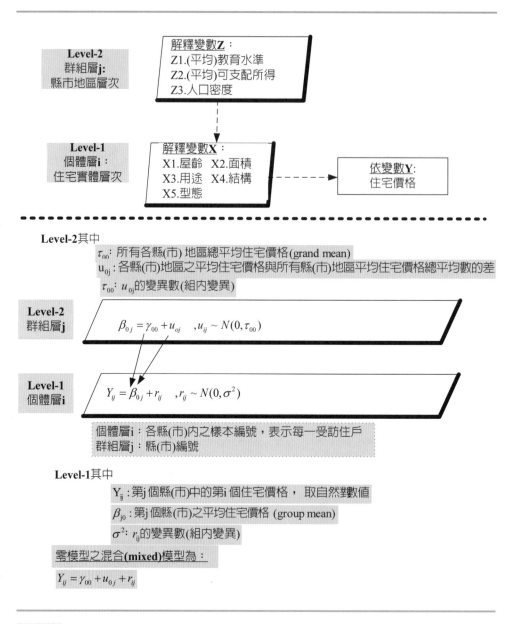

圖 3-3 零模型 (null model) 之示意圖

將 Level-2 公式代入 Level-1 公式，可得零模型之混合 (mixed) 模型如下：

$$Y_{ij} = \gamma_{00} + u_{0j} + r_{ij}$$

Level-1 公式不包括任何自變項的簡單迴歸。β_{0j} 在零模型中代表的是各縣

(市) 地區的平均住宅價格，分成「縣 (市) 地區平均住宅價格之總平均數」(γ_{00})
及「各縣 (市) 地區平均住宅定期價格與縣 (市) 地區平均住宅價格之總平均數
的差異」(u_{0j}) 兩部分。因此 u_{0j} 這個隨機變數包含了縣 (市) 地區之間平均住宅
價格差異的訊息。因為共有 23 個 ($j = 23$) 各縣 (市) 地區平均住宅價格與縣 (市)
地區平均住宅價格之總平均數的差異，所以混合模型實際上有 23 條方程式。當
Level-2 代入 Level-1 公式後，每個縣 (市) 地區皆有一條預測住宅價格的迴歸方
程式。

在此，我們可以將混合模型當成 ANOVA 模型，檢定各縣 (市) 地區的平均
住宅價格是否有所差異，也就是檢定「各個住宅價格與其所在縣 (市) 地區的
平均住宅價格的差異」(組內差異，γ_{ij}) 是否比「各縣 (市) 平均住宅價格與總樣
本平均住宅價格的差異」(組間差異，u_{0j}) 大。假如組間變異，也就是隨機部分
(random component) 檢定結果是顯著的，則表示縣 (市) 地區間的平均住宅價格
是不同的，因此必須考慮縣 (市) 地區間之差異；假如檢定結果不顯著的，則可
忽略縣 (市) 地區間之差異，表示我們只要將資料當成單一層級，也就是只要用
Level-1 式即可，這樣只有一條迴歸方程式。但假如各縣 (市) 地區之間平均住
宅價格是有所差異的，表示縣 (市) 地區之間平均住宅價格有所不同，因此需要
使用混合模型，讓各縣 (市) 地區有不同迴歸方程式。

此外，在零模型中，$Var\ (Y_{ij}) = Var\ (\mu_{0j} + \gamma_{ij}) = \tau_{0j} + \sigma^2$。若令 $\rho = \tau_{00}\ /\ (\tau_{00} + \sigma^2)$，則 ρ 稱為組內相關係數 (intraclass correlation coefficient, ICC) 或稱為集群效
果 (cluster effect)(Raudenbush & Bryk, 2002)。也代表著由於住宅價格間空間自我
相關 (autocorrelation) 的程度 (Skinner et al., 1989)。該係數可用來說明組間變異
占整體變異的比例，代表依變數的變異量可以被組間差異解釋的程度，用來呈
現依變數與組間的關 程度 (McGraw & Wong, 1996)。Kreft & de Leeuw(1998) 進
一步指出，若是 ρ 確實存在於樣本空間，則樣本間獨立性的假定 (assumption) 是
被違反的，因此不應該使用傳統的線性模型來估計參數。Roberts(2007) 實證結
果顯示，即使在零模形中 ρ 接近於 0，但由於特徵價格方程式 (含有解釋變數)
中的共變異數使得組內相關性依舊存在。

在本例中，「組內相關係數」(ρ) 即代表縣 (市) 地區之間影響住宅價格的
變異，占所有影響住宅價格的總變異有多少。但值得注意的是，只有具隨機效
果的單因子共變數分析模型、**結果變數平均值求出截距**的迴歸模型，以及單因
子 ANCOVA 等隨機截距模型 (random-intercept model) 才能計算「組內相關係
數」，因為在這些模型中，方可滿足：

$$Var\ (Y_{ij}) = Var\ (\mu_{0j} + \gamma_{ij}) = \tau_{0j} + \sigma^2$$

因此利用本模型可檢測：

1. 各縣 (市) 地區平均住宅價格之差異是否達到統計上的顯著水準。
2. 住宅價格的總變異中有多少的變異是由於縣 (市) 地區間的差異所造成的。

　　一旦確認平均住宅價格在各縣 (市) 地區之間是有所差異的，將可進一步討論哪些縣 (市) 區域特徵可解釋這些差異。

小結

　　零模型中，旨在求出 intraclass correlation coefficient (ICC)：ρ

Level-1 沒有任何解釋變數 X 時，其依變數為：

$$Y_{ij} = \beta_{0j} + e_{ij}$$

Level-2 沒有任何解釋變數 X 時，其依變數為：

$$\beta_{0j} = \gamma_{00} + u_{0j}$$

上面二個式子，可混合為一：

$$Y_{ij} = \gamma_{00} + u_{0j} + e_{ij}$$

上式變異數可分解成二個獨立部分：低層次之誤差 e_{ij} 的變異數 σ_e^2；高層次之誤差 u_{0j} 的變異數 σ_{u0}^2。那麼跨群組相關 (intraclass correlation) ρ 為：

由於本例 ICC，$\rho = \dfrac{\sigma_{u0}^2}{\sigma_{u0}^2 + e_e^2} = \dfrac{0.702}{0.702 + 1.22} = 36.52\%$，遠高 ICC 臨界值 12%，故本例應採 HLM，而捨棄 OLS 法 (Roberts, 2002)。

　　總之，ρ 為母群中，可被分群解釋變異的比例。即群組層次變異占全體變異的比例。

$$ICC = \frac{group\ (level\text{-}2)\ variance}{level\text{-}2\ variance + level\text{-}1\ variance}$$

3-1-2 Step 2 設定 (模型 2)：平均數為結果的迴歸模型 (means-as-outcomes regression)

當零模型顯示各群組的平均依變數，存在著顯著的異質性 (between-group heterogeneity) 時，此時則需要探討哪些 Level-2 的解釋變數可以解釋各群組在依變數平均數上的差異。

本例，解釋變數「Z1、Z2、Z3」的總平減，你可開啟「平減.sps」指令檔 (如下圖)，並鍵入下列指令，即可求得總平減之「Z1_c、Z2_c、Z3_c」新變數：

```
title " 平減 .sps".
* 界定 macro name：group_cvars.
define grand_cvars( vlist   = !charend('/')
                    /suffix = !cmdend )


compute one_temp = 1.
exe.

!do !vname !in (!vlist)
!let !nname = !concat(!vname, !suffix)
aggregate
 /outfile=* mode=addvariables overwrite = yes
 /break =one_temp
 /y_temp=mean(!vname).

compute !nname = !vname - y_temp.
exe.

!doend
delete variables y_temp one_temp.
!enddefine.

* 再將你總平減的 z1 z2 z3 變數，放入下列 .
grand_cvars vlist = z1 z2 z3
       /suffix = _c.
```

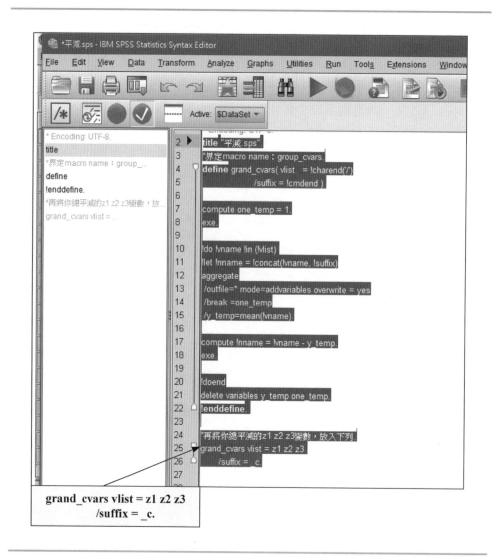

圖 3-4 巨集指令「grand_cvars」將變數「z1、z2、z3」總平減後存至「Z1_c、Z2_c、Z3_c」新變數

平均數為結果的迴歸模型，就是設定 Level-1 迴歸模型為零模型，蒐集到個體層次的自變數，全部都沒有當作解釋變數，然後將 Level-1 零模型的截距項 β_{0j} 作為 Level-2 迴歸模型的依變數，並且蒐集 Level-2 總體層次解釋變數 Z，來解釋 Level-1 模型截距項的 β_{0j} 差異。即房價預測只考量群組層次解釋變數 (無個體層次解釋變數)。此模型設定如下圖：

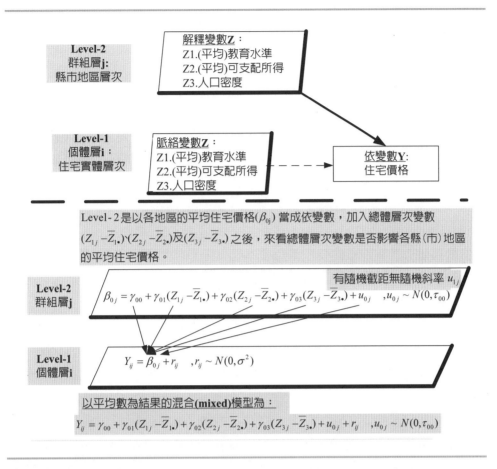

圖 3-5 結果變數平均值求出截距的迴歸模型之示意圖 (旨在求出截距 β_{0j} 值)

　　將 Level-2 式代入 Level-1 式 1 中，可得**結果變數平均值求出截距**的混合 (mixed) 模型如下：

$$Y_{ij} = \gamma_{00} + \gamma_{01}(Z_{1j} - \overline{Z}_{1\bullet}) + \gamma_{02}(Z_{2j} - \overline{Z}_{2\bullet}) + \gamma_{03}(Z_{3j} - \overline{Z}_{3\bullet}) + u_{0j} + r_{ij} , \ u_{0j} \sim N(0, \tau_{00})$$

其中

γ_{00}：所有縣 (市) 地區平均住宅價格之總平均數 (grand mean)

γ_{01}：總體層次變數「人口密度」對各縣 (市) 地區平均住宅價格的影響 (平均迴歸斜率)

γ_{02}：總體層次變數「教育水平」對各縣 (市) 地區平均住宅價格的影響 (平均迴歸斜率)

γ_{03}：總體層次變數「可支配所得」對各縣 (市) 地區平均住宅價格的影響 (平均迴歸斜率)

$Z_{1j} - \bar{Z}_{1.}$：平移至總平均的「人口密度」連續變數

$Z_{2j} - \bar{Z}_{2.}$：平移至總平均的「教育水平」連續變數

$Z_{3j} - \bar{Z}_{3.}$：平移至總平均的「可支配所得」連續變數

Level-2 公式是以各地區的平均住宅價格 (β_{0j}) 當成依變數，加入總體層次變數 $(Z_{1j} - \bar{Z}_{1.})$、$(Z_{2j} - \bar{Z}_{2.})$ 與 $(Z_{3j} - \bar{Z}_{3.})$ 之後，來看總體層次變數是否影響各縣 (市) 地區的平均住宅價格。

本例對於各解釋變數 Z 均採中心化 (centering) 處理。其目的如下 (Raudenbush & Bryk, 2002)：

1. 當解釋變數為 0 的數值時，截距項才有解釋上的意義，這時候的截距項可以解釋為當解釋變數為期望值時預測的依變數結果。

2. 可以減少解釋變數間多重共線性的問題。

這裡需要注意的是，以平均數為結果的迴歸模型的 u_{0j} 和 τ_{00} 的意義與零模型的 u_{0j} 和 τ_{00} 並不相同。在零模型中，隨機變數 $u_{0j} = \beta_{0j} - \gamma_{00}$，表示各縣 (市) 地區平均住宅價格相對於所有縣 (市) 地區平均住宅價格之總平均數的變異程度，一般稱作離差 (deviation)。這裡 $u_{0j} = \beta_{0j} - \gamma_{00} - \gamma_{01}(Z_{1j} - \bar{Z}_{1.}) - \gamma_{02}(Z_{2j} - \bar{Z}_{2.}) - \gamma_{03}(Z_{3j} - \bar{Z}_{3.})$ 表示的是控制總體層次變數後的殘差 (residual)。

在控制總體層次變數後，縣 (市) 地區平均住宅價格 β_{0j} 的條件變異數 (conditional variance)(Raudenbush and Bryk, 2002)，若 u_{0j} 達顯著水準，表示 β_{0j} 尚無法完全由總體層次變數所預測。在零模型中隨機變數 $u_{0j} = \beta_{0j} - \gamma_{00}$，此時以平均數為結果的迴歸模型與零模型之殘差變異數 (τ_{00}) 的差距，是因為加入總體層次變數後，所減少的殘差變異，因此可以視為總體層次變數在第二階層的解釋量。因此，利用本模型可檢測：

1. 各縣 (市) 地區的總體層次變數是否會影響該縣 (市) 地區的平均住宅價格。

2. 剔除總體層次變數所能解釋的變異量之後，各縣 (市) 地區之平均住宅價格是否仍有顯著差異。

3-1-3　Step 3 設定 (模型 3)：Level-1 具固定效果之隨機截距模型

一、固定效果 vs. 混合效果

　　OLS 將資料視爲同一層次資料分析，因此其截距項及斜率項並不受到高層變數之誤差影響，也就是僅以固定效果 (fixed effect) 來估計截距項及斜率項。HLM 則是把個體層次迴歸式中之截距項及斜率項當作總體層次之依變數，因此可考慮總體層次誤差項帶來之影響，並以隨機效果 (random effect) 估計個體層次之截距項及斜率項，檢視其殘差之變異數是否顯著，若爲顯著則表示個體層次 (下層) 之截距項及斜率項受總體層次 (上層) 變數之階層性影響。

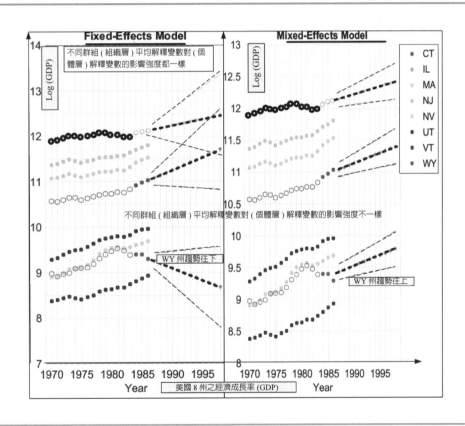

圖 3-6　固定效果模型 vs. 混合效果模型之差異比較圖

固定效果模型即「不同群組 (組織層) 平均解釋變數對 (個體層) 解釋變數的影響強度都一樣」；反之，謂之隨機效果。「混合效果 = 固定效果 + 隨機效果」。

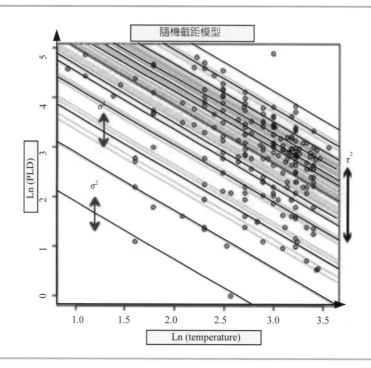

圖 3-7 Random Intercept 示意圖：溫度 (temperature) 對浮游幼蟲持續時間 (planktonic larval duration, PLD) 的影響 (**Intercepts as Outcomes**)

註：隨機截距模型 (**Intercepts as Outcomes**) 也是 SPSS 之 mixed、xtmixed、menl 等指令的內定估計法。

二、多層次模型之型態 (type) 可概分成三種

1. 隨機截距模型 (random intercepts model)

隨機截距模型就是允許各小組的截距是變動的，但斜率保持固定不動。因此，依變數在每個個體的預測值是來自不同群組的截距，且斜率保持固定不動的。

2. 隨機斜率模型 (Random slopes model)：**Intercepts as Outcomes**

隨機截距模型就是允許各小組的斜率是變動的，但截距保持固定不動。因此，依變數在每個個體的預測值是來自不同群組的斜率，且截距保持固定不動的。

3. 隨機截距且隨機斜率模型 (Random intercepts and slopes model)，又稱隨機係數模型：Slopes and Intercepts as Outcomes

此模型包含：隨機截距、隨機斜率模型兩者特性，雖然它是最複雜，但卻最真實 (realistic)。

假設七個小群組，以各群組分別用 OLS 來繪迴歸線，其原貌如下圖，可看出這七條迴歸線的截距及斜率，長相各不一樣。

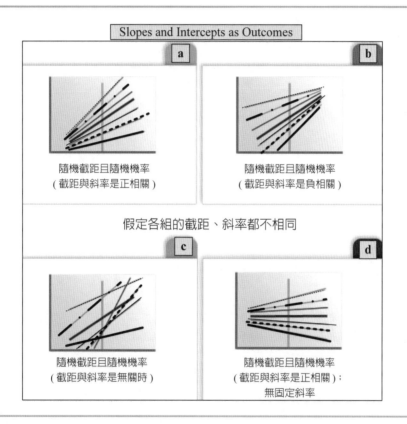

圖 3-8　四種隨機截距 vs. 隨機斜率之關係

註：隨機截距是 **Intercepts as Outcomes**
註：隨機斜率是 Slopes and Intercepts as Outcomes

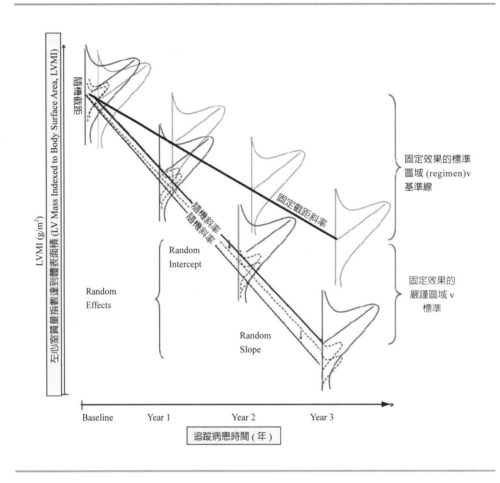

圖 3-9 固定效果 + 隨機截距 + 隨機斜率，三者關係圖

三、範例：雙層次之隨機截距模型

　　HLM 是把個體層次迴歸式中之截距項及斜率項當作總體層次之依變數，因此可考慮總體層次誤差項帶來之影響，並以隨機效果 (random effect) 估計個體層次之截距項及斜率項，檢視其殘差之變異數是否顯著，若為顯著則表示個體層次 (下層) 之截距項及斜率項受總體層次 (上層) 變數之階層性影響。

　　隨機截距模型是「納入個體層次解釋變數，惟將斜率視為固定係數」**(Intercepts as Outcomes)**，它以「平均數為結果的迴歸模型」為基礎，在個體層次模型中 X1、X2、X3 及 X4 等解釋變數，據以解釋同一群組內個體在依變數上的個別差異 (即組內變異)。值得注意的是，本例將所有 Level-1 解釋變數的

效果視為固定效果，亦即四個解釋變數對依變數的影響不會隨著小群組的不同而有所變化，換言之，即假定 N 個群組的個人層次解釋變數對依變數 Y 的影響關係是一致的。

Level-1 具固定效果之隨機截距模型 (random intercept with on fixed level-1 factor, non-random slope)，係假設個體層次變數 X 對住宅價格 Y 的影響是固定的，亦即要求具隨機效果的單因子共變數分析模型 所要求的斜率 (即個體層次變數 X 對住宅價格 Y 的影響) 符合同質性之假定 (assumption)，此時等同於傳統將 23 個縣 (市) 地區以 22 個虛擬變數代入的多元迴歸分析。即房價 Y 的預測只納入個體層次**解釋變數的平均數**(無群組層次解釋變數)。其模型設定如下圖。

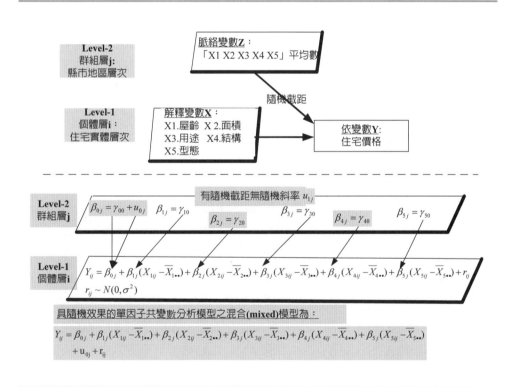

圖 3-10 7 Level-1 具固定效果之隨機截距模型之示意圖 (random intercept with on fixed level-1 factor, non-random slope)**(Intercepts as Outcomes)**

其中：

$X_{1ij} - \overline{X}_{1..}$：平移至總平均的「屋齡」連續變數。

$X_{2ij} - \overline{X}_{2..}$：平移至總平均的「面積」連續變數。

$X_{3ij} - \overline{X}_{3..}$：$X_{3i}$ 代表住宅結構為鋼筋 (骨) 混凝土造與住宅以其他材料比較 (如：加強磚造、磚造、木造、竹造、石造等等) 之虛擬變項，以其他材料所建造之住宅為參照點，所以 $X_{3ij} - \overline{X}_{3..}$ 表示住宅為鋼筋 (骨) 混凝土造的比例。

$X_{4ij} - \overline{X}_{4..}$：$X_{4i}$ 代表住宅型態為集合式住宅 (公寓或大廈) 與其他型態比較 (如傳統式農村住宅、獨棟式住宅、雙併式住宅) 之虛擬變項，以其他型態為參照點，所以 $X_{4ij} - \overline{X}_{4..}$ 表示住宅型態為集合式住宅 (公寓或大廈) 的比例。

$X_{5ij} - \overline{X}_{5..}$：$X_{5i}$ 代表住宅用途為住家專用與其他用途比較 (如：住家兼工業用、住家商業或服務業用等) 之虛擬變項，住宅作其他用途為參照點，所以 $X_{5ij} - \overline{X}_{5..}$ 表示住宅作住家專用的比例。

γ_{10}：各縣 (市) 地區「屋齡」變數平均迴歸斜率之平均數。

γ_{20}：各縣 (市) 地區「面積」變數平均迴歸斜率之平均數。

γ_{30}：鋼筋 (骨) 混凝土造與其他材料比較後，在各縣 (市) 地區平均住宅價格的差異。

γ_{40}：集合式住宅與其他型態比較後，在各縣 (市) 地區平均住宅價格的差異。

γ_{50}：住家專用與其他用途比較後，在各縣 (市) 地區平均住宅價格的差異。

混合模型中，是將來個體層次變數 (X_{ij}) 加以平移，以 $(X_{ij} - \overline{X}_{..})$ 作為新的個體層次解釋變數，並以個體層次變動當作是共變數。Level-1 式中，$Var (r_{ij}) = \sigma^2$，為控制個體層次變項 (X_{ij}) 之後的殘差變異。此一模型與傳統 ANCOVA 最大的不同在於本模型之 u_{0j} 是隨機效果而非固定效果。隨機效果 ANCOVA 與傳統固定效果 ANCOVA (classical fixed-effect ANCOVA) 皆有一重要基本假定，即「組內迴歸係數同質性假設」，也就是說個體層次變數對住宅價格的迴歸係數並不會隨著地區不同，而有所差異。

藉由具隨機效果的單因子共變數分析模型可檢測：將個體層次變數引進後，以控制或排除共變數對住宅價格的影響後，檢測各縣 (市) 平均住宅價格是否仍有差異。

3-1-4 Step 4 設定 (模型 4)：隨機係數 (random coefficients) 迴歸模型

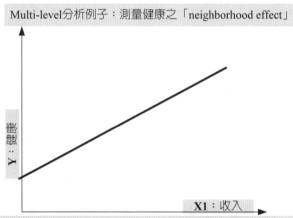

Multi-level分析例子：測量健康之「neighborhood effect」

Y：健康

X1：收入

Individuals (level I) nested within six neighborhoods (level II).
但Fixed intercept, Fixed slope Model：忽略Neighborhood Context

圖 3-11　Fixed intercept, Fixed slope Model 示意圖一 (各組的斜率及截距都是固定)

Multi-level Analysis: Example of measuring"class(各縣市) effect" of house_price status
Individuals (level I) nested within class(各縣市) (level II).

Random Intercepts, Fixed Slopes (Coefficients)

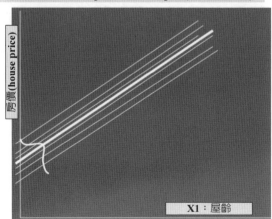

房價(house price)

X1：屋齡

圖 3-12　Random Intercepts, Fixed Slopes (Coefficients) 示意圖一 (Slopes and Intercepts as Outcomes)

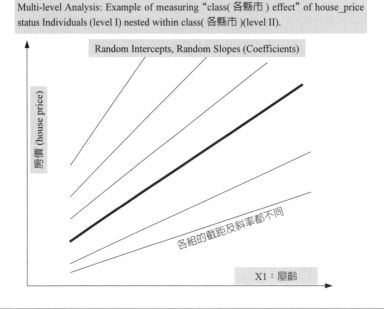

Multi-level Analysis: Example of measuring "class(各縣市) effect" of house_price status Individuals (level I) nested within class(各縣市)(level II).

圖 3-13 Random Intercepts, Random Slopes (Coefficients) 示意圖一 (Slopes and Intercepts as Outcomes)

　　本例假設階層線性模型只有兩層，Level-2 是零模型，也就是 Level-2 沒有解釋變數或是總體層次的變數，只有 Level-1 的迴歸模型存在個體層次的依變數與解釋變數。此一模型是傳統 ANCOVA 視為違反基本假定 (assmuption) 的無法分析模型，但是在 HLM 當中可以進行檢驗。即房價 Y 的預測只納入個體層次**解釋變數的平均數** (無群組層次解釋變數)。即房價 Y 的預測納入個體層次**解釋變數的平均數** (無群組層次**解釋變數**)。其模型設定如下圖：

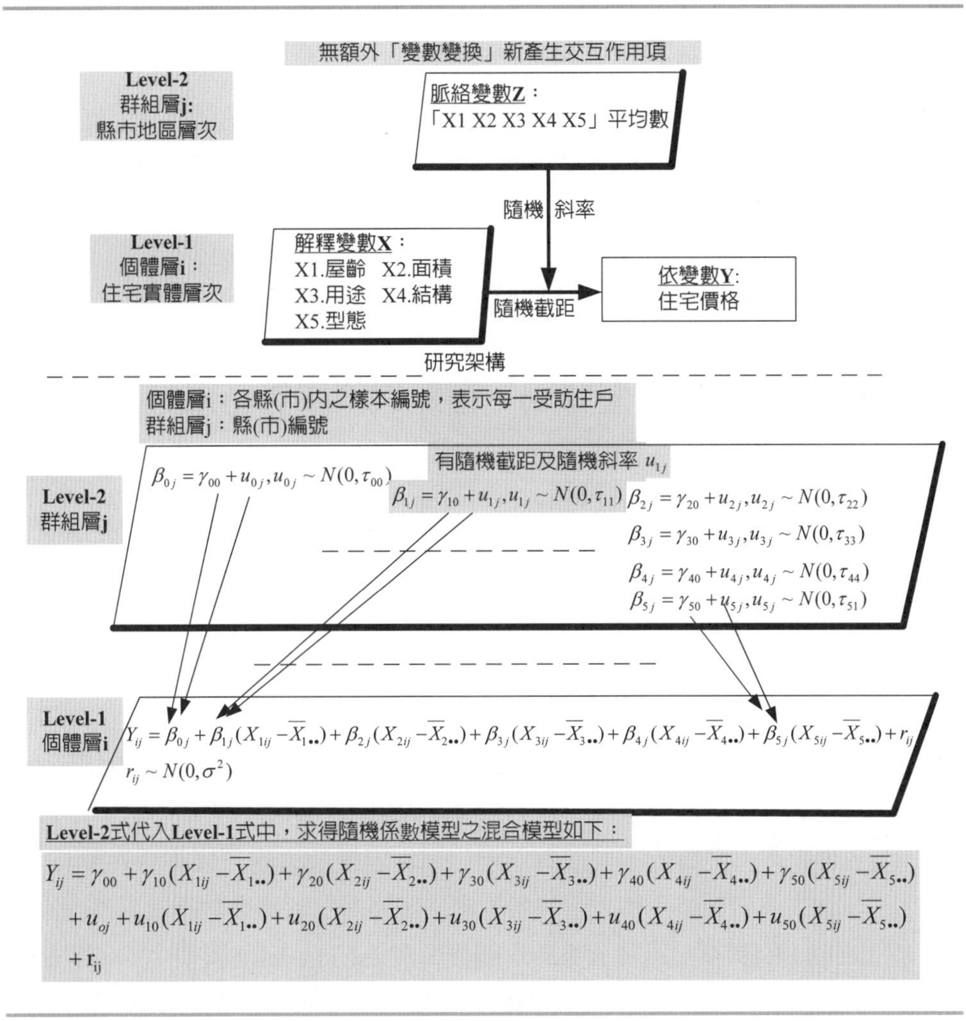

圖 3-14 隨機係數迴歸模型之示意圖 (五因子多層次模型)(Slopes and Intercepts as Outcomes)

因此，可以藉由檢測 $\mu_{ij,\ i=1\sim5}$ 是否達到統計上的顯著，藉此檢定在各縣 (市) 地區之間，個體層次變數對住宅價格的影響是否有所不同。假如個體層次變數在縣 (市) 地區之間對住宅價格的影響並無不同，本研究則剔除個體層次變數的 $\mu_{ij,\ i=1\sim5}$，將 $\mu_{ij,\ i=1\sim5}$ 視為固定效果，不估計隨機效果，而只要以 Level-1 公式為主，並重新分析此一模型。之後，以卡方檢定來驗證此步驟的兩個模型，檢定是否隨機效果是有效的。假如卡方檢定達到統計上的顯著水準，往後的分析模型仍要將這些隨機效果納入；反之卡方檢定未達統計上的顯著水準，則表示之

後的分析模型皆可以將 $\mu_{ij,\ i=1\sim5}$ 視為固定效果，不再估計此變項的隨機效果。藉由本模型可檢測：

(1) 23 個縣 (市) 地區所形成的 23 條迴歸方程式的平均截距 (各縣 (市) 地區之平均住宅價格) 以及平均斜率 (個體層次變數對住宅價格影響的平均值) 為多少。

(2) 上述 23 條迴歸方程式中，彼此的截距項 (各縣 (市) 地區平均住宅價格) 及斜率 (個體層次變數對住宅價格的影響) 是否有所差異。

3-1-5 Step 5 設定 (模型 5)：截距與斜率為結果的迴歸 (交互作用)

在一個階層結構 (hierarchical structure) 的環境下，個體與社會脈絡是會交互影響的，個體不僅會受到其所屬的社會團體或脈絡所影響，社會團體也會受到其組成份子所影響 (Maas & Hox, 2005)，且個體與所屬環境是不斷交互作用的。

隨機截距且隨機斜率模型 (slopes and intercepts as outcomes) 旨在檢驗「隨機斜率模型」中，納入的個體層次解釋變數的斜率是否為隨機係數，亦即探討個體層解釋變數們 (x1、x2、x3、x4) 對依變數 Y 的影響是否隨小群組的不同而變化。故在 Level-1 各解釋變數的效果為一常數項加上隨機效果項 (如 u_{1j}、u_{2j}、u_{3j}、u_{4j})，會隨著小群組的不同而有所變化。當隨機效果的非條件變異數 (τ_{11}、τ_{22}、τ_{33}、τ_{44}) 未達顯著時，則表示其所對應的個體層次解釋變數的效果為固定效果。當 Level-1 的斜率為隨機效果時，嗣後則需要在 Level-2 模型中納入脈絡變數以解釋其變異。由此可知，「**隨機截距且隨機斜率模型**」的分析結果將有助於最終模型參數之設定。

當「**隨機截距且隨機斜率模型**」的分析結果顯示，個體層次解釋變數具有隨機效果，亦即個人層次變數的斜率會隨著小群組的不同而變化時，此時便有需要在相對應的 Level-2 模型中納入解釋變數，進行跨層次交互作用 (cross-level interactions) 檢驗，據以探討脈絡變數對個人層次解釋變數的調節 (干擾) 效果。由於「**截距與斜率為結果的迴歸模型**」是否有估計的必要，以及「**截距與斜率為結果的迴歸模型**」的模型設定均須視「**隨機截距且隨機斜率模型**」的結果而定。

本例，模型 5：具交互作用之多層次模型，又稱「**截距與斜率為結果的迴歸模型**」。它是將各地區的個體層次變數係數當成依變數，而總體層次變數當成自變數代入，並且納入交互作用項。即納入房價 Y 的預測納入「群組層次**解釋**

變數 **Z** 的平均數)」及「個體層次變數 **X** 的平均數 × 群組層次變數 **Z** 的平均數)」交互作用項。其公式如下圖：

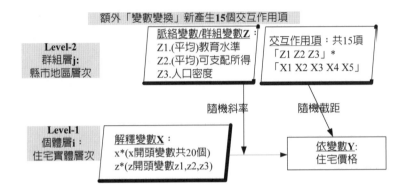

$$\beta_{0j} = \gamma_{00} + \gamma_{01}(Z_{1j} - \overline{Z}_{1\bullet}) + \gamma_{02}(Z_{2j} - \overline{Z}_{1\bullet}) + \gamma_{03}(Z_{3j} - \overline{Z}_{1\bullet}) + u_{0j}$$

$$\beta_{1j} = \gamma_{10} + \gamma_{11}(Z_{1j} - \overline{Z}_{1\bullet}) + \gamma_{12}(Z_{2j} - \overline{Z}_{1\bullet}) + \gamma_{13}(Z_{3j} - \overline{Z}_{1\bullet}) + u_{1j}$$

$$\beta_{2j} = \gamma_{20} + \gamma_{21}(Z_{1j} - \overline{Z}_{1\bullet}) + \gamma_{22}(Z_{2j} - \overline{Z}_{1\bullet}) + \gamma_{23}(Z_{3j} - \overline{Z}_{1\bullet}) + u_{2j}$$

$$\beta_{3j} = \gamma_{30} + \gamma_{31}(Z_{1j} - \overline{Z}_{1\bullet}) + \gamma_{32}(Z_{2j} - \overline{Z}_{1\bullet}) + \gamma_{33}(Z_{3j} - \overline{Z}_{1\bullet}) + u_{3j}$$

$$\beta_{4j} = \gamma_{40} + \gamma_{41}(Z_{1j} - \overline{Z}_{1\bullet}) + \gamma_{42}(Z_{2j} - \overline{Z}_{1\bullet}) + \gamma_{43}(Z_{3j} - \overline{Z}_{1\bullet}) + u_{4j}$$

$$\beta_{5j} = \gamma_{50} + \gamma_{51}(Z_{1j} - \overline{Z}_{1\bullet}) + \gamma_{52}(Z_{2j} - \overline{Z}_{1\bullet}) + \gamma_{53}(Z_{3j} - \overline{Z}_{1\bullet}) + u_{5j}$$

有隨機截距及隨機斜率 u_{1j}

Level-2 群組層 j

Level-1 個體層 i

$$Y_{ij} = \beta_{0j} + \beta_{1j}(X_{1ij} - \overline{X}_{1\bullet\bullet}) + \beta_{2j}(X_{2ij} - \overline{X}_{2\bullet\bullet}) + \beta_{3j}(X_{3ij} - \overline{X}_{3\bullet\bullet}) + \beta_{4j}(X_{4ij} - \overline{X}_{4\bullet\bullet}) + \beta_{5j}(X_{5ij} - \overline{X}_{5\bullet\bullet}) + r_{ij}$$

$$r_{ij} \text{ 符合} \sim N(0, \sigma^2)$$

Level-2 式代入 Level-1 式中，求得以截距及斜率為結果的混合模型如下：

$$Y_{ij} = \gamma_{00} + \gamma_{01}(Z_{1j} - \overline{Z}_{1\bullet}) + \gamma_{02}(Z_{2j} - \overline{Z}_{2\bullet}) + \gamma_{03}(Z_{3j} - \overline{Z}_{3\bullet})$$
$$+ \gamma_{10}(X_{1ij} - \overline{X}_{1\bullet\bullet}) + \gamma_{11}(Z_{1j} - \overline{Z}_{1\bullet})(X_{1ij} - \overline{X}_{1\bullet\bullet}) + \gamma_{12}(Z_{2j} - \overline{Z}_{2\bullet})(X_{1ij} - \overline{X}_{1\bullet\bullet}) + \gamma_{13}(Z_{3j} - \overline{Z}_{3\bullet})(X_{1ij} - \overline{X}_{1\bullet\bullet})$$
$$+ \gamma_{20}(X_{2ij} - \overline{X}_{2\bullet\bullet}) + \gamma_{21}(Z_{1j} - \overline{Z}_{1\bullet})(X_{2ij} - \overline{X}_{2\bullet\bullet}) + \gamma_{22}(Z_{2j} - \overline{Z}_{2\bullet})(X_{2ij} - \overline{X}_{2\bullet\bullet}) + \gamma_{23}(Z_{3j} - \overline{Z}_{3\bullet})(X_{2ij} - \overline{X}_{2\bullet\bullet})$$
$$+ \gamma_{30}(X_{3ij} - \overline{X}_{3\bullet\bullet}) + \gamma_{31}(Z_{1j} - \overline{Z}_{1\bullet})(X_{3ij} - \overline{X}_{3\bullet\bullet}) + \gamma_{32}(Z_{2j} - \overline{Z}_{2\bullet})(X_{3ij} - \overline{X}_{3\bullet\bullet}) + \gamma_{33}(Z_{3j} - \overline{Z}_{3\bullet})(X_{3ij} - \overline{X}_{3\bullet\bullet})$$
$$+ \gamma_{40}(X_{4ij} - \overline{X}_{4\bullet\bullet}) + \gamma_{41}(Z_{1j} - \overline{Z}_{1\bullet})(X_{4ij} - \overline{X}_{4\bullet\bullet}) + \gamma_{42}(Z_{2j} - \overline{Z}_{2\bullet})(X_{4ij} - \overline{X}_{4\bullet\bullet}) + \gamma_{43}(Z_{3j} - \overline{Z}_{3\bullet})(X_{4ij} - \overline{X}_{4\bullet\bullet})$$
$$+ \gamma_{50}(X_{5ij} - \overline{X}_{5\bullet\bullet}) + \gamma_{51}(Z_{1j} - \overline{Z}_{1\bullet})(X_{5ij} - \overline{X}_{5\bullet\bullet}) + \gamma_{52}(Z_{2j} - \overline{Z}_{2\bullet})(X_{5ij} - \overline{X}_{5\bullet\bullet}) + \gamma_{53}(Z_{3j} - \overline{Z}_{3\bullet})(X_{5ij} - \overline{X}_{5\bullet\bullet})$$

圖 3-15 交互作用之多層次模型之示意圖 (Slopes and Intercepts as Outcomes)

Level-2 式代入 Level-1 式中，求得以截距及斜率為結果的之混合模型如下：

$$
\begin{aligned}
Y_{ij} = {} & \gamma_{00} + \gamma_{01}(Z_{1j} - \overline{Z}_{1\bullet}) + \gamma_{02}(Z_{2j} - \overline{Z}_{2\bullet}) + \gamma_{03}(Z_{3j} - \overline{Z}_{3\bullet}) \\
& + \gamma_{10}(X_{1ij} - \overline{X}_{1\bullet\bullet}) + \gamma_{11}(Z_{1j} - \overline{Z}_{1\bullet})(X_{1ij} - \overline{X}_{1\bullet\bullet}) + \gamma_{12}(Z_{2j} - \overline{Z}_{2\bullet})(X_{1ij} - \overline{X}_{1\bullet\bullet}) \\
& + \gamma_{13}(Z_{3j} - \overline{Z}_{3\bullet})(X_{1ij} - \overline{X}_{1\bullet\bullet}) + \gamma_{20}(X_{2ij} - \overline{X}_{2\bullet\bullet}) + \gamma_{21}(Z_{1j} - \overline{Z}_{1\bullet})(X_{2ij} - \overline{X}_{2\bullet\bullet}) \\
& + \gamma_{22}(Z_{2j} - \overline{Z}_{2\bullet})(X_{2ij} - \overline{X}_{2\bullet\bullet}) + \gamma_{23}(Z_{3j} - \overline{Z}_{3\bullet})(X_{2ij} - \overline{X}_{2\bullet\bullet}) + \gamma_{30}(X_{3ij} - \overline{X}_{3\bullet\bullet}) \\
& + \gamma_{31}(Z_{1j} - \overline{Z}_{1\bullet})(X_{3ij} - \overline{X}_{3\bullet\bullet}) + \gamma_{32}(Z_{2j} - \overline{Z}_{2\bullet})(X_{3ij} - \overline{X}_{3\bullet\bullet}) + \gamma_{33}(Z_{3j} - \overline{Z}_{3\bullet})(X_{3ij} - \overline{X}_{3\bullet\bullet}) \\
& + \gamma_{40}(X_{4ij} - \overline{X}_{4\bullet\bullet}) + \gamma_{41}(Z_{1j} - \overline{Z}_{1\bullet})(X_{4ij} - \overline{X}_{4\bullet\bullet}) + \gamma_{42}(Z_{2j} - \overline{Z}_{2\bullet})(X_{4ij} - \overline{X}_{4\bullet\bullet}) \\
& + \gamma_{43}(Z_{3j} - \overline{Z}_{3\bullet})(X_{4ij} - \overline{X}_{4\bullet\bullet}) + \gamma_{50}(X_{5ij} - \overline{X}_{5\bullet\bullet}) + \gamma_{51}(Z_{1j} - \overline{Z}_{1\bullet})(X_{5ij} - \overline{X}_{5\bullet\bullet}) \\
& + \gamma_{52}(Z_{2j} - \overline{Z}_{2\bullet})(X_{5ij} - \overline{X}_{5\bullet\bullet}) + \gamma_{53}(Z_{3j} - \overline{Z}_{3\bullet})(X_{5ij} - \overline{X}_{5\bullet\bullet})
\end{aligned}
$$

補充：隨機效果之「變異數—共變數」V-C 結構

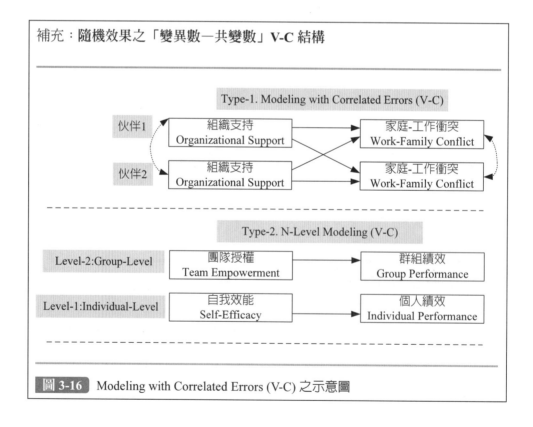

圖 3-16 Modeling with Correlated Errors (V-C) 之示意圖

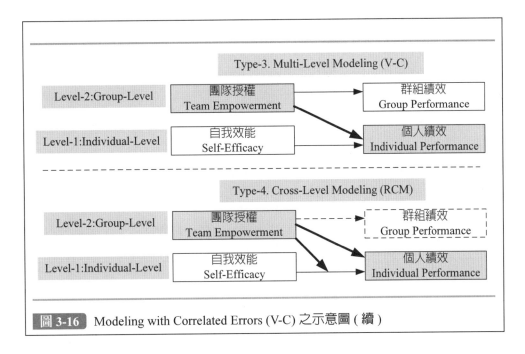

圖 3-16 Modeling with Correlated Errors (V-C) 之示意圖 (續)

　　有鑑於往昔研究者常以傳統迴歸分析方式，分別比較解釋變數的係數或是變異量來判斷，是縣 (市) 地區特徵對住宅價格的影響較大，或是住宅建物特徵對住宅價格的影響較大。但這樣的分析研究，往往忽略係數的顯著與否是跟一起納入分析的變數有關，也忽略區域特徵與住宅建物特徵可能有交互作用的效果存在。

　　本例模型改從區域特徵與住宅建物特徵的交互作用來探討其關係：

(1) 總體層次變數「人口密度」、「教育水平」與「可支配所得」是否可以有效地預測各縣 (市) 地區平均住宅價格？

(2) 總體層次變數「人口密度」、「教育水平」與「可支配所得」對各縣 (市) 地區迴歸斜率的影響為何？

(3) 總體層次變數「人口密度」、「教育水平」與「可支配所得」對於各縣 (市) 平均住宅價格及斜率的變異有多少的解釋程度？

一、多層次模型的參數估計

　　HLM 旨在將低層次迴歸式中的截距項及斜率項當作較高層次的依變數，考量較高層次的誤差項，以隨機效果來估計截距項及斜率項。本例是以受限最大概似估計 (restricted maximum likelihood , reml) 來估計較高層次迴歸模型的截距項與斜率項之貝氏估計值 (Bayes estimator)(Raudenbush & Bryk, 2002)。

　　以本例之零模型爲例，各縣 (市) 地區之平均住宅價格 (貝氏估計值) 是各縣 (市) 地區的平均住宅價格 (以 OLS 估計) 以及縣 (市) 地區平均住宅價格之總平均數之加權組合而成，如下式所示：

$$\hat{\beta}_{0j}^{EB} = \lambda_j \overline{Y}_{.j} + (1 - \lambda_j) \overline{Y}_{..} \tag{1}$$

其中：

$\hat{\beta}_{0j}^{EB}$：各縣 (市) 地區平均住宅價格之貝氏估計值 (Bayes estimator)

$\overline{Y}_{.j}$：$\hat{\beta}_{0j}^{EB}$ 代表以 OLS 所估計的各縣 (市) 地區平均住宅價格

$\overline{Y}_{..} = \dfrac{\sum \lambda_j \overline{Y}_{.j}}{\sum \lambda_j}$ 代表縣 (市) 地區平均住宅價格之總平均數

$$\lambda_j = \frac{\tau_{00}}{(\tau_{00} + v_j^2)}, \quad v_j^2 = \frac{\sigma^2}{n_j} \tag{2}$$

　　式 (2) 代表式 (1) 的權重 (weights)， 似精確度 (precision) 也就是所謂信度 (reliability) 的概念，它反映的就是一種縮動 (shrinkage) 特徵。由式 (1) 可知各縣 (市) 地區平均住宅價格之貝氏估計值$\hat{\beta}_{0j}^{EB}$，是以 OLS 所估計的各縣 (市) 地區平均住宅價格 $\overline{Y}_{.j}$ 與利用縣 (市) 地區平均住宅價格之總平均數加權組合而成。

Case 1：當縣 (市) 地區之組間差異越大，則越大並趨近於 1，則以 OLS 所估計的各縣 (市) 地區平均住宅價格 $\overline{Y}_{.j}$ 可信度越高，隨機截距項 $\hat{\beta}_{0j}^{EB}$ 貝氏估計值將會趨近於 $\overline{Y}_{.j}$。

Case 2：當縣 (市) 地區內住宅樣本變異程度 σ^2 增加，或各縣 (市) 地區之組間差異越小，則 $\hat{\beta}_{0j}^{EB}$ 就會往 $\overline{Y}_{..}$ 移動，這就是縮動的涵義。這個縮動的關鍵在於 λ_j，當 λ_j 越大，代表不是 n_j 越大就是 σ^2 越小，也就是表示各縣 (市) 地區所提供的資料精確度越高，則各縣 (市) 地區提供的資訊加權就越大的意思。

　　這也是在 HLM 中，允許各縣 (市) 地區的樣本數可以不相等，當 n_j 越小，則 λ_j 會很小，但透過由其他縣 (市) 地區相同的特徵 $\overline{Y}_{..}$，可以填補資料過少的資訊，這也是 Kreft & Leeuw(1998) 所談的借力 (borrowing strength)，這也是貝氏估計量的統計特徵。

　　所謂「借力」(borrowing strength) 在本例中，係指住宅樣本規模較小的縣 (市) 地區 (如雲林縣、嘉義縣) 其解釋變數的係數之估計，可借用所有縣 (市) 地區之總平均數的資料，而得到改進。

Chapter

04

多層次模型 (multi-level modeling)：SPSS 實作 (MIXED 指令)

【學習目標】

本章旨在用 SPSS 實作資料「popular2.sta」，並解說，混合模型分析的六步驟，進而求出下列答案：

(1) 單層 vs. 雙層模型誰優，理由 (證據) 為何？

(2) 隨機截距 vs.「隨機截距＋隨機斜率」vs. 隨機斜率，三者誰最優，理由 (證據) 為何？

(3) 雙層的模型中，level-1「單因子」vs.「雙因子」，誰優，理由 (證據) 為何？

(4) 雙層的模型中，level-1 與 level-2「無交互作用項」vs.「有交互作用項」，誰優，理由 (證據) 為何？

(5) 雙層的模型中，level-1 與 level-2 若「有交互作用項」，「無總平減」vs.「有總平減」，誰優，理由 (證據) 為何？

4-1 六步驟來挑選最佳多層次模型 (即 HLM)：用 IC 準則來判斷

多層次分析：Example of measuring "neighborhood effect" of health status Individuals (level I) nested within six neighborhoods (level II).

Health

健康Y

各組的截距及斜率都相同

X1：病患年齡

傳統OLS做法：固定 **intercept**，固定**slope**模型，但忽略**class**(地區)脈絡

圖 4-1 固定 intercept，固定 slope 模型之示意圖

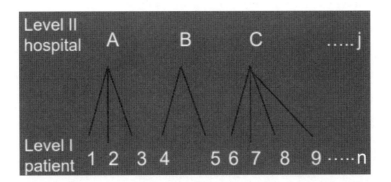

MLM概念：
範例：
    2-level case with a continuous outcome.
    Individuals nested within neighborhoods.
    J neighborhoods in total and the jth neighborhood has nj people.
    n_j do not have to be equal across neighborhoods.
Level I ("within") is individuals. Level II("between")is neighborhoods.

圖 4-1 固定 intercept，固定 slope 模型之示意圖 (續)

前言

歸納起來，常見多層次 (multilevel models) 之設定 / 建模有下列 6 步驟，這 6 種模型都有對應的 SPSS 指令，都會在本章節實作：

1 零模型 **(Intercept-only Model (Unconditional Model))**

    混合模型 (Mixed Model)   階層模型 (Hierarchicqal Model)

$$Popular_{ij} = \gamma_{00} + u_{0j} + e_{ij}$$

$$Popular_{ij} = \beta_{0j} + e_{1j}$$
$$\beta_{0j} = \gamma_{00} + u_{0j}$$

2 **Random Intercept with One Fixed Leval-1 Factor (Non-Random Slope)**

    混合模型 (Mixed Model)   階層模型 (Hierarchicqal Model)

$$Popular_{ij} = \gamma_{00} + \gamma_{10}Extrav_{ij} + u_{0j} + e_{ij}$$

$$Popular_{ij} = \beta_{0j} + \beta_{1j}Extrav_{ij} + e_{ij}$$
$$\beta_{0j} = \gamma_{00} + u_{0j}$$
$$\beta_{1j} = \gamma_{10}$$

3 | Random Intercept and Slope for One Level-1 Factor

混合模型 (Mixed Model)

$Popular_{ij} = \gamma_{00} + \gamma_{10}Extrav_{ij} + u_{1j}Extrav_{ij} + u_{0j} + e_{ij}$

階層模型 (Hierarchicqal Model)

$Popular_{ij} = \beta_{0j} + \beta_{1j}Extrav_{ij} + e_{ij}$

$\beta_{0j} = \gamma_{00} + u_{0j}$

$\beta_{1j} = \gamma_{10} + u_{1j}$

4 | Random Slope for Two Level-1 Factors

混合模型 (Mixed Model)

$Popular_{ij} = \gamma_{00} + \gamma_{10}Extrav_{ij} + \gamma_{20}Sex_{ij} + u_{1j}Extrav_{ij} + u_{2j}Sex_{ij} + u_{0j} + e_{ij}$

階層模型 (Hierarchicqal Model)

$Popular_{ij} = \beta_{0j} + \beta_{1j}Extrav_{ij} + \beta_{2j}Sex_{ij} + e_{ij}$

$\beta_{0j} = \gamma_{00} + u_{0j}$

$\beta_{1j} = \gamma_{10} + u_{1j}$

$\beta_{2j} = \gamma_{20} + u_{2j}$

5 | One Level-2 Factor and Two Random Level-1 Factors (No Interactions)

混合模型 (Mixed Model)

$Popular_{ij} = \gamma_{00} + \gamma_{01}Texp_j + \gamma_{10}Extrav_{ij} + \gamma_{20}Sex_{ij} + u_{1j}Extrav_{ij} + u_{2j}Sex_{ij} + u_{0j} + e_{ij}$

階層模型 (Hierarchicqal Model)

$Popular_{ij} = \beta_{0j} + \beta_{1j}Extrav_{ij} + \beta_{2j}Sex_{ij} + e_{ij}$

$\beta_{0j} = \gamma_{00} + \gamma_{01}Texp_j + u_{0j}$

$\beta_{1j} = \gamma_{10} + u_{1j}$

$\beta_{2j} = \gamma_{20} + u_{2j}$

6 | One Level-2 Factor and Two Random Level-1 Factors with Interaction

混合模型 (Mixed Model)

$Popular_{ij} = \gamma_{00} + \gamma_{01}Texp_j + \gamma_{10}Extrav_{ij} + \gamma_{20}Sex_{ij} + \gamma_{11}Texp_j * Extrav_{ij} + \gamma_{21}Texp_j * Sex_{ij} + u_{1j}Extrav_{ij} + u_{2j}Sex_{ij} + u_{0j} + e_{ij}$

階層模型 (Hierarchicqal Model)

$Popular_{ij} = \beta_{0j} + \beta_{1j}Extrav_{ij} + \beta_{2j}Sex_{ij} + e_{ij}$

$\beta_{0j} = \gamma_{00} + \gamma_{01}Texp_j + u_{0j}$

$\beta_{1j} = \gamma_{10} + \gamma_{11}Texp_j + u_{1j}$

$\beta_{2j} = \gamma_{20} + \gamma_{21}Texp_j + u_{2j}$

4-1-0 樣本資料檔

範例：mixed 指令

一、問題說明

考量「班級別」(class) 不同環境下，本例旨在證明：學生好人緣 (Y) 是否受到個體之個性外向、性別、教師年資的影響，而且個體因素與組織因素是否具有交互作？

研究者收集數據並整理成下表，此「popular2.sav」資料檔內容之變數如下：

變數名稱	說明	編碼 Codes/Values
依變數：popular	好人緣	0～9.5
分層變數：class	班級別	1～100 班
解釋變數：extrav	個體之個性外向	1～10 分
二元變數：sex	性別	0= 男，1= 女
解釋變數：texp	教師年資	2～25 年

二、資料檔之內容

「popular2.sav」資料檔內容內容如下圖。

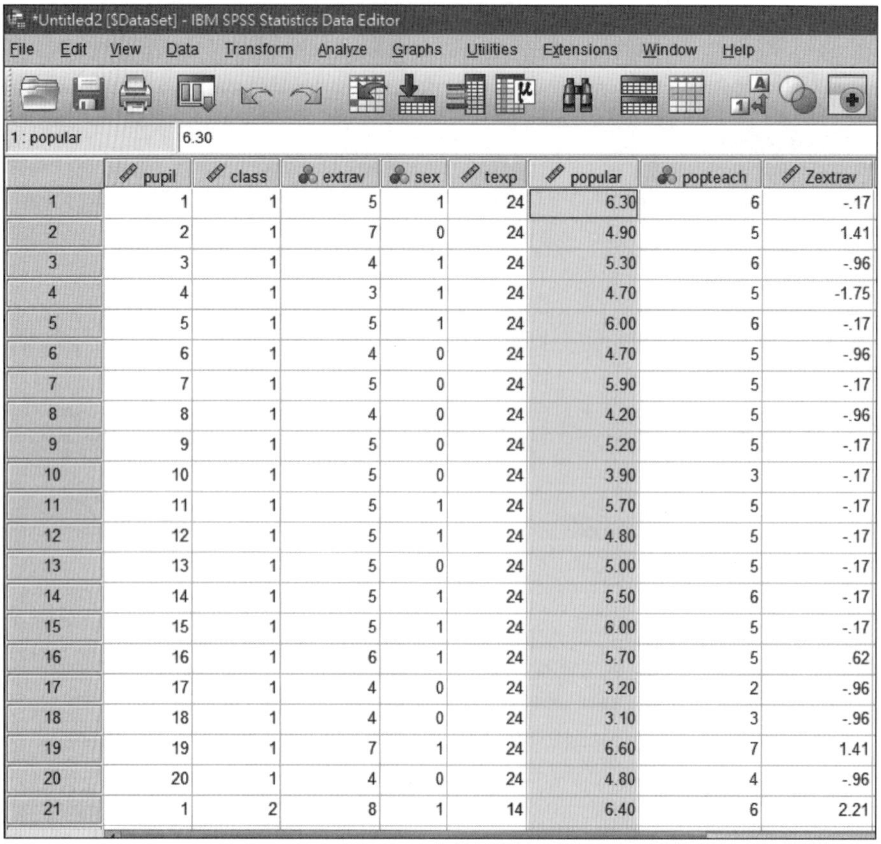

	pupil	class	extrav	sex	texp	popular	popteach	Zextrav
1	1	1	5	1	24	6.30	6	-.17
2	2	1	7	0	24	4.90	5	1.41
3	3	1	4	1	24	5.30	6	-.96
4	4	1	3	1	24	4.70	5	-1.75
5	5	1	5	1	24	6.00	6	-.17
6	6	1	4	0	24	4.70	5	-.96
7	7	1	5	0	24	5.90	5	-.17
8	8	1	4	0	24	4.20	5	-.96
9	9	1	5	0	24	5.20	5	-.17
10	10	1	5	0	24	3.90	3	-.17
11	11	1	5	1	24	5.70	5	-.17
12	12	1	5	1	24	4.80	5	-.17
13	13	1	5	0	24	5.00	5	-.17
14	14	1	5	1	24	5.50	6	-.17
15	15	1	5	1	24	6.00	5	-.17
16	16	1	6	1	24	5.70	5	.62
17	17	1	4	0	24	3.20	2	-.96
18	18	1	4	0	24	3.10	3	-.96
19	19	1	7	1	24	6.60	7	1.41
20	20	1	4	0	24	4.80	4	-.96
21	1	2	8	1	14	6.40	6	2.21

圖 4-2 「popular2.sav」資料檔內容 (N=2000 學生，群組 J= 100 班)

三、探索：多層迴歸線

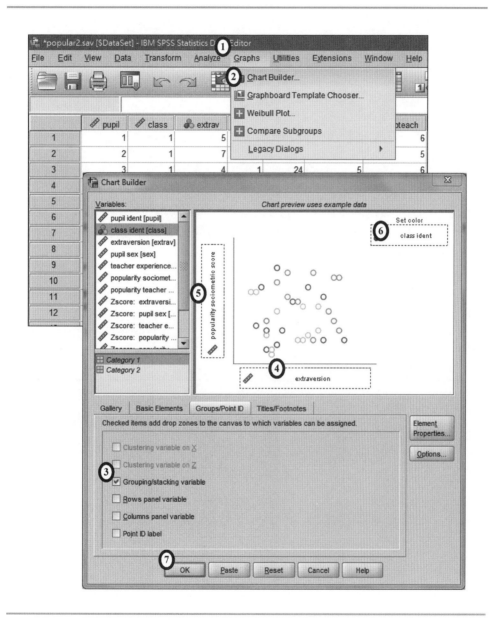

圖 4-3　多層迴歸線形圖之畫面

對應的指令語法：

```
title "多層迴歸之線形圖 .sps".
FORMATS extrav popular (F2.0).
GGRAPH
   /GRAPHDATASET NAME="graphdataset" VARIABLES=extrav popular
class[LEVEL=NOMINAL] MISSING=LISTWISE
    REPORTMISSING=NO
  /GRAPHSPEC SOURCE=INLINE.
BEGIN GPL
  SOURCE: s=userSource(id("graphdataset"))
  DATA: extrav=col(source(s), name("extrav"))
  DATA: popular=col(source(s), name("popular"))
  DATA: class=col(source(s), name("class"), unit.category())
  GUIDE: axis(dim(1), label("Extraversion"))
  GUIDE: axis(dim(2), label("Popularity Sociometric Score"))
  ELEMENT: point.jitter(position(extrav*popular), transparency.
exterior(transparency."0.7"), size(size."3"))
  ELEMENT: line(position(smooth.linear(extrav*popular)), split(class), transp
arency(transparency."0.7"))
END GPL.
```

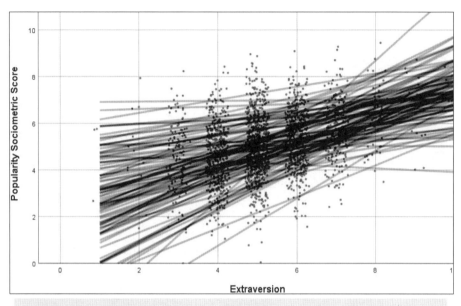

```
title "多層迴歸之線形圖.sps".
FORMATS extrav popular (F2.0).
GGRAPH
  /GRAPHDATASET NAME="graphdataset" VARIABLES=extrav popular class[LEVEL=NOMINAL] MISSING=LISTWISE
    REPORTMISSING=NO
  /GRAPHSPEC SOURCE=INLINE.
BEGIN GPL
  SOURCE: s=userSource(id("graphdataset"))
  DATA: extrav=col(source(s), name("extrav"))
  DATA: popular=col(source(s), name("popular"))
  DATA: class=col(source(s), name("class"), unit.category())
  GUIDE: axis(dim(1), label("Extraversion"))
  GUIDE: axis(dim(2), label("Popularity Sociometric Score"))
  ELEMENT: point.jitter(position(extrav*popular), transparency.exterior(transparency."0.7"), size(size."3"))
  ELEMENT: line(position(smooth.linear(extrav*popular)), split(class), transparency(transparency."0.7"))
END GPL.
```

圖 4-4 多層迴歸之線形圖

　　上圖可以看到，迴歸線的斜率主要是正的，截距大多在 0 到 6 之間。斜率通常是正值，並且 (我猜測) 在 0.25 左右。有幾個離群斜率，並且考慮到班級 (class) 規模差異不大 (大多數在 20 左右)，我們可能會深入挖掘這些離群點位置，以查看發生了什麼。一般來說，雖然有 100 classes，但它並不像有些違反常態那樣令我感到奇怪，而且具有不同截距和斜率的隨機效應模型似乎是合理的，以及斜率分布正常的假設。截距和斜率可能有輕微的負相關性，但並不像我想像的那樣，在這種情況下會有一系列限制。

　　接著，以下章節都用本例之樣本來進行多層次分析。

251

4-1-1 Step 1: 零模型 (intercept-only-model, unconditional model)

零模型又稱無條件平均數模型 (unconditional means model)。在進行多層次模型分析前，應先檢視 Level-2 的分析單位在依變數上的變異是否具有組間異質性，俾利選擇適當的統計分析策略進行分析 (Singer & Willett, 2003)。因此，第一步先針對無條件平均數模型進行分析，評估組內變異 (within-group variability) 與組間變異 (between-group variability) 的情形，當零模型分析資料得 ICC>12% 具有跨組高相關時，則巢狀的資料結構所帶來的影響必須納入估計 (Luke, 2004)。

$$ICC = \frac{group\ (level\text{-}2)\ variance}{level\text{-}2\ variance + level\text{-}1\ variance}$$

無條件平均數模型無論就 Level-1 或 Level-2 都未納入任何解釋變數，其目的是對依變數 Y 的變異數進行拆解，並針對 Level-2 分析單位內的個體相依程度進行估計。

若你在 SPSS「mixed Y *無解釋變數* || class: *無隨機斜率*」指令中，都無界定任何解釋變數 X 或 Z，且無界定「*無隨機斜率*」變數 ，則此雙層次模型即屬於零模型 (null model)。以結果變數之好人緣 (popular) 為例，其階層模型及混合模型如下圖：

定義：混合效果

　　　混合效果 = 固定效果 + 隨機效果

固定效果 (fixed effect) 是所有組中效果都相同 (which are the same in all groups)。

隨機效果 (random effect) 是各組之間的隨果呈現效果 (都不相同)(which vary across groups)。

在**混合**模型 (mixed models) 中，每個 levels 都很明確存在隨機和系統 (固定) 效果。

Step 1 Model 1：零模型 (intercept-only-model, unconditional model)

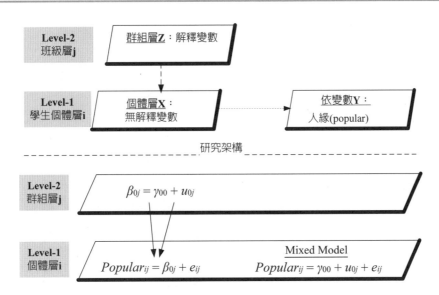

Intercept-only Model (Unconditional Model)

Mixed Model	Hierarchicqal Model
$Popular_{ij} = \gamma_{00} + u_{0j} + e_{ij}$	$Popular_{ij} = \beta_{0j} + e_{ij}$
	$\beta_{0j} = \gamma_{00} + u_{0j}$

SPSS指令：model-1.零模型(null model)，「/FIXED=」及「RANDOM=INTERCEPT」後無任何自變數.
MIXED popular
/FIXED=| SSTYPE(3)
/METHOD=REML
/PRINT=SOLUTION TESTCOV
/RANDOM=INTERCEPT | SUBJECT(class) COVTYPE(UN).

圖 4-5 Model 1：零模型 (intercept-only-model)

Mixed Model	Hierarchicqal Model
$Popular_{ij} = \gamma_{00} + u_{0j} + e_{ij}$	$Popular_{ij} = \beta_{0j} + e_{ij}$
	$\beta_{0j} = \gamma_{00} + u_{0j}$

Model 1：零模型 (null model)

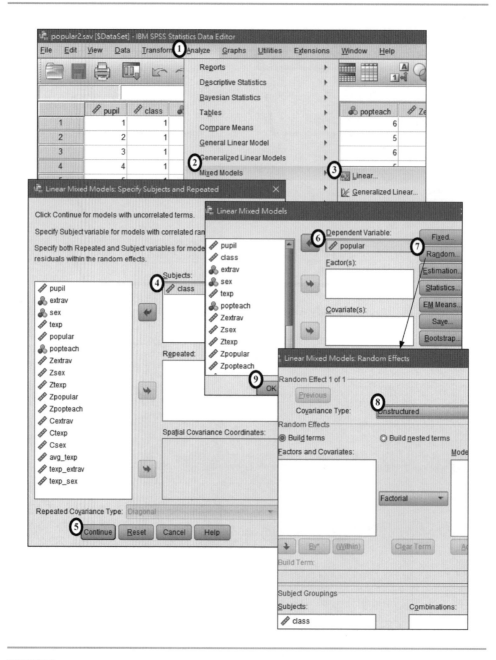

圖 4-6 「MIXED popular /FIXED= 無 /RANDOM=INTERCEPT 無 | SUBJECT(class) COVTYPE(UN)」畫面

對應的指令語法：

```
* model-1.零模型(null model)，「/FIXED=」及「RANDOM=INTERCEPT」後無任何自變數.
MIXED popular
   /FIXED= | SSTYPE(3)
   /METHOD=REML
   /PRINT=SOLUTION TESTCOV
   /RANDOM=INTERCEPT | SUBJECT(class) COVTYPE(UN).
```

新版 SPSS 指令：

```
MIXED popular
   /CRITERIA=CIN(95) MXITER(100) MXSTEP(10) SCORING(1) SINGULAR(0.000000000001)
HCONVERGE(0,
      ABSOLUTE) LCONVERGE(0, ABSOLUTE) PCONVERGE(0.000001, ABSOLUTE)
   /FIXED=| SSTYPE(3)
   /METHOD=REML.
```

【A. 分析結果說明】

<table>
<thead>
<tr><th colspan="5">Model Dimension[a]</th></tr>
<tr><th></th><th></th><th>Number of Levels</th><th>Covariance Structure</th><th>Number of Parameters</th><th>Subject Variables</th></tr>
</thead>
<tbody>
<tr><td>Fixed Effects</td><td>Intercept</td><td>1</td><td></td><td>1</td><td></td></tr>
<tr><td>Random Effects</td><td>Intercept</td><td>1</td><td>Identity</td><td>1</td><td>class</td></tr>
<tr><td>Residual</td><td></td><td></td><td></td><td>1</td><td></td></tr>
<tr><td>Total</td><td></td><td>2</td><td></td><td>3</td><td></td></tr>
</tbody>
</table>

a. Dependent Variable: 人緣 popularity sociometric score.

Information Criteria[a]	
-2 Restricted Log Likelihood	6330.510
Akaike's Information Criterion (AIC)	6334.510
Hurvich and Tsal's Criterion (AICC)	6334.516
Bozdogan's Criterion (CAIC)	6347.710
Schwarz's Bayesian Criterion (BIC)	6345.710

The information criteria are displayed in smaller-is-better form.

a. Dependent Variable: 人緣 popularity sociometric score.

Type III Tests of Fixed Effects[a]

Source	Numerator df	Denominator df	F	Sig.
Intercept	1	98.910	3375.934	.000

a. Dependent Variable: 人緣 popularity sociometric score.

Estimates of Fixed Effects[a]

Parameter	Estimate	Std. Error	df	t	Sig.	95% Confidence Interval	
						F	Sig.
Intercept	5.077860	.087394	98.910	58.103	.000	4.904448	5.251271

a. Dependent Variable: 人緣 popularity sociometric score.

Estimates of Covariance Parameters[a]

	Estimate	Std. Error	Wald Z	Sig	95% Confidence Interval	
					Lower Bound	Upper Bound
Residual	1.221793	.039641	30.821	.000	1.146517	1.302012
Intercept [subject = class]	.702105	.108620	6.464	.000	.518461	.950797

a. Dependent Variable: 人緣 popularity sociometric score.

結果與討論：

1. 模型一：無條件平均數模型 (零模型)

　　本例之 HLM 分析結果之摘要表如下：

Fixed Effects	Estimate	St. Error	z-stat	p-value
Intercept (γ_{00})	5.078	0.087	58.1	< 0.001

Variance Components	Estimate	St. Error		
Residual (e_{ij})	1.221	0.040		
Intercept (u_{0j})	0.702	0.109		

因為上面摘要表中，所有迴歸係數之顯著性檢定 (z 值) 都達顯著水準 (p < 0.05)，表示你界定的本模型獲得支持。

2. 無條件平均數模型之結果顯示，u_{0j} 的變異數估計值經考驗後達顯著水準 (Var(u_{0j}) = 0.702)，標準誤 SE = 0.109, p < 0.05)，顯示各校 (小群組) 學生 (個體) 的學習情緒 (依變數) 平均數是不同的。

3. Intraclass Correlation Coefficient (ICC)：ρ

Level-1 沒有任何解釋變數 X 時，其依變數為：

$$Y_{ij} = \beta_{0j} + e_{ij}$$

Level-2 沒有任何解釋變數 X 時，其依變數為：

$$\beta_{0j} = \gamma_{00} + u_{0j}$$

上面二個式子，可混合為一：

$$Y_{ij} = \gamma_{00} + u_{0j} + e_{ij}$$

上式變異數可分解成二個獨立部分：低層次之誤差 e_{ij} 的變異數 σ_e^2；高層次之誤差 u_{0j} 的變異數 σ_{u0}^2。那麼跨群組相關 (intraclass correlation) ρ 為：

本例，$\rho = \dfrac{\sigma_{u0}^2}{\sigma_{u0}^2 + e_e^2} = \dfrac{0.702}{0.702 + 1.221} = 36.52\%$，遠高 ICC 臨界值 12%，故本例應採 HLM，而捨棄單層次固定效果之 OLS 迴歸。

總之，ρ 為母群中，可被分群解釋變異的比例。即群組層次變異占全體變異的比例。本例 ICC = 36.52%，顯示個體在依變數的差異約有 36.52% 的變異是由小群組間 (校際) 間的差異所造成的。由於組內相關會使得模型估計時會產生較大的型 I 錯誤 (Raudenbush & Bryk, 2002; Singer, 1998)，顯示本研究所採用的實證資料需要以多層次模型進行分析。

4-1-2 Step 2: Level-1 單因子之隨機截距模型 (無隨機斜率 u_{1j})

一、多層次模型之型態 (type) 可概分成三種

1. 隨機截距模型 (random intercepts model): Intercepts as Outcomes

隨機截距模型就是允許各小組的截距是變動的，但斜率保持固定不動。因此，依變數在每個個體的預測值是來自不同群組的截距，且斜率保持固定不動的。

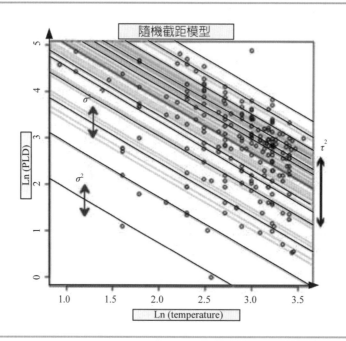

圖 4-7 Random Intercept 示意圖：溫度 (temperature) 對浮游幼蟲持續時間 (planktonic larval duration, PLD) 的影響 (**Intercepts as Outcomes**)

隨機截距模型 (random intercepts model) 是 SPSS 之 mixed、xtmixed、menl…等指令的內定估計法。

2. 隨機斜率模型 (Random slopes model): Slopes as Outcomes

隨機截距模型就是允許各小組的斜率是變動的，但截距保持固定不動。因此，依變數在每個個體的預測值是來自不同群組的斜率，且截距保持固定不動的。

3. 隨機截距且隨機斜率模型 (Random intercepts and slopes model)，又稱隨係數
模型：Slopes and Intercepts as Outcomes

此模型包含：隨機截距、隨機斜率模型兩者特性，雖然它是最複雜，但卻最眞實 (realistic)。

假設七個小群組，以各群組分別用 OLS 來繪迴歸線，其原貌如下圖，可看出這七條迴歸線的截距及斜率，長像各不一樣。

二、隨機截距 vs. 隨機斜率

$$y_{ijk} = \beta_0 + u_{i..} + u_{ij.} + e_{ijk}$$

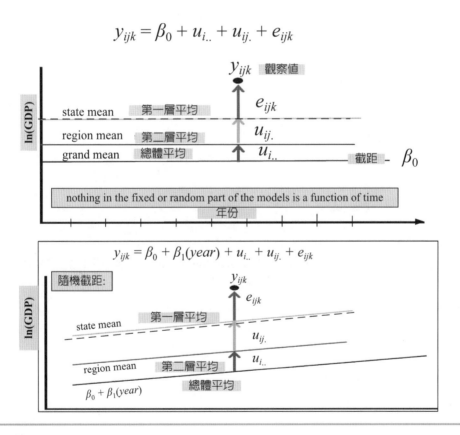

圖 **4-8** Random intercept model vs. Random slope models 示意圖 2 (存在 "**Random intercept models.do**" 指令檔)

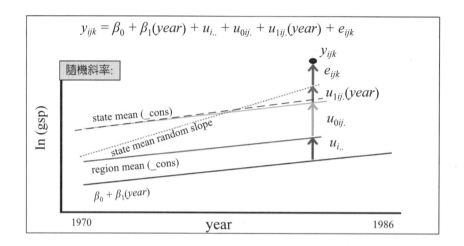

$$y_{ijk} = \beta_0 + \beta_1(year) + u_{i..} + u_{0ij.} + u_{1ij.}(year) + e_{ijk}$$

Sata指令mixed,內定為隨機截距:存在 "**Random intercept models.do**" 指令檔
. use http://www.stata-press.com/data/r12/productivity.dta
*隨機截距模型
. xtmixed gsp year, || region: || state:
*或 . mixed gsp year, || region: || stat:
*隨機斜率模型
* year先中心化
. gen cyear = year - 1978
. xtmixed gsp cyear, || region: || state: cyear, variance cov(un) reml

圖 4-8 Random intercept model vs. Random slope models 示意圖 2（存在 "**Random intercept models.do**" 指令檔）(續)

註：Random intercept model 是 **Intercepts as Outcomes**
註：Random slope models 是 Slopes as Outcomes

三、本例：隨機截距模型 (Intercepts as Outcomes)

HLM 是把個體層級迴歸式中之截距項及斜率項當作總體層級之依變數，因此可考慮總體層級誤差項帶來之影響，並以隨機效果 (random effect) 估計個體層級之截距項及斜率項，檢視其殘差之變異數是否顯著，若為顯著則表示個體層級 (下層) 之截距項及斜率項受總體層級 (上層) 變數之階層性影響。

本模型是「納入個體層次解釋變數，惟將斜率視為固定係數」，它以「平均數為結果的迴歸模型」為基礎，在個體層次模型中 X1、X2、X3 及 X4 等解

釋變數，據以解釋同一群組內個體在依變數上的個別差異 (即組內變異)。值得注意的是，本將所有 Level-1 解釋變數的效果視為隨機截距，亦即四個解釋變數對依變數的影響不會隨著小群組的不同而有所變化，換言之，即假定 N 個群組的個人層次解釋變數對依變數 Y 的影響關係是一致的。

若你在 SPSS「mixed Y X || class: 無隨機斜率之變數」指令中，只有界定一個解釋變數 X，且無隨機斜率之變數 (即 Level-2：無斜率項來預測)，則此雙層次模型即屬於單因子隨機截距模型。以結果變數之好人緣 (popular) 為例，其階層模型及混合模型如下圖：

Step 2   Model 2: 隨機截距模型 (random intercept with on fixed Level-1 factor (non-random slope))

傳統，OLS 所採用的迴歸式即為固定截距、固定斜率模型，如下圖：

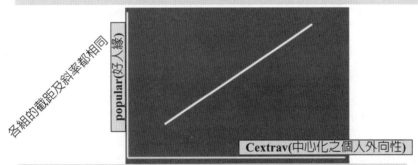

圖 4-9   Fixed intercept, Fixed slope Model 示意圖二 (傳統單層次之 OLS 法就屬此種模型)

本例，你若模型界定為**隨機截距模型**，其「**Intercepts as Outcomes**」如下圖：

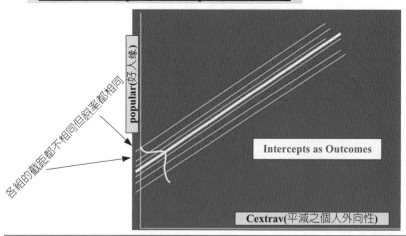

Multi-level Analysis: Example of measuring"class(班級) effect" of popular(好人緣) status
Individuals (level I) nested within class(班級) (level II).

Random Intercepts, Fixed Slopes (Coefficients)

```
* SPSS指令:model-2.隨機截距(固定斜率).
GET FILE='D:\CD\popular2.sav'.

*descriptives指令先求全體平均數，compute指令再求離均差(即Xij-mean)並存至C開頭變數.
descriptives variables=sex extrav
 /statistics=mean.
compute Csex=sex-0.51.
compute Cextrav=extrav-5.21.
 execute.

*班級別：class變數。行2「/FIXED=INTERCEP」界定為level-1的隨機截距.
*第5行,「RANDOM=INTERCEPT」後無變數,即level-2無隨機斜率.
MIXED popular WITH Cextrav
 /FIXED=INTERCEPT Cextrav | SSTYPE(3)
 /METHOD=REML
 /PRINT=SOLUTION TESTCOV
 /RANDOM=INTERCEPT | SUBJECT(class) COVTYPE(UN).
```

圖 4-10　Random Intercepts, Fixed Slopes (Coefficients) 示意圖二 **(Intercepts as Outcomes)**

註：上式，班級別：class 變數。行 2「/FIXED=INTERCEP」。界定為 level-1 的隨機截距。
　　第 5 行。「RANDOM=INTERCEPT」後無變數，即 level-2 無隨機斜率。

　　本例，你若模型界定為**隨機截距及隨機斜率**模型，其「Slopes and Intercepts as Outcomes」如下圖：

Multi-level Analysis: Example of measuring "class(班級) effect" of popular(好人緣) status
Individuals (level I) nested within class(班級) (level II).

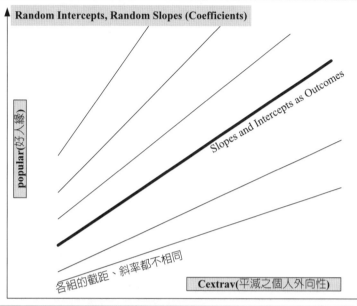

Random Intercepts, Random Slopes (Coefficients)

popular(好人緣)

Slopes and Intercepts as Outcomes

各組的截距、斜率都不相同

Cextrav(平減之個人外向性)

```
* SPSS指令:model-3.隨機截距且隨機斜率模型.
GET FILE='D:\CD\popular2.sav'.

*descriptives指令先求全體平均數，compute指令再求離均差(即Xij-mean)並存至C開頭變數.
descriptives variables=sex extrav
   /statistics=mean.
compute Csex=sex-0.51.
compute Cextrav=extrav-5.21.
 execute.

*行2「/FIXED=INTERCEP」接Cextrav，界定為level-1的隨機截距.
*第5行,「RANDOM=INTERCEPT」接Cextrav變數，即level-2有隨機斜率.
MIXED popular WITH Cextrav
 /FIXED=INTERCEPT Cextrav | SSTYPE(3)
 /METHOD=REML
 /PRINT=SOLUTION TESTCOV
 /RANDOM=INTERCEPT Cextrav | SUBJECT(class) COVTYPE(UN).
```

圖 4-11　Random Intercepts, Random Slopes (Coefficients) 示意圖二 (Slopes and Intercepts as Outcomes)

註：上式，行 2「/FIXED=INTERCEP」接 Cextrav，界定為 level-1 的隨機截距。
　　第 5 行，「RANDOM=INTERCEPT」接 Cextrav 變數，即 level-2 有隨機斜率。

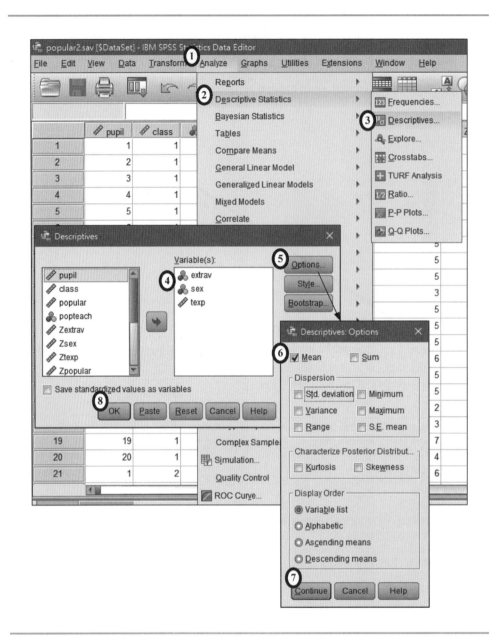

圖 4-12 離均差「總平減」(centering)Step1：「descriptives variables=extrav sex texp/statistics=mean.」指令之畫面

敘述統計		
	N	平均值
個性外向 extraversion	2000	5.21
性別 pupil sex	2000	.51
教師教學年資 teacher experience in years	2000	14.26
有效的 N (listwise)	2000	

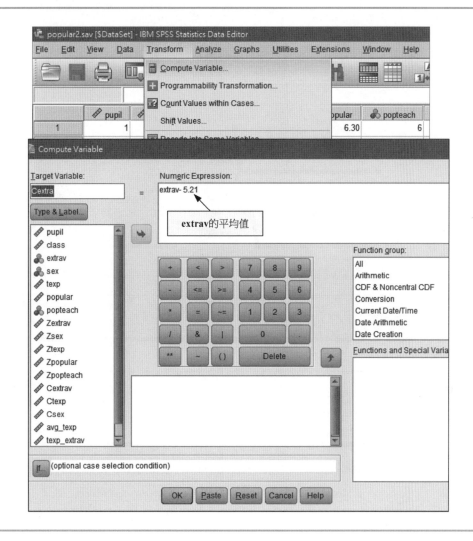

圖 4-13 離均差「總平減」(centering)Step2：「compute Cextra=extrav- 5.21」指令之畫面

對應的指令語法：

```
GET FILE='D:\CD\popular2.sav'.

*descriptives 求全體平均數 ,compute 再求離均差 ( 即 X-mean) 並存至 C 開頭變數 .
* 總平減：指令如下 .
descriptives variables=extrav sex texp
    /statistics=mean.
compute Cextra=extrav- 5.21.
compute Csex = sex - 0.51.
compute Ctexp = texp - 14.26.
execute.
```

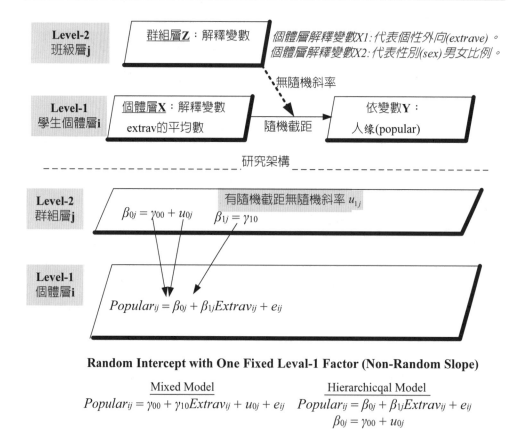

Random Intercept with One Fixed Leval-1 Factor (Non-Random Slope)

Mixed Model	Hierarchicqal Model
$Popular_{ij} = \gamma_{00} + \gamma_{10}Extrav_{ij} + u_{0j} + e_{ij}$	$Popular_{ij} = \beta_{0j} + \beta_{1j}Extrav_{ij} + e_{ij}$
	$\beta_{0j} = \gamma_{00} + u_{0j}$
	$\beta_{1j} = \gamma_{10}$

圖 4-14 Model 2:Random Intercept with on Fixed Level-1 Factor(Non-Random Slope)
(Intercepts as Outcomes)

```
* SPSS指令:model-2.隨機截距(固定斜率).
GET FILE='D:\CD\popular2.sav'.

*descriptives指令先求全體平均數，compute指令再求離均差(即Xij-mean)並存至C開頭變數.
descriptives variables=sex extrav
 /statistics=mean.
compute Csex=sex-0.51.
compute Cextrav=extrav-5.21.
 execute.

*班級別：class變數。行2「/FIXED=INTERCEP」，界定為level-1的隨機截距.
*第5行,「RANDOM=INTERCEPT」後無變數,即level-2無隨機斜率.
MIXED popular WITH Cextrav
 /FIXED=INTERCEPT Cextrav | SSTYPE(3)
 /METHOD=REML
 /PRINT=SOLUTION TESTCOV
 /RANDOM=INTERCEPT | SUBJECT(class) COVTYPE(UN).
```

圖 4-14　Model 2:Random Intercept with on Fixed Level-1 Factor(Non-Random Slope)
(Intercepts as Outcomes)(續)

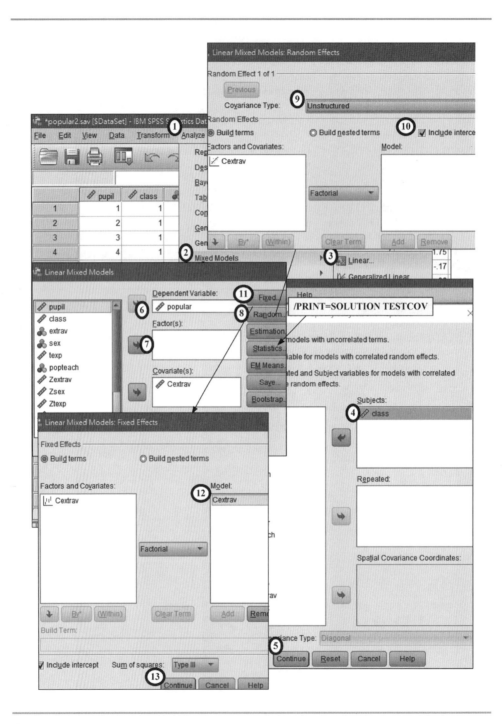

圖 4-15 「**MIXED popular WITH Cextrav/FIXED=INTERCEPT Cextrav/
RANDOM=INTERCEPT | SUBJECT(class) COVTYPE(UN)**」畫面 (Intercepts
as Outcomes)

對應的指令：

```
* 班級別：class 變數。行 2「/FIXED=INTERCEP」，界定為 level-1 的隨機截距.
* 第 5 行，「RANDOM=INTERCEPT」後無變數，即 level-2 無隨機斜率.
MIXED popular WITH Cextrav
 /FIXED=INTERCEPT Cextrav | SSTYPE(3)
 /METHOD=REML
 /PRINT=SOLUTION TESTCOV
 /RANDOM=INTERCEPT | SUBJECT(class) COVTYPE(UN).
```

註：「COVTYPE(UN)」宣告隨機效果之「變異數—共變數」V-C 結構為 unstructure.

新版 SPSS 指令：

```
MIXED popular WITH Cextrav
 /CRITERIA=CIN(95) MXITER(100) MXSTEP(10) SCORING(1) SINGULAR(0.000000000001)
HCONVERGE(0,
    ABSOLUTE) LCONVERGE(0, ABSOLUTE) PCONVERGE(0.000001, ABSOLUTE)
 /FIXED=Cextrav | SSTYPE(3)
 /METHOD=REML
 /PRINT=SOLUTION TESTCOV
 /RANDOM=INTERCEPT | SUBJECT(class) COVTYPE(UN).
```

Model 2：Level-1 單因子之隨機截距模型之指令及結果

【A. 分析結果說明】

Model Dimension[a]		Number of Levels	Covariance Structure	Number of Parameters	Subject Variables
Fixed Effects	Intercept	1		1	
	Cextrav	1		1	
Random Effects	Intercept	1	Identity	1	class
Residual				1	
Total		3		4	
a. Dependent Variable: 人緣 popularity sociometric score .					

Information Criteria[a]

-2 Restricted Log Likelihood	5832.639
Akaike's Information Criterion (AIC)	5836.639
Hurvich and Tsal's Criterion (AICC)	5836.645
Bozdogan's Criterion (CAIC)	5849.838
Schwarz's Bayesian Criterion (BIC)	5847.838

The information criteria are displayed in smaller-is-better form.

a. Dependent Variable: 人緣 popularity sociometric score.

Type III Tests of Fixed Effects[a]

Source	Numerator df	Denominator df	F	Sig.
Intercept	1	98.299	2905.652	.000
Cextrav	1	1965.227	582.297	.000

a. Dependent Variable: 人緣 popularity sociometric score .

Estimates of Fixed Effects[a]

Parameter	Estimate	Std. Error	df	t	Sig.	95% Confidence Interval	
						F	Sig.
Intercept	5.078238	.094209	98.299	53.904	.000	4.891291	5.265185
Cextrav	.486309	.020153	1965.227	24.131	.000	.446785	.525832

a. Dependent Variable: 人緣 popularity sociometric score.

Estimates of Covariance Parameters[a]

	Estimate	Std. Error	Wald Z	Sig	95% Confidence Interval	
					Lower Bound	Upper Bound
Residual	.930385	.030199	30.809	.000	.873040	1.302012
Intercept [subject = claas] Variance	.840551	.126605	6.639	.000	.625684	.950797

a. Dependent Variable: 人緣 popularity sociometric score.

<table>
<tr><th colspan="7">Estimates of Covariance Parameters[a]</th></tr>
<tr><th rowspan="2"></th><th rowspan="2">Estimate</th><th rowspan="2">Std. Error</th><th rowspan="2">Wald Z</th><th rowspan="2">Sig</th><th colspan="2">95% Confidence Interval</th></tr>
<tr><th>Lower Bound</th><th>Upper Bound</th></tr>
<tr><td>Residual</td><td>.930385</td><td>.030199</td><td>30.809</td><td>.000</td><td>.873040</td><td>.991497</td></tr>
<tr><td>Intercept [subject = claas]   Variance</td><td>.840551</td><td>.126605</td><td>6.639</td><td>.000</td><td>.625684</td><td>1.129206</td></tr>
<tr><td colspan="7">a. Dependent Variable: 人緣 popularity sociometric score.</td></tr>
</table>

1. 零模型結果顯示各小群組 (各校) 在依變數 (好人緣) 的平均數上具有組間異質性 (between-group heterogeneity)(τ_{00} 顯著地異於 0)，為釐清造成依變數在各小群組間差異的原因，因此本例在**隨機截距模型**的 Level-2 中納入 1 個總平減之解釋變數 (外向個性 Cextrav)。結果顯示，$\gamma_{10} = 0.486$ (p<0.05)，表示假設各小群組的截距都不同時，**Level-1 解釋變數** (外向個性 Cextrav) 係可顯著預測依變數 y(好心緣)。

   本例，**隨機截距模型** (Intercepts as Outcomes)，分析結果之 HLM 摘要表如下：

Fixed Effects	Estimate	St. Error	z-stat	p-value
Intercept (γ_{00})	5.078	0.094	53.9	< 0.001
Extraversion (γ_{10})	0.486	0.020	24.1	< 0.001

Variance Components	Estimate	St. Error
Residual (e_{ij})	0.930	0.030
Intercept (u_{0j})	0.841	0.127

   因為上面摘要表中，所有迴歸係數之顯著性檢定 (z 值) 都達顯著水準 (p<0.05)，表示你界定的本模型獲得支持。

2. 本模型，**隨機截距模型**，Level-2 代入 Level-1 之混合模型 (mixed model) 之迴歸式為：

$$popular_{ij} = \gamma_{00} + \gamma_{10}extrav_{ij} + u_{0j} + e_{ij}$$
$$popular_{ij} = 5.078 + 0.486extrav_{ij} + 0.841 + 0.930$$

3. 本模型 Level-2 組合 Level-1 之階層模型 (hierarchical model) 之迴歸式爲：

$$popular_{ij} = \beta_{0j} + \beta_{1j}extrav_{ij} + e_{ij}$$
$$\beta_{0j} = \gamma_{00} + u_{0j}$$
$$\beta_{1j} = \gamma_{10} + u_{1j}$$

4. 上式混合模型，還原離均差 (中心化，centering) 之後，原始混合模型爲：

$$popular_{ij} = \gamma_{00} + \gamma_{10}(X1_{ij} - \overline{X1}) + u_{0j} + e_{ij}$$
$$popular_{ij} = 5.078 + 0.486(X1_{ij} - \overline{X1}) + 0.841 + 0.930$$

其中，個體層解釋變數 X1 代表好人緣 (popular)。

5. 「Level-1 單因子之隨機截距模型」適配好壞之 AIC 指標 = 5836.639，比「零模型」AIC 指標 6334.510 小，表示「Level-1 單因子之隨機截距模型」比較優。

4-1-3 Step 3: Level-1 單因子之隨機截距且隨機斜率模型 (slopes and intercepts as outcomes)

「隨機截距且隨機斜率模型」旨在檢驗「隨機斜率模型」中，納入的個體層次解釋變數的斜率是否爲隨機係數，亦即探討個體層解釋變數們 (x1、x2、x3、x4) 對依變數 Y 的影響是否隨小群組的不同而變化。故在 Level-1 各解釋變數的效果爲一常數項加上隨機效果項 (如 u_{1j}、u_{2j}、u_{3j}、u_{4j})，會隨著小群組的不同而有所變化。當隨機效果的非條件變異數 (τ_{11}、τ_{22}、τ_{33}、τ_{44}) 未達顯著時，則表示其所對應的個體層次解釋變數的效果爲固定效果。當 Level-1 的斜率爲隨機效果時，嗣後則需要在 Level-2 模型中納入脈絡變數以解釋其變異。由此可知，「隨機截距且隨機斜率模型」的分析結果將有助於最終模型參數之設定。

Step 3　Model 3: random intercept and slope for one Level-1 factor

假如你在 SPSS「mixed Y X || class: Z」指令中，所界定的解釋變數 X，亦充當 Level-2 群組層次之解釋變數 Z(即 Level-2：有斜率項 u_{1j} 來預測 β_{1j})，則此雙層次模型即屬於單因子有隨機斜率模型。以結果變數 Y_{ij} 之好人緣 (popular) 爲例，其階層模型及混合模型如下圖。

假設 Level-1 個體層次之一個解釋變數「X1」中心化 (centering) 後，其離均

差之變數變換「$(X1_{ij} - \overline{X1})$」亦充當 Level-2 群組體層次之一個解釋變數「$(Z1_{ij} - \overline{Z1})$」。因只有一個解釋變數，故不存在二個解釋變數之交互作用項「$(X1_{ij} - \overline{X1}) \times (Z1_{ij} - \overline{Z1})$、$(X2_{ij} - \overline{X2}) \times (Z2_{ij} - \overline{Z2})$」，且交互作用項都無納入混合模型，則此雙層次模型即屬於單因子隨機斜率模型。以結果變數 Y_{ij} 之好人緣 (popular) 為例，其階層模型及混合模型如下圖：

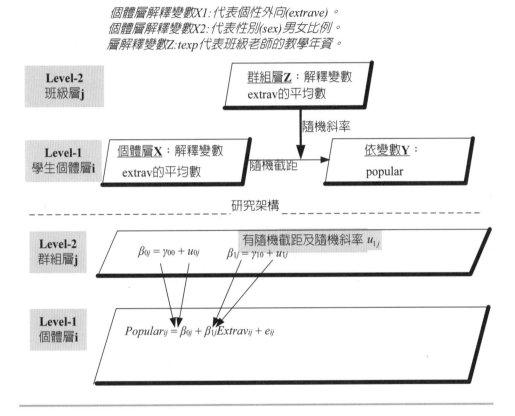

個體層解釋變數X1:代表個性外向(extrave)。
個體層解釋變數X2:代表性別(sex)男女比例。
層解釋變數Z:texp代表班級老師的教學年資。

Level-2
班級層**j**

群組層**Z**：解釋變數
extrav的平均數

隨機斜率

Level-1
學生個體層**i**

個體層**X**：解釋變數
extrav的平均數

隨機截距

依變數**Y**：
popular

研究架構

Level-2
群組層**j**

有隨機截距及隨機斜率 u_{1j}

$\beta_{0j} = \gamma_{00} + u_{0j}$ $\beta_{1j} = \gamma_{10} + u_{1j}$

Level-1
個體層**i**

$Popular_{ij} = \beta_{0j} + \beta_{1j}Extrav_{ij} + e_{ij}$

圖 4-16 Model 3: Random Intercept and Slope for One Level-1 Factor (Slopes and Intercepts as Outcomes)

Mixed Model

$$popular_{ij} = \gamma_{00} + \gamma_{10}extrav_{ij} + u_{1j}extrav_{ij} + u_{0j} + e_{ij}$$

Hierarchicqal Model

$$Popular_{ij} = \beta_{0j} + \beta_{1j}Extrav_{ij} + e_{ij}$$

$$\beta_{0j} = \gamma_{00} + u_{0j} \qquad \beta_{1j} = \gamma_{10} + u_{1j}$$

```
* SPSS指令:model-3.隨機截距且隨機斜率模型.
GET FILE='D:\CD\popular2.sav'.

*descriptives指令先求全體平均數，compute指令再求離均差(即Xij-mean)並存至C開頭變數.
descriptives variables=sex extrav
  /statistics=mean.
compute Csex=sex-0.51.
compute Cextrav=extrav-5.21.
 execute.

*行2「/FIXED=INTERCEP」接Cextrav，界定為level-1的隨機截距.
*第5行,「RANDOM=INTERCEPT」接Cextrav變數，即level-2有隨機斜率.
MIXED popular WITH Cextrav
 /FIXED=INTERCEPT Cextrav | SSTYPE(3)
 /METHOD=REML
 /PRINT=SOLUTION TESTCOV
 /RANDOM=INTERCEPT Cextrav | SUBJECT(class) COVTYPE(UN).
```

圖 4-16 Model 3: Random Intercept and Slope for One Level-1 Factor (Slopes and Intercepts as Outcomes)(續)

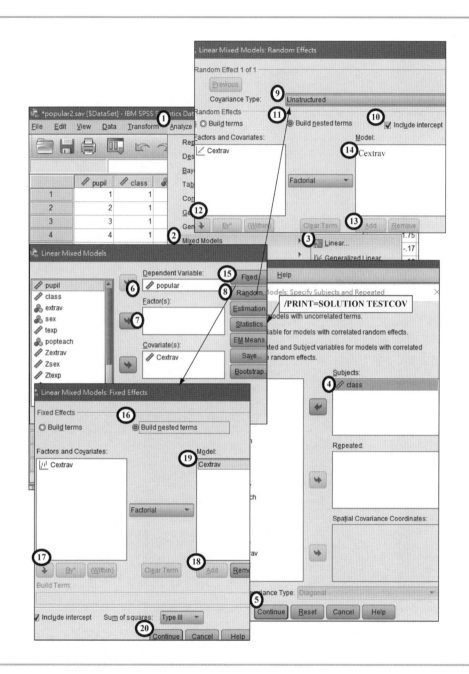

圖 4-17 「MIXED popular WITH Cextrav/FIXED=INTERCEPT Cextrav|SSTYPE(3)/
RANDOM=INTERCEPT Cextrav|SUBJECT(class) COVTYPE(UN)」畫面

註：行 2「/FIXED=INTERCEP」接 Cextrav，界定為 level-1 的隨機截距。
　　第 5 行，「RANDOM=INTERCEPT」接 Cextrav 變數，即 level-2 有隨機斜率。

註：「COVTYPE(UN)」宣告隨機效果之誤差「變異數—共變數」V-C 結構為 **un**structured。

對應的指令語法：

```
* model-3. 隨機截距且隨機斜率模型 (Random Intercept and Slope for One Level-1
Factor).
GET FILE='D:\CD\popular2.sav'.

*descriptives 指令先求全體平均數，compute 指令再求離均差 ( 即 Xij-mean) 並存至 C
開頭變數 .
descriptives variables=sex extrav
    /statistics=mean.
compute Csex=sex-0.51.
compute Cextrav=extrav-5.21.
 execute.

* 行 2「/FIXED=INTERCEP」接 Cextrav, 界定為 level-1 的隨機截距 .
* 第 5 行 ,「RANDOM=INTERCEPT」接 Cextrav 變數，即 level-2 有隨機斜率 .
MIXED popular WITH Cextrav
  /FIXED=INTERCEPT Cextrav | SSTYPE(3)
  /METHOD=REML
  /PRINT=SOLUTION TESTCOV
  /RANDOM=INTERCEPT Cextrav | SUBJECT(class) COVTYPE(UN).
```

新版 SPSS 指令：

```
MIXED popular WITH Cextrav
  /CRITERIA=CIN(95) MXITER(100) MXSTEP(10) SCORING(1) SINGULAR(0.000000000001)
HCONVERGE(0,
    ABSOLUTE) LCONVERGE(0, ABSOLUTE) PCONVERGE(0.000001, ABSOLUTE)
  /FIXED=Cextrav | SSTYPE(3)
  /METHOD=REML
  /PRINT=SOLUTION TESTCOV
  /RANDOM=INTERCEPT Cextrav | SUBJECT(class) COVTYPE(UN).
```

Model 3：Level-1 單因子之隨機截距且隨機斜率模型之指令及結果

Model Dimension[a]		Number of Levels	Covariance Structure	Number of Parameters	Subject Variables
Fixed Effects	Intercept	1		1	
	Cextrav	1		1	
Random Effect	Intercept + Cextrav[b]	2	Unstructured	3	class
Residual				1	
Total		4		6	

a. Dependent Variable: 人緣 popularity sociometric score .

b. As of version 11.5, the syntax rules for the RANDOM subcommand have changed. Your command syntax may yield results that differ from those produced by prior versions. If you are using version 11 syntax, please consult the current syntax reference guide for more information.

Information Criteria[a]	
-2 Restricted Log Likelihood	5779.394
Akaike's Information Criterion (AIC)	5787.394
Hurvich and Tsal's Criterion (AICC)	5787.415
Bozdogan's Criterion (CAIC)	5813.794
Schwarz's Bayesian Criterion (BIC)	5809.794

The information criteria are displayed in smaller-is-better form.

a. Dependent Variable: 人緣 popularity sociometric score.

Type III Tests of Fixed Effects[a]				
Source	Numerator df	Denominator df	F	Sig.
Intercept	1	97.072	2689.162	.000
Cextrav	1	89.697	374.794	.000

a. Dependent Variable: 人緣 popularity sociometric score .

Estimates of Fixed Effects[a]						95% Confidence Interval	
Parameter	Estimate	Std. Error	df	t	Sig.	Lower Bound	Upper Bound
Intercept	5.031273	.097022	97.072	51.857	.000	4.838713	5.223833
Cextrav	.492857	.025458	89.697	19.360	.000	.442278	.543436

a. Dependent Variable: 人緣 popularity sociometric score.

Estimates of Covariance Parameters[a]						95% Confidence Interval	
		Estimate	Std. Error	Wald Z	Sig	Lower Bound	Upper Bound
Residual		.894916	.029843	29.987	.000	.838295	.955362
Intercept + Cextrav [subject = claas]	UN(1, 1)	.891817	.135081	6.602	.000	.662745	1.200065
	UN(2, 1)	-.134307	.028336	-4.740	.000	-.189845	-.078768
	UN(1, 2)	.025992	.009245	2.812	.000	.012945	.052191

a. Dependent Variable: 人緣 popularity sociometric score.

結果與討論：

1. 個體層次的截距及斜率都被設為隨機效果 (Slopes and Intercepts as Outcomes)，此「隨機截距且隨機斜率模型」的目的，是在探討本研究所納入的 1 個個體層次解釋變數 (外向個性，Extraversion) 對於依變數 y 的影響，是否會隨著小群組的不同而隨之變化。分析結果顯示 (下表)，個體層次解釋變數對依變數 y(好人緣) 的隨機截距與「隨機截距模型」相同。

   本例「隨機截距且隨機斜率模型」分析結果之 HLM 摘要表如下：

Fixed Effects	Estimate	St. Error	z-stat	p-value
Intercept (γ_{00})	5.031	0.097	51.9	< 0.001
Extraversion (γ_{10})	0.493	0.025	19.4	< 0.001

Variance Components	Estimate	St. Error
Residual (e_{ij})	0.895	0.030
Intercept (u_{0j})	0.892	0.135
Extraversion (u_{1j})	0.026	0.009

   因為上面摘要表中，所有迴歸係數之顯著性檢定 (z 值) 都達顯著水準 (p<0.05)，表示你界定的本模型獲得支持。

2. 本模型 Level-2 代入 Level-1 之混合模型 (mixed model) 之迴歸式為：

$$popular_{ij} = \gamma_{00} + \gamma_{10}extrav_{ij} + u_{1j}extrav_{ij} + u_{0j} + e_{ij}$$

$$popular_{ij} = 5.031 + 0.493extrav_{ij} + 0.026extrav_{ij} + 0.892 + 0.895$$

3. 本模型 Level-2 組合 Level-1 之階層模型 (hierarchical model) 之迴歸式為：

$$popular_{ij} = \beta_{0j} + \beta_{1j}Extrav_{ij} + e_{ij}$$
$$\beta_{0j} = \gamma_{00} + u_{0j}$$
$$\beta_{1j} = \gamma_{10} + u_{1j}$$

4. 上式混合模型，還原離均差 (中心化，centering) 之後，原始混合模型為：

$$popular_{ij} = \gamma_{00} + \gamma_{10}(X1_{ij} - \overline{X1}) + u_{1j}(X1_{ij} - \overline{X1}) + u_{0j} + e_{ij}$$
$$popular_{ij} = 5.031 + 0.493(X1_{ij} - \overline{X1}) + 0.026(X1_{ij} - \overline{X1}) + 0.892 + 0.895$$

5. 「LR test vs. linear model」檢定結果，$\chi^2_{(3)} = 991.79(p<0.05)$，表示多層模型比單層線性 OLS 模型來得優。

6. 「Level-1 單因子之隨機截距且隨機斜率模型」適配好壞之 AIC 指標 = **5787.394**，它比「Level-1 單因子之隨機截距模型」AIC 指標 5836.639 小，表示「單因子之隨機截距且隨機斜率模型」比較優。

4-1-4 Step 4: Level-1 雙因子之隨機斜率模型

在多層線性模型 HLM 分析中，個體層的變數是來自於個體自身的變數，例如：具體每個個體的性別、年齡、成績、人格特質、智力等；而在總體層中的變數則有兩類：脈絡變數和總體變數。

總體變數是指總體自身所具有特徵或屬性，例如：班級的規模、專業類型、地區的經濟發展程度等，這些屬性或特徵不是個體特徵的簡單彙集，例如不論個體的特徵為何，都無法說明班級規模這一總體變數。

脈絡變數 (contextual variable) 也稱情境變數，是指該變數不是總體層本身的特徵或屬性，而是來自於個體某些變數的彙集，這種個體變數一般是連續變數，而脈絡變數則是取個體變數的均值。例如：每個班級的學生個體都有自己的個體變數，如生活費和學習成績，當用每個班級所有學生的生活費和學習成績的平均值作為總體層變數引入模型時，這些平均值變數就是一種脈絡變數，反映班級的經濟地位以及學業成就地位。

假如 Level-2 解釋變數「X1 X2 X3」也同為 Level-1 解釋變數所聚合而成的群組組織 (level-2 的單位)，此種 Level-2 解釋變數亦稱「脈絡變數 Z1 Z2 Z3」(contextual variable)。

Step 4 | Model 4: random slope for two Level-1 factors

假如你在 SPSS「mixed Y X1 X2 || class: Z1 Z2」指令中，所界定的解釋變數「X1 X2」，亦充當 Level-2 群組層次之脈胳變數「Z1 Z2」(即 Level-2：有斜率項 u_{1j} 來預測 β_{1j}；u_{2j} 來預測 β_{2j})，則此雙層次模型即屬於雙因子有隨機斜率模型。以結果變數 Y_{ij} 之好人緣 (popular) 為例，其階層模型及混合模型如下圖。

由於 Level-1 個體層次之二個解釋變數「X1、X2」中心化 (centering) 後，其離均差之變數變換「$(X1_{ij} - \overline{X1})$、$(X2_{ij} - \overline{X2})$」亦充當 Level-2 群組體層次之二個解釋變數「$(Z1_{ij} - \overline{Z1})$、$(Z2_{ij} - \overline{Z2})$」，此雙層次模型即屬於隨機斜率模型。以結果變數 Y_{ij} 之好人緣 (popular) 為例，其階層模型及混合模型如下圖：

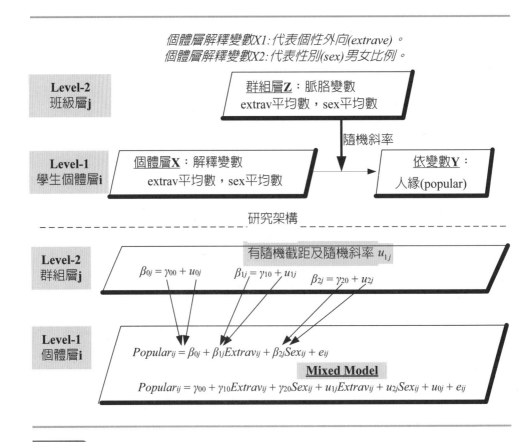

圖 4-18 Model 4：Random Slope for Two Level-1 Factors (Slopes as Outcomes)

Random Slope for Two Level-1 Factors

Mixed Model

$Popular_{ij} = \gamma_{00} + \gamma_{10}Extrav_{ij} + \gamma_{20}Sex_{ij} + u_{1j}Extrav_{ij} + u_{2j}Sex_{ij} + u_{0j} + e_{ij}$

Hierarchicqal Model

$Popular_{ij} = \beta_{0j} + \beta_{1j}Extrav_{ij} + \beta_{2j}Sex_{ij} + e_{ij}$
$\beta_{0j} = \gamma_{00} + u_{0j}$
$\beta_{1j} = \gamma_{10} + u_{1j}$

```
* SPSS指令:Model-4：Random Slope for Two Level-1 Factors.
GET FILE='D:\CD\popular2.sav'.

*descriptives指令先求全體平均數，compute指令再求離均差(即Xij-mean)並存至C開頭變數.
descriptives variables=sex extrav
  /statistics=mean.
compute Csex=sex-0.51.
compute Cextrav=extrav-5.21.
 execute.

*行2「/FIXED=INTERCEP」接Cextrav Csex，界定為level-1的隨機截距.
*行5,「RANDOM=INTERCEPT」接Cextrav Csex變數，即level-2有隨機斜率.
MIXED popular WITH Cextrav Csex
 /FIXED=INTERCEPT Cextrav Csex | SSTYPE(3)
 /METHOD=REML
 /PRINT=SOLUTION TESTCOV
 /RANDOM=INTERCEPT Cextrav Csex | SUBJECT(class) COVTYPE(UN).
```

圖 4-18 Model 4：Random Slope for Two Level-1 Factors (Slopes as Outcomes)(續)

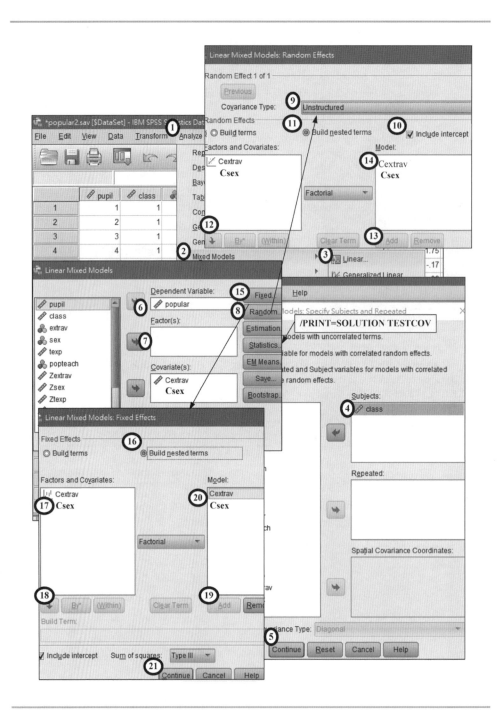

圖 4-19 Level-1 二個因子「**Cextrav Csex**」都是「隨機截距＋隨機斜率」畫面

對應的指令語法：

```
GET FILE='D:\CD\popular2.sav'.

*行2「/FIXED=INTERCEP」接 Cextrav Csex,界定為 level-1 的隨機截距.
*行5,「RANDOM=INTERCEPT」接 Cextrav Csex 變數，即 level-2 有隨機斜率.
MIXED popular WITH Cextrav Csex
  /FIXED=INTERCEPT Cextrav Csex | SSTYPE(3)
  /METHOD=REML
  /PRINT=SOLUTION TESTCOV
  /RANDOM=INTERCEPT Cextrav Csex | SUBJECT(class) COVTYPE(UN).
```

註：行 2「/FIXED=INTERCEP」接 **Cextrav Csex**, 界定為 level-1 的隨機截距.
　　行 5,「RANDOM=INTERCEPT」接 **Cextrav Csex** 變數，即 level-2 有隨機斜率.

新版 SPSS 指令：

```
MIXED popular WITH Cextrav Csex
  /CRITERIA=CIN(95) MXITER(100) MXSTEP(10) SCORING(1) SINGULAR(0.000000000001)
HCONVERGE(0,
    ABSOLUTE) LCONVERGE(0, ABSOLUTE) PCONVERGE(0.000001, ABSOLUTE)
  /FIXED=Cextrav Csex | SSTYPE(3)
  /METHOD=REML
  /PRINT=SOLUTION TESTCOV
  /RANDOM=INTERCEPT Cextrav Csex | SUBJECT(class) COVTYPE(UN).
```

Model 4：Level-1 雙因子之隨機斜率模型之指令及結果

Model Dimension[a]		Number of Levels	Covariance Structure	Number of Parameters	Subject Variables
Fixed Effects	Intercept	1		1	
	Cextrav	1		1	
	Csex	1		1	
Random Effect	Intercept + Cextrav + Csex[b]	3	Unstructured	6	class

Residual		1	
Total	6	10	

a. Dependent Variable: 人緣 popularity sociometric score .

b. As of version 11.5, the syntax rules for the RANDOM subcommand have changed. Your command syntax may yield results that differ from those produced by prior versions. If you are using version 11 syntax, please consult the current syntax reference guide for more information.

Information Criteria[a]	
-2 Restricted Log Likelihood	4870.736
Akaike's Information Criterion (AIC)	4884.736
Hurvich and Tsal's Criterion (AICC)	4884.792
Bozdogan's Criterion (CAIC)	4930.932
Schwarz's Bayesian Criterion (BIC)	4923.932

The information criteria are displayed in smaller-is-better form.

a. Dependent Variable: 人緣 popularity sociometric score.

Type III Tests of Fixed Effects[a]				
Source	Numerator df	Denominator df	F	Sig.
Intercept	1	101.085	3668.449	.000
Cextrav	1	88.693	354.979	.000
Csex	1	67.135	1092.216	.000

a. Dependent Variable: 人緣 popularity sociometric score .

Estimates of Fixed Effects[a]						95% Confidence Interval	
Parameter	Estimate	Std. Error	df	t	Sig.	Lower Bound	Upper Bound
Intercept	5.020513	.082891	101.085	60.568	.000	4.856081	5.184944
Cextrav	.442365	.023479	88.693	18.841	.000	.395711	.489020
Csex	1.245593	.037690	67.135	33.049	.000	1.170367	1.320820

a. Dependent Variable: 人緣 popularity sociometric score.

Estimates of Covariance Parameters[a]

		Estimate	Std. Error	Wald Z	Sig.	95% Confidence Interval	
						Lower Bound	Upper Bound
Residual		.553045	.018806	29.407	.000	.517387	.591161
Intercept + Cextrav + Csex [subject = claas]	UN(1, 1)	.653533	.096575	6.767	.000	.489195	.873078
	UN(2, 1)	-.102752	.021977	-4.675	.000	-.145826	-.059677
	UN(2, 2)	.030101	.008106	3.714	.000	.017757	.051027
	UN(3, 1)	.041313	.036694	-1.126	.000	-.113233	.030606
	UN(3, 2)	-.002308	.009804	-.235	.000	-.021523	.016908
	UN(3, 3)	.008172	.021981	.372	.000	4.193926E-5	1.592196

a. Dependent Variable: 人緣 popularity sociometric score.

結果與討論：

1. 雙因子之隨機斜率模型 (Slopes as Outcomes)

「雙因子之隨機斜率模型」比「單因子之隨機斜率模型」多加一個 Level-1 解釋變數 (性別，sex=1 為男性，sex=0 為女性)，

其 HLM 分析結果之摘要表為：

Fixed Effects	Estimate	St. Error	z-stat	p-value
Intercept (γ_{00})	5.021	0.084	59.7	< 0.001
Extraversion (γ_{10})	0.443	0.023	18.9	< 0.001
Sex (γ_{10})	1.244	0.023	33.4	< 0.001

Variance Components	Estimate	St. Error		
Residual (e_{ij})	0.553	.		
Intercept (u_{0j})	0.674	.		
Extraversion (u_{1j})	0.030	.		
Sex (u_{2j})	0.005	.		

「雙因子之隨機斜率模型」中，Level-1 二個解釋變數的迴歸係數，都達到顯著水準 (p<0.05)，表示考量不同的小群組的隨機效果下，外向性格 (extravsesion, z=59.7, p<0.05) 及性別 (sex, z=33.4, p<0.05) 都可有效預測依變數 y(好人緣)。

2. 「雙因子之隨機斜率模型」中，Level-2 代入 Level-1 之混合模型 (mixed model) 之迴歸式為：

$$popular_{ij} = \gamma_{00} + \gamma_{10}extrav_{ij} + \gamma_{20}sex_{ij} + u_{1j}extrav_{ij} + u_{1j}sex_{ij} + u_{0j} + e_{ij}$$

$$popular_{ij} = 5.021 + 0.443extrav_{ij} + 1.244sex_{ij} + 0.03extrav_{ij} + 0.005sex_{ij} + 0.674 + 0.553$$

3. 本模型 Level-2 組合 Level-1 之階層模型 (hierarchical model) 之迴歸式為：

$$popular_{ij} = \beta_{0j} + \beta_{1j}Extrav_{ij} + \beta_{2j}sex_{ij} + e_{ij}$$
$$\beta_{0j} = \gamma_{00} + u_{0j}$$
$$\beta_{1j} = \gamma_{10} + u_{1j}$$
$$\beta_{2j} = \gamma_{20} + u_{2j}$$

4. 上式混合模型，還原離均差 (中心化，centering) 之後，原始混合模型為：

$$popular_{ij} = \gamma_{00} + \gamma_{10}(X1_{ij} - \overline{X1}) + \gamma_{20}(X2_{ij} - \overline{X2}) + u_{1j}(X1_{ij} - \overline{X1}) + u_{2j}(X2_{ij} - \overline{X2}) + u_{0j} + e_{ij}$$

$$popular_{ij} = 5.021 + 0.443(X1_{ij} - \overline{X1}) + 1.244(X2_{ij} - \overline{X2}) + 0.03(X1_{ij} - \overline{X1}) + 0.005(X2_{ij} - \overline{X2}) + 0.674 + 0.553$$

其中

個體層解釋變數 X1 代表好人緣 (popular)。

個體層解釋變數 X2 代表性別 (sex)。

5. 「LR test vs. linear model」檢定結果，$\chi^2_{(6)}$ = 1114.78 (p<0.05)，表示雙因子多層模型比單層線性 OLS 模型來得優。

6. 「雙因子之隨機斜率模型」適配好壞之 AIC 指標 = 4884.736，它又比「Level-1 單因子之隨機截距且隨機斜率模型」AIC 指標 5787.394 小，表示「雙因子之隨機斜率模型」比較優。

4-1-5　Step 5: Level-2 單因子及 Level-1 雙因子之隨機模型 (無交互作用)

假如 Level-2 解釋變數「X1 X2 X3」也同為 Level-1 解釋變數所聚合而成的

群組組織 (level-2 的單位)，此種 Level-2 解釋變數亦稱「脈絡變數 Z1 Z2 Z3」 (contextual variable)。

Step 5 Model 5：Level-2 單因子及 Level-1 雙因子之隨機模型 (無交互作用)

假如你在 SPSS「mixed Y W X1 X2 || class: X1 X2」指令中，所界定的解釋變數「W X1 X2」，又再「|| class:」後面界定隨機斜率有「X1 X2」二個 (即 Level-2：有斜率項 u_{1j} 來預測 β_{1j}；u_{2j} 來預測 β_{2j})，則此雙層次模型即屬於雙因子有隨機斜率模型 (無交互作用)。以結果變數 Y_{ij} 之好人緣 (popular) 為例，其階層模型及混合模型如下圖。

> **Model 5**「無交互作用」對比 **Model 6**「有交互作用」，二者的差異，係後者 **Model 6** 界定之 STaTa 指令為：
>
> **Model 6**「具交互作用」：
>
> 「. mixed Y W X1 X2 W×X1 W×X2 || **class:** X1 X2」指令中，所界定的解釋變數「W X1 X2 W×X1 W×X2」，又再「|| class:」後面界定隨機斜率有「X1 X2」二個；而且 SPSS 指令「mixed…|| class」區間所代表的混合模型中，亦納入二個「W×X1、W×X2」交互作用項，故此雙層次模型即屬於雙因子有交互作用之隨機斜率模型。

以結果變數 Y_{ij} 之好人緣 (popular) 為例，具交互作用之多層次模型如下圖。由於 Level-1 個體層次之二個解釋變數「X1、X2」中心化 (centering) 後，其離均差之變數變換「$(X1_{ij} - \overline{X1})$、$(X2_{ij} - \overline{X2})$」亦充當 Level-2 群組體層次之二個解釋變數「$(Z1_{ij} - \overline{Z1})$、$(Z2_{ij} - \overline{Z2})$」；但交互作用項「$(X1_{ij} - \overline{X1}) \times (W_{ij} - \overline{W})$、$(X2_{ij} - \overline{X2}) \times (W_{ij} - \overline{W})$」並無納入混合模型，則此雙層次模型即屬於無交互作用隨機斜率模型。以結果變數 Y_{ij} 之好人緣 (popular) 為例，無交互作之模型如下圖：

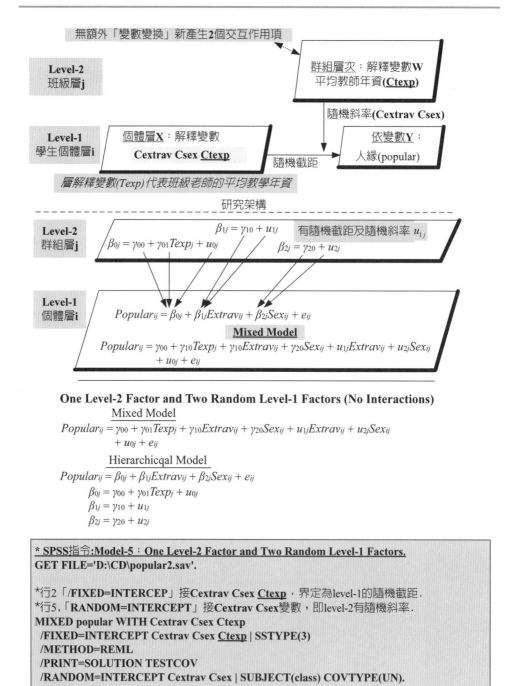

One Level-2 Factor and Two Random Level-1 Factors (No Interactions)

Mixed Model

$Popular_{ij} = \gamma_{00} + \gamma_{01}Texp_j + \gamma_{10}Extrav_{ij} + \gamma_{20}Sex_{ij} + u_{1j}Extrav_{ij} + u_{2j}Sex_{ij}$
$\quad + u_{0j} + e_{ij}$

Hierarchicqal Model

$Popular_{ij} = \beta_{0j} + \beta_{1j}Extrav_{ij} + \beta_{2j}Sex_{ij} + e_{ij}$
$\quad \beta_{0j} = \gamma_{00} + \gamma_{01}Texp_j + u_{0j}$
$\quad \beta_{1j} = \gamma_{10} + u_{1j}$
$\quad \beta_{2j} = \gamma_{20} + u_{2j}$

---

* SPSS指令:Model-5：One Level-2 Factor and Two Random Level-1 Factors.
GET FILE='D:\CD\popular2.sav'.

*行2「**/FIXED=INTERCEP**」接**Cextrav Csex <u>Ctexp</u>**，界定為level-1的隨機截距.
*行5,「**RANDOM=INTERCEPT**」接**Cextrav Csex**變數，即level-2有隨機斜率.
MIXED popular WITH Cextrav Csex Ctexp
 /FIXED=INTERCEPT Cextrav Csex <u>Ctexp</u> | SSTYPE(3)
 /METHOD=REML
 /PRINT=SOLUTION TESTCOV
 /RANDOM=INTERCEPT Cextrav Csex | SUBJECT(class) COVTYPE(UN).

圖 4-20　Model 5: One Level-2 Factor and Two Random Level-1 Factors (No Interactions) (Slopes as Outcomes)

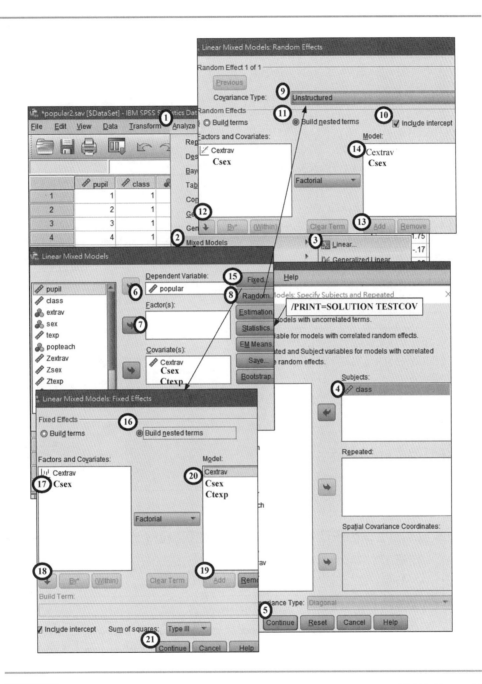

圖 4-21　Level-2「Ctexp」+Level-1 二個因子「**Cextrav Csex**」都是「隨機截距＋隨機斜率」畫面

註：行 2「/FIXED=INTERCEP」接 **Cextrav Csex** Ctexp，界定為 level-1 的隨機截距。
　　行 5，「RANDOM=INTERCEPT」接 **Cextrav Csex** 變數，即 level-2 有隨機斜率。

對應的指令語法：

```
* Model-5：One Level-2 Factor and Two Random Level-1 Factors.
GET FILE='D:\CD\popular2.sav'.

* 行 2「/FIXED=INTERCEP」接 Cextrav Csex Ctexp, 界定為 level-1 的隨機截距.
* 行 5,「RANDOM=INTERCEPT」接 Cextrav Csex 變數，即 level-2 有隨機斜率.
MIXED popular WITH Cextrav Csex Ctexp
  /FIXED=INTERCEPT Cextrav Csex Ctexp | SSTYPE(3)
  /METHOD=REML
  /PRINT=SOLUTION TESTCOV
  /RANDOM=INTERCEPT Cextrav Csex | SUBJECT(class) COVTYPE(UN).
```

新版 SPSS 指令：

```
MIXED popular WITH Cextrav Csex Ctexp p
  /CRITERIA=CIN(95) MXITER(100) MXSTEP(10) SCORING(1) SINGULAR(0.000000000001)
HCONVERGE(0,
    ABSOLUTE) LCONVERGE(0, ABSOLUTE) PCONVERGE(0.000001, ABSOLUTE)
  /FIXED= Cextrav Csex Ctexp | SSTYPE(3)
  /METHOD=REML
  /PRINT=SOLUTION TESTCOV
  /RANDOM=INTERCEPT Cextrav Csex | SUBJECT(class) COVTYPE(UN).
```

Model 5：Level-2 單因子及 Level-1 雙因子之隨機模型（無交互作用）之指令及結果

Model Dimension[a]		Number of Levels	Covariance Structure	Number of Parameters	Subject Variables
Fixed Effects	Intercept	1		1	
	Cextrav	1		1	
	Csex	1		1	
	Ctexp	1		1	
Random Effect	Intercept + Cextrav + Csex[b]	3	Unstructured	6	class

Residual			1	
Total	7		11	

a. Dependent Variable: 人緣 popularity sociometric score .

b. As of version 11.5, the syntax rules for the RANDOM subcommand have changed. Your command syntax may yield results that differ from those produced by prior versions. If you are using version 11 syntax, please consult the current syntax reference guide for more information.

Information Criteria[a]	
-2 Restricted Log Likelihood	4833.421
Akaike's Information Criterion (AIC)	4847.421
Hurvich and Tsal's Criterion (AICC)	4847.477
Bozdogan's Criterion (CAIC)	4893.613
Schwarz's Bayesian Criterion (BIC)	4886.613

The information criteria are displayed in smaller-is-better form.

a. Dependent Variable: 人緣 popularity sociometric score.

Type III Tests of Fixed Effects[a]				
Source	Numerator df	Denominator df	F	Sig.
Intercept	1	94.128	7898.513	.000
Cextrav	1	95.450	337.220	.000
Csex	1	2050.312	1140.909	.000
Ctexp	1	102.459	106.953	.000

a. Dependent Variable: 人緣 popularity sociometric score .

Estimates of Fixed Effects[a]						95% Confidence Interval	
Parameter	Estimate	Std. Error	df	t	Sig.	Lower Bound	Upper Bound
Intercept	5.022528	.056513	94.128	88.874	.000	4.910322	5.134734
Cextrav	.452889	.024662	95.450	18.364	.000	.403931	.501847
Csex	1.250579	.037024	2050.312	33.777	.000	1.177970	1.323188
Ctexp	.088779	.008584	102.459	10.342	.000	.071752	.105805

a. Dependent Variable: 人緣 popularity sociometric score.

Estimates of Covariance Parameters[a]

		Estimate	Std. Error	Wald Z	Sig.	95% Confidence Interval	
						Lower Bound	Upper Bound
Residual		.547663	.018146	30.182	.000	.513229	.584408
Intercept + Cextrav + Csex [subject = claas]	UN(1, 1)	.285396	.046459	6.143	.000	.207436	.392656
	UN(2, 1)	-.009445	.019163	-.493	.622	-.047004	.028114
	UN(2, 2)	.035000	.008668	4.038	.000	.021540	.056868
	UN(3, 1)	-.031170	.023250	-1.341	.180	-.076739	.014399
	UN(3, 2)	-.002635	.010286	-.256	.798	-.022795	.017525
	UN(3, 3)	.003793[b]	.000000				

a. Dependent Variable: 人緣 popularity sociometric score.
b. This covariance parameter is redundant. The test statistic and confidence interval cannot be computed.

結果與討論：

1. 「Level-2 單因子及 Level-1 雙因子之隨機模型 (無交互作用)」，係比「雙因子之隨機斜率模型」多加 Level-2 的解釋變數 (teach experience)。

本例分析結果之 HLM 摘要表如下：

Fixed Effects	Estimate	St. Error	z-stat	p-value
Intercept (γ_{00})	5.022	0.056	89.0	< 0.001
Extraversion (γ_{10})	0.453	0.025	18.4	< 0.001
Sex (γ_{20})	1.250	0.037	33.9	< 0.001
Teach Experience (γ_{01})	0.090	0.009	10.4	< 0.001

Variance Components	Estimate	St. Error
Residual (e_{ij})	0.551	.
Intercept (u_{0j})	0.278	.
Extraversion (u_{1j})	0.034	.
Sex (u_{2j})	0.002	.

因為上面摘要表中，所有迴歸係數之顯著性檢定 (z 值) 都達顯著水準 (p<0.05)，表示你界定的本模型獲得支持。

2. 本模型 Level-2 代入 Level-1 的混合模型 (mixed model) 之迴歸式為：

$$popular_{ij} = \gamma_{00} + \gamma_{01}texp_{ij} + \gamma_{10}extrav_{ij} + \gamma_{10}sex_{ij} + u_{1j}extrav_{ij} + u_{2j}sex_{ij} + u_{0j} + e_{ij}$$

$$popular_{ij} = 5.022 + 0.09texp_{ij} + 0.453extrav_{ij} + 1.25sex_{ij} + 0.034extrav_{ij}$$
$$+ 0.002sex_{ij} + 0.278 + 0.551$$

3. 上式混合模型，還原離均差 (中心化，centering) 之後，原始混合模型為：

$$popular_{ij} = \gamma_{00} + \gamma_{01}(Z1_{ij} - \overline{Z1}) + \gamma_{10}(X1_{ij} - \overline{X1}) + \gamma_{20}(X2_{ij} - \overline{X2}) + u_{1j}(X1_{ij} - \overline{X1})$$
$$+ u_{2j}(X2_{ij} - \overline{X2}) + u_{0j} + e_{ij}$$

$$popular_{ij} = 5.022 + 0.09(Z1_{ij} - \overline{Z1}) + 0.453(X1_{ij} - \overline{X1}) + 1.25(X2_{ij} - \overline{X2})$$
$$+ 0.034(X1_{ij} - \overline{X1}) + 0.002(X2_{ij} - \overline{X2}) + 0.278 + 0.551$$

其中

個體層解釋變數 X1 代表好人緣 (popular)。

個體層解釋變數 X2 代表性別 (sex)。

群組層解釋變數 Z 代表班級老師的教學年資。

4.「Level-2 單因子及 Level-1 雙因子之隨機模型 (無交互作用)」適配好壞之 AIC 指標 = 4847.421，它又比「雙因子之隨機斜率模型」AIC 指標小，表示 「Level-2 單因子及 Level-1 雙因子之隨機模型 (無交互作用)」比較優。

4-1-6 Step 6: Level-2 單因子及 Level-1 雙因子之隨機模型 （有交互作用）

Level-1 解釋變數及 Level-2 解釋變數之間的交互作用，是多層次分析最終 的模型。「Level-2 單因子及 Level-1 雙因子之隨機模型 (有交互作用)」(Slopes and Intercepts as Outcomes)，係比「雙因子之隨機斜率模型」多加 Level-2 的解 釋變數，且 Level-2 解釋變數及 Level-1 解釋變數之間有交互作用)。

在一個階層結構 (hierarchical structure) 的環境下，個體與社會脈絡是會交互 影響的，個體不僅會受到其所屬的社會團體或脈絡所影響，社會團體也會受到 其組成份子所影響 (Maas & Hox, 2005)，且個體與所屬環境是不斷交互作用的。

隨機截距且隨機斜率模型旨在檢驗「隨機斜率模型」中，納入的個體層次 解釋變數的斜率是否為隨機係數，亦即探討個體層解釋變數們 (x1、x2、x3、 x4) 對依變數 Y 的影響是否隨小群組的不同而變化。故在 Level-1 各解釋變數的

效果爲一常數項加上隨機效果項 (如 u_{1j}、u_{2j}、u_{3j}、u_{4j})，會隨著小群組的不同而有所變化。當隨機效果的非條件變異數 (τ_{11}、τ_{22}、τ_{33}、τ_{44}) 未達顯著時，則表示其所對應的個體層次解釋變數的效果爲隨機截距。當 Level-1 的斜率爲隨機效果時，嗣後則需要在 Level-2 模型中納入脈絡變數以解釋其變異。由此可知，「**隨機截距且隨機斜率模型**」的分析結果將有助於最終模型參數之設定。

當「**隨機截距且隨機斜率模型**」的分析結果顯示，個體層次解釋變數具有隨機效果，亦即個人層次變數的斜率會隨著小群組的不同而變化時，此時便有需要在相對應的 Level-2 模型中納入解釋變數，進行跨層級交互作用 (cross-level interactions) 檢驗，據以探討脈絡變數對個人層次解釋變數的調節 (干擾) 效果。由於「**截距與斜率爲結果的迴歸模型**」是否有估計的必要，以及「**截距與斜率爲結果的迴歸模型**」的模型設定均須視「**隨機截距且隨機斜率模型**」的結果而定。

假如 Level-2 解釋變數「X1 X2 X3」也同爲 Level-1 解釋變數所聚合而成的群組組織 (level-2 的單位)，此種 Level-2 解釋變數亦稱「脈絡變數 Z1 Z2 Z3」(contextual variable)。

Step 6　Model 6：Level-2 單因子及 Level-1 雙因子之隨機模型 (有交互作用)

人並非孤立的個體，而是整個社會中的一員，例如：學生層次的資料巢狀於高一層的分析單位 (如班級或學校) 之內，在同一個高階分析單位下的個體會因爲相似的特質，抑或受到共享的環境脈絡所影響，造成個人層次資料間具有相依的性質，亦即存在著組內觀察資料不獨立的現象。由此可知，個體的行爲或反應不僅會受到自身特性的影響，也會受到其所處的環境脈絡所影響。

假設群組層的解釋變數 Z，個體層的解釋變數 X，在 SPSS 中，要產生二者乘積之交互作用項「Z×X」，那你要另外做「變數變換」來產生此「Z×X」交互作用項。

假如你在 SPSS 指令「mixed Y W **X1 X2** W×X1 W×X2 || **class:** X1 X2」指令中，所有解釋變數「W **X1 X2** W×X1 W×X2」，「|| **class:**」後面宣告「X1 X2」爲隨機斜率 (即 Level-2：有斜率項 u_{1j} 來預測 β_{1j}；u_{2j} 來預測 β_{2j})。由於 SPSS 指令「mixed…|| class」區間所代表的混合模型中，你有納入二個「W×X1、W×X2」交互作用項，故此模型即屬於雙因子有交互作用之隨機斜率模型。以結果變數 Y_{ij} 之好人緣(popular)爲例，其階層模型及混合模型如下圖。

由於 Level-1 個體層次之二個解釋變數「X1、X2」中心化 (centering) 後，其離均差之變數變換「$(X1_{ij} - \overline{X1})$、$(X2_{ij} - \overline{X2})$」亦充當 Level-2 群組體層次之二

個解釋變數「$(Z1_{ij} - \overline{Z1})$、$(Z2_{ij} - \overline{Z2})$」；但交互作用項「$(X1_{ij} - \overline{X1}) \times (W_{ij} - \overline{W})$、$(X2_{ij} - \overline{X2}) \times (W_{ij} - \overline{W})$」亦納入混合模型，則此雙層次模型即屬於有交互作用隨機斜率模型。以結果變數之好人緣 (popular) 為例，其階層模型及混合模型如下圖：

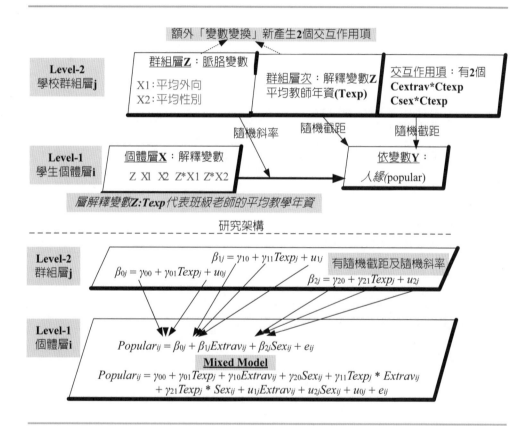

圖 4-22　Model 6：One Level-2 Factor and Two Random Level-1 Factors with Interaction (Slopes and Intercepts as Outcomes)

Mixed Model

$$Popular_{ij} = \gamma_{00} + \gamma_{01}Texp_j + \gamma_{10}Extrav_{ij} + \gamma_{20}Sex_{ij} + \gamma_{11}Texp_j * Extrav_{ij}$$
$$+ \gamma_{21}Texp_j * Sex_{ij} + u_{1j}Extrav_{ij} + u_{2j}Sex_{ij} + u_{0j} + e_{ij}$$

Hierarchicqal Model

$$Popular_{ij} = \beta_{0j} + \beta_{1j}Extrav_{ij} + \beta_{2j}Sex_{ij} + e_{ij}$$
$$\beta_{0j} = \gamma_{00} + \gamma_{01}Texp_j + u_{0j}$$
$$\beta_{1j} = \gamma_{10} + \gamma_{11}Texp_j + u_{1j}$$
$$\beta_{2j} = \gamma_{20} + \gamma_{21}Texp_j + u_{2j}$$

---

* SPSS指令:Model-6：One Level-2 Factor and Two Random Level-1 Factors with Interaction.
GET FILE='D:\CD\popular2.sav'.

*fixed=intercep接Cextrav Csex Ctexp Cextrav*Ctexp Csex*Ctexp，為level-1的隨機截距.
*行5,「RANDOM=INTERCEPT」接Cextrav Csex變數，即level-2有隨機斜率.
MIXED popular BY Cextrav Csex Ctexp
/FIXED=INTERCEPT Cextrav Csex Ctexp Cextrav*Ctexp Csex*Ctexp | SSTYPE(3)
/METHOD=REML
/PRINT=SOLUTION TESTCOV
/RANDOM=INTERCEPT Cextrav Csex | SUBJECT(class) COVTYPE(UN).

圖 4-22 Model 6：One Level-2 Factor and Two Random Level-1 Factors with Interaction (Slopes and Intercepts as Outcomes)(續)

Model 6：Level-2 單因子及 Level-1 雙因子之隨機模型 (交互作用) 之指令及結果

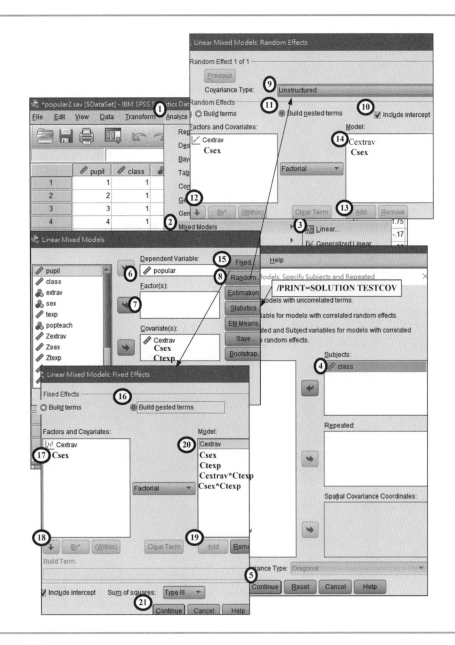

圖 4-23 交互作用：Level-2「Ctexp」+Level-1 二個因子「Cextrav Csex」都是「隨機截距＋隨機斜率」畫面 (Slopes and Intercepts as Outcomes)

註：fixed=intercep 接 Cextrav Csex Ctexp Cextrav*Ctexp Csex*Ctexp，為 level-1 的隨機截距。

行 5，「RANDOM=INTERCEPT」接 Cextrav Cse 變數，即 level-2 有隨機斜率。

對應的指令語法：

```
* Model-6：One Level-2 Factor and Two Random Level-1 Factors with Interaction.
GET FILE='D:\CD\popular2.sav'.

*fixed=intercep 接 Cextrav Csex Ctexp Cextrav*Ctexp Csex*Ctexp, 為 level-1 的隨
機截距.
* 行 5,「RANDOM=INTERCEPT」接 Cextrav Csex 變數，即 level-2 有隨機斜率.
MIXED popular BY Cextrav Csex Ctexp
 /FIXED=INTERCEPT Cextrav Csex Ctexp Cextrav*Ctexp Csex*Ctexp | SSTYPE(3)
 /METHOD=REML
 /PRINT=SOLUTION TESTCOV
 /RANDOM=INTERCEPT Cextrav Csex | SUBJECT(class) COVTYPE(UN).
```

新版 SPSS 指令：

```
MIXED popular WITH Cextrav Csex Ctexp
 /CRITERIA=CIN(95) MXITER(100) MXSTEP(10) SCORING(1) SINGULAR(0.000000000001)
HCONVERGE(0,
    ABSOLUTE) LCONVERGE(0, ABSOLUTE) PCONVERGE(0.000001, ABSOLUTE)
 /FIXED= Cextrav Csex Ctexp Cextrav*Ctexp Csex*Ctexp | SSTYPE(3)
 /METHOD=REML
 /PRINT=SOLUTION TESTCOV
 /RANDOM=INTERCEPT Cextrav Csex | SUBJECT(class) COVTYPE(UN).
```

【A. 分析結果說明】

Model Dimension[a]		Number of Levels	Covariance Structure	Number of Parameters	Subject Variables
Fixed Effects	Intercept	1		1	
	Cextrav	1		1	
	Csex	1		1	
	Ctexp	1		1	
Random Effect	Intercept + Cextrav + Csex[b]	3	Unstructured	6	class

Residual		1	
Total	7	11	

a. Dependent Variable: 人緣 popularity sociometric score .

b. As of version 11.5, the syntax rules for the RANDOM subcommand have changed. Your command syntax may yield results that differ from those produced by prior versions. If you are using version 11 syntax, please consult the current syntax reference guide for more information.

Information Criteria[a]

-2 Restricted Log Likelihood	4833.421
Akaike's Information Criterion (AIC)	4847.421
Hurvich and Tsal's Criterion (AICC)	4847.477
Bozdogan's Criterion (CAIC)	4893.613
Schwarz's Bayesian Criterion (BIC)	4886.613

The information criteria are displayed in smaller-is-better form.

a. Dependent Variable: 人緣 popularity sociometric score.

Type III Tests of Fixed Effects[a]

Source	Numerator df	Denominator df	F	Sig.
Intercept	1	94.128	7898.513	.000
Cextrav	1	95.450	337.220	.000
Csex	1	2050.312	1140.909	.000
Ctexp	1	102.459	106.953	.000

a. Dependent Variable: 人緣 popularity sociometric score .

Estimates of Fixed Effects[a]

Parameter	Estimate	Std. Error	df	t	Sig.	95% Confidence Interval	
						Lower Bound	Upper Bound
Intercept	5.022528	.056513	94.128	88.874	.000	4.910322	5.134734
Cextrav	.452889	.024662	95.450	18.364	.000	.403931	.501847
Csex	1.250579	.037024	2050.312	33.777	.000	1.177970	1.323188
Ctexp	.088779	.008584	102.459	10.342	.000	.071752	.105805

a. Dependent Variable: 人緣 popularity sociometric score.

Estimates of Covariance Parameters[a]							
						95% Confidence Interval	
		Estimate	Std. Error	Wald Z	Sig.	Lower Bound	Upper Bound
Residual		.547663	.018146	30.182	.000	.513229	.584408
Intercept + Cextrav + Csex [subject = claas]	UN(1, 1)	.285396	.046459	6.143	.000	.207436	.392656
	UN(2, 1)	-.009445	.019163	-.493	.622	-.047004	.028114
	UN(2, 2)	.035000	.008668	4.038	.000	.021540	.056868
	UN(3, 1)	-.031170	.023250	-1.341	.180	-.076739	.014399
	UN(3, 2)	-.002635	.010286	-.256	.798	-.022795	.017525
	UN(3, 3)	.003793[b]	.000000				

a. Dependent Variable: 人緣 popularity sociometric score.
b. This covariance parameter is redundant. The test statistic and confidence interval cannot be computed.

結果與討論：

1. 「Level-2 單因子及 Level-1 雙因子之隨機模型 (有交互作用)」，係比「雙因子之隨機斜率模型」多加 Level-2 的解釋變數，且 Level-2 解釋變數及 Level-1 解釋變數之間也有交互作用)。

   本例分析結果之 HLM 摘要表如下：

Fixed Effects	Estimate	St. Error	z 值	p-value
Intercept (γ_{00})	**4.990**	0.056	88.2	< 0.001
Extraversion (γ_{10})	**0.451**	0.017	26.2	< 0.001
Sex (γ_{20})	1.240	0.036	34.8	< 0.001
Teach Experience (γ_{01})	0.097	0.009	11.2	< 0.001
Texp Extrav (γ_{11})	-0.025	0.002	-10.3	< 0.001
Texp Sex (γ_{21})	-0.002	0.006	-0.3	0.762

Variance Components	Estimate	St. Dev. *	Chi-square	p-value
Residual (e_{ij})	0.552	0.743		
Intercept (u_{0j})	0.280	0.535	743.5	< 0.001
Extraversion (u_{1j})	0.005	0.075	97.7	0.182
Sex (u_{2j})	0.451	0.076	80.4	>0.500

因為上面摘要表中，所有迴歸係數之顯著性檢定 (z 值) 都達顯著水準 (p<0.05)，表示你界定的本模型獲得支持。

2. 本模型 Level-2 代入 Level-1 的混合模型 (mixed model) 之迴歸式為：

$$popular_{ij} = \gamma_{00} + \gamma_{01}texp_{ij} + \gamma_{10}extrav_{ij} + \gamma_{20}sex_{ij} + \gamma_{11}texp_{ij} \times extrav_{ij} + \gamma_{21}tesp_{ij} \times sex_{ij}$$
$$+ u_{1j}extrav_{ij} + u_{2j}sex_{ij} + u_{0j} + e_{ij}$$
$$popular_{ij} = 4.99 + 0.097texp_{ij} + 0.451extrav_{ij} + 1.24sex_{ij} - 0.025texp_{ij} \times extrav_{ij}$$
$$- 0.002tesp_{ij} \times sex_{ij} + 0.005extrav_{ij} + 0.004sex_{ij} + 0.552 + 0.280$$

3. 本模型 Level-2 組合 Level-1 之階層模型 (hierarchical model) 之迴歸式為：

$$popular_{ij} = \beta_{0j} + \beta_{1j}Extrav_{ij} + \beta_{2j}Sex_{ij} + e_{ij}$$
$$\beta_{0j} = \gamma_{00} + \gamma_{01}Texp_j + u_{0j}$$
$$\beta_{1j} = \gamma_{10} + \gamma_{11}Texp_j + u_{1j}$$
$$\beta_{2j} = \gamma_{20} + \gamma_{21}Texp_j + u_{2j}$$

4. 上式混合模型，還原離均差 (中心化，centering) 之後，原始混合模型為：

$$popular_{ij} = \gamma_{00} + \gamma_{01}(Z_{ij} - \bar{Z}) + \gamma_{10}(X1_{ij} - \overline{X1}) + \gamma_{20}(X2_{ij} - \overline{X2}) + \gamma_{11}(Z_j - \bar{Z}) \times (X1_{ij} - \overline{X1})$$
$$+ \gamma_{21}(Z_j - \bar{Z}) \times (X2_{ij} - \overline{X2}) + u_{1j}(X1_{ij} - \overline{X1}) + u_{2j}(X2_{ij} - \overline{X2}) + u_{0j} + e_{ij}$$
$$popular_{ij} = 4.99 + 0.097(Z_{ij} - \bar{Z}) + 0.451(X1_{ij} - \overline{X1}) + 1.24(X2_{ij} - \overline{X2}) - 0.025(Z_j - \bar{Z})$$
$$\times (X1_{ij} - \overline{X1}) - 0.002(Z_j - \bar{Z}) \times (X2_{ij} - \overline{X2}) + 0.005(X1_{ij} - \overline{X1})$$
$$+ 0.004(X2_{ij} - \overline{X2}) + 0.552 + 0.280$$

其中

個體層解釋變數 X1 代表好人緣 (popular)。

個體層解釋變數 X2 代表性別 (sex)。

群組層解釋變數 Z 代表班級老師的教學年資。

單因子及 Level-1 雙因子之隨機模型 (有交互作用)」比單層線性 OLS 模型來得優。

5.「Level-2 單因子及 Level-1 雙因子之隨機模型 (有交互作用)」適配好壞之 AIC 指標= 4847.421，它等於「Level-2 單因子及 Level-1 雙因子之隨機模型(無交互作用)」AIC 指標 4847.421，表示「Level-2 單因子及 Level-1 雙因子之隨機模型 (有交互作用)」與「無交互作用」一樣優。故整體多層次分析步驟，

基於模型精簡原則，最終應選有 model-5「無交互作用」之「Level-2 單因子及 Level-1 雙因子之隨機模型」，當作最佳多層次模型。

4-2 多層次模型之 SPSS 練習題 (新版 MIXED 指令，舊版 xtmixed 指令)

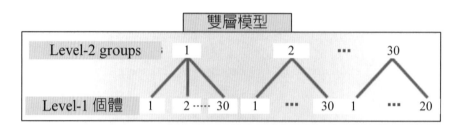

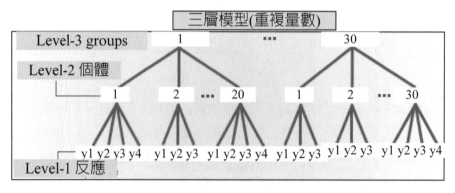

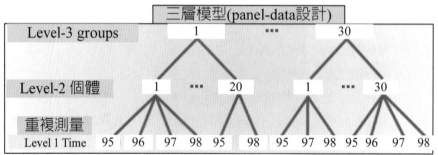

圖 4-24 雙層模型 vs. 三層模型

練習題 1：雙層模型

```
* 開啟資料檔
. webuse nlswork

*Random-intercept model, analogous to xtreg。「|| id：」後面無隨機斜率
. mixed ln_w grade age c.age#c.age ttl_exp tenure c.tenure#c.tenure || id:

*Random-intercept and random-slope (coefficient) model。「|| id:」tenure 為隨
機斜率
. mixed ln_w grade age c.age#c.age ttl_exp tenure c.tenure#c.tenure || id:
tenure

*Random-intercept and random-slope (coefficient) model, correlated random ef-
fects
. mixed ln_w grade age c.age#c.age ttl_exp tenure c.tenure#c.tenure || id:
tenure, cov(unstruct)
```

練習題 2：雙層模型

```
* 開啟資料檔
. webuse pig

*Two-level model，內定用隨機截距
. mixed weight week || id:

*Two-level model with robust standard errors，內定用隨機截距
. mixed weight week || id:, vce(robust)
```

練習題 3：三層模型

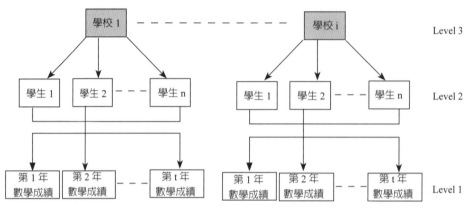

三層 Clustered-Longitudinal 資料
每年追蹤每位考生數學，眾多學生鑲套 (nested) 至學校

Level 1 變數係時變 (time-varying)：考生每年數學成績
Level 2 變數係非時變 (time-invarying)：學生種族特點、性別
Level 3 變數係非時變 (time-invarying)：學校規模大小、在學校層次的介入

圖 4-25 Three-Level Clustered Data 之示意圖

```
* 開啟資料檔
. webuse productivity

*Three-level 巢狀模型 (nested model), observations nested within state nested
within region, fit by maximum likelihood
. mixed gsp private emp hwy water other unemp || region: || state:, mle

*Three-level nested random interactions model with ANOVA DF
. mixed gsp private emp hwy water other unemp || region:water || state:other,
dfmethod(anova)
```

練習題 4：雙因子交叉模型

```
* 開啟資料檔
. webuse pig

*Two-way crossed random effects
. mixed weight week || _all: R.id || _all: R.week
```

練習題 5：誤差變異數具異質性之 HLM

```
* 開啟資料檔
. webuse childweight

*Linear mixed model with heteroskedastic error variances
. mixed weight age || id:age, residuals(independent, by(girl))
```

練習題 6：Random-intercept and random-slope model with Kenward-Roger DF

```
* 開啟資料檔
. webuse pig

* Random-intercept and random-slope model with Kenward-Roger DF
. mixed weight week || id:week, reml dfmethod(kroger)

*Display degrees-of-freedom table containing p-values
. mixed, dftable(pvalue)

*Display degrees-of-freedom table containing confidence intervals
. mixed, dftable(ci)
```

練習題 7：重複測量之 HLM

```
* 開啟資料檔
. webuse t43

* Repeated-measures model with the repeated DF
. mixed score i.drug || person:, reml dfmethod(repeated)

*Replay large-sample results
. mixed

*Replay small-sample results using the repeated DF
. mixed, small
```

中介模型、調節／干擾變數

中介 (間接效果)

1. 當一個自變數 (X) 對一個依變數 (Y) 的因互效果由一個介體 (M) 傳輸時發生。
2. 中介解釋了兩個其他變數之間的關係 (Baron & Kenny, 1986)。

sab is given by Aroian (1944). Mood, Graybill, & Boes (1974), Sobel (1982)

$Y = c_0 + c_1X + r_1$

$Y = a_0 + a_1M + r_3$

$Y = c_0 + b_1X + r_2$

$Y = b_0 + c'_1X + b_1M + r_4$

$s_{ab} = \sqrt{b^2 s_a^2 + a^2 s_b^2 + s_a^2 s_b^2}$

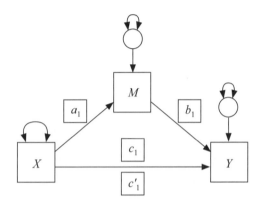

圖 5-1 中介變數之間接效果

5-1 理論與模型二者是一體兩面的關係

　　研究的目的和價值在發掘知識並解決問題，解決前人未曾解決的問題。(1)「什麼」是研究 (research)？它是事實的說明，清楚說明前人未曾說明清楚的事實。(2) 我們「為什麼」要從事研究？它在訛誤的辨正，改正前人的訛誤，例如前人發現太陽系有九大行星，最近有人發現是十大行星。(3) 研究的結果是「如何」產生推論？它是在建立理論 (研究方法、思想系統等)、建構新的研究方法或理論。

　　就方法論 (methodology) 而言，人們從事的研究，不外乎異中求同 (nomothetic) 及同中求異 (idiographic)，異中求同是在大量資料中發現其間的共同性，例如：烏龜、蛇、蜥蜴等爬蟲類都有相同的特徵「鱗片」。相對地，同中求異則是發現其間的互異性，像男女兩性在某些行為就有差異 (女人無錢會使壞，男人有錢才會使壞)，例如：女性使用毒藥來殺害親人的比例是男性的五倍。

　　因此研究的結果是用來說明、解釋或預測我們所生存和生活的世界及其現象。一般研究過程係經由發展假設、蒐集實際資料而給予驗證，企圖以

一組客觀的現象 (變數) 去說明另一組客觀的現象，建立其間的一般性命題 (proposition)，最後發展出一個較完整的理論系統。故學術研究旨在：(1) 學會適當的研究方法論。(2) 透過文獻研究等方式自行發覺某一學術領域空缺或謬誤。(3) 自行設法填補該空缺或糾正該謬誤。

　　研究是在尋找「事實真相」，以了解、解釋及預測現象。實證研究的過程，先是指出研究假設，再蒐集資料予以驗證該理論是否受到支持。傳統科學之研究架構是封閉的 (closed) 模型，主要是以理論來解釋現象，採用演繹法及歸納法這兩種傳統科學研究的兩大支柱：(1) 邏輯推演，要能「言之成理」；(2) 實證研究法，利用觀察所得資料來歸納。而理論則是對這些真相之關係提出規則化 (一般化) 的結論。

　　理論 (theory) 是系統化所串起的相關闡述，用來解釋社會生活的特定面向，它是可以被驗證和精緻化 (refine) 的，但理論並非代表真理。理論係由一相互關聯 (interrelated) 命題 (proposition) 所組成的一個廣泛體系。命題是由構念 (construct) 所形成，命題說明構念之間的關係 (只限因果關係但不能證明)，由此可得，理論 ⊂ 命題 ⊂ 假設。

　　圖 5-2 科學之理論，若以醫學診治病人的依據，可分 2 種思維：

(1) 演繹推理法 (過去的舊思維)：了解疾病的病理生理學並且有治療方法，便認為治療方法可以改善疾病。

(2) 實證 (evidence-based) 推理法 (現在的新思維)：如果有一群優勢的資料被合在一起檢視，支持疾病的某種治療方法，那麼這種治療將可以被安全有效的使用。實證醫學 (evidence-base medicine, EBM) 就是從龐大醫學資料庫中，篩選出值得信賴的資料，進行嚴格的評析，獲得最佳文獻和證據；並與醫護人員的專業、病人的價值和偏好以及病人的個別情況相結合，應用於臨床工作中，做出最適當的醫療決策。此思維也是 Meta 精神。

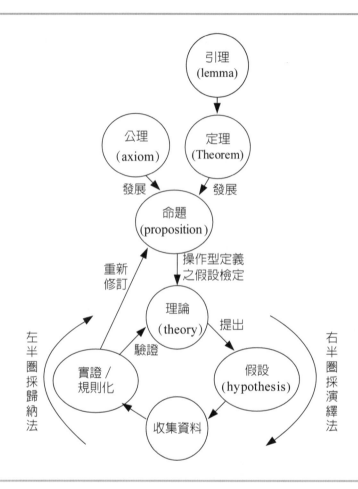

圖 5-2 傳統科學之理論建構法

(一) 心理學理論

　　心理學是一門研究人類及動物的行為與心理現象的學科，既是理論學科，也是應用學科，包括理論心理學與應用心理學兩大領域。其中精神分析學派、行為主義學派、人本主義心理學影響最大，被稱為心理學的三大主要勢力。常見的心理學理論如激勵理論 (motivating theory)，所謂激勵是指透過誘因或刺激物，來激發成員的工作意願和行動，使成員朝著組織目標努力前進的過程。激勵理論可分二類型：(1) 激勵的內容理論 (content)，包括：馬斯洛需求層次理論 (need hierarchy model)、ERG 理論、激勵保健理論／雙因子理論 (motivation-hygiene theory)、麥克郎需求理論 (theory of needs)、目標設定理論 (goal-setting theory)。(2) 激勵的過程理論 (process)：公平理論／公道理論／平等理論 (equity theory)、期望理論 (expectancy theory)、認知評價理論 (cognitive evaluation theory)、增強理論 (reinforcement theory)。

(二) 經濟學理論

經濟學理論是用來說明社會經濟現象的幾個主要經濟變數之間因果關係的邏輯體系。理論的創新來自對新現象的分析或對舊現象的新解釋。常見的經濟學理論有：供給需求理論 (價格理論)、邊際生產力理論 (theory of marginal productive)、廠商理論 (theory of the firm) 又稱市場理論、廠商均衡理論、交易成本理論 (transaction cost theory)、價值理論 (theory of value) 等。

(三) 實證醫學 vs. Meta

實證醫學是利用現有最佳醫療證據來為全民或是特定族群的病人訂立治療計畫及提供醫療服務的醫學 (Sackett et al., 1996)。故需整合：原始文獻證據與個人的臨床經驗及病患特性、價值觀與情況。

常見的醫學理論有：心智理論 (theory of mind)、肌肉收縮理論 (theory of muscle contraction)、超越老化理論 (theory of gerotranscendence)、接觸理論 (theory of contact)、模仿理論 (theory of imitation)、差別接觸理論 (differential association theory)、應用限制理論 (theory of constraints) 等。醫療體系大致上可分 3 大學派：

1. 「擬人論醫學體系」(神學)：認為疾病的發生是由於超自然物 (神靈) 力量所造成的，如：撒旦、鬼、神祇等，巫醫、乩童、符咒等即屬於此類。

2. 「自然論醫學體系」(經驗醫學)：認為疾病的發生是由於自然環境的變化或人的生活方式不正常所造成的，如：氣候的變化、飲食習慣、人的情緒變化等。中醫學、壽命吠陀、順勢療法等即屬於此類。

3. 「科學論醫學體系」(實驗設計)：經由設立假說、實驗設計，並利用演繹、歸納等方法呈現結果，或藉由科學儀器偵測所產生的醫學，是近現代醫學的主流，例如：西醫。此實證醫學學派亦是 Meta 的精神所在。

5-2 理論建構的二個途徑

模型 (model) 與理論 (theory) 是一體兩面，意義上，兩者是實質等同之關係。

一、理論建構的途徑 (多重因果關係之建構法)

理論建構是一個過程，在建構的過程中所發展出來的構念 (概念) 與假設 (命題) 是用來說明至少兩個定理或命題的關係。Kaplan(1964) 提出理論建構有兩個途徑 (intention vs. extension)：

(一) 內部細緻化 / 內伸法 (knowledge growth by intention)

在一個完整的領域內，使內部的解釋更加細緻、更適當化。Intention 有 3 種方法：

1. 增加中介 (Intervention) 變數

在「自變數 X 影響依變數 Y」關係中，添增一個中介變數 I，使原來的「X → Y」變成「X → I → Y」的關係，原始「刺激 S → 反應 R」古典制約理論變成「刺激 S → 有機體 O → 反應 R」認知心理學。

2. 尋找「共同」外生變數 (exogenous variable)

例如「抽菸→癌症」關係中，發現抽菸 (X 變數) 是因為心情不好 (E 變數)，癌症 (Y 變數) 也是因為心情不好，此時「X → Y」關係變成下圖的關係。原來「X → Y」的虛假關係不見了，後來發現 E 才是 X 與 Y 的共同原因 (common cause)。例如：多角化程度與國際化程度也是組織績效的共同原因。

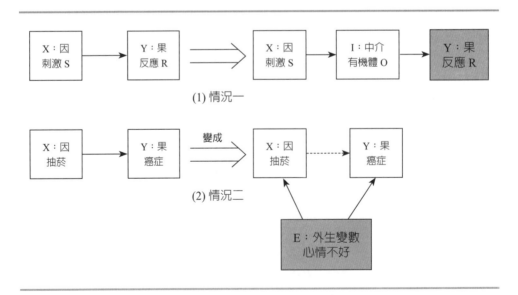

(1) 情況一

(2) 情況二

圖 5-3 內伸法 (中介 vs. 共同原因)

3. 增加干擾 (moderate) 變數 (次族群 subgroup，即 multi-level 混合模型、
   multi-level SEM)

　　例如：「工作滿意影響工作績效」的模型中，後來發現年齡層 (次族群之干擾變數 M) 亦會影響工作績效 (Y 變數)，此時原來的「X → Y」關係，就變成下圖，即 X 與 Y 的關係是有條件性的，隨著干擾變數的不同，其關係強度亦會隨著不同。例如：原來「父母社經地位→子女成績」其關係強度係隨著「不同縣市城鄉差距」而變動。

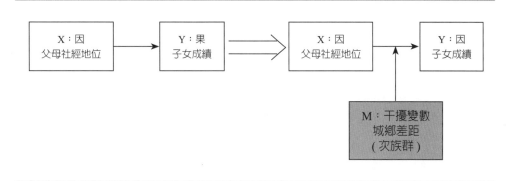

圖 5-4 父母社經地 vs. 子女成績 (次族群當調節／干擾變數)

　　例如：腦中風的危險因子 (高血壓、症狀性心衰竭、瓣膜性心臟病) 受到性別、年紀、糖尿病、家族中風史等次族群 (subgroup) 的干擾 (moderate)。

(二) 外延法 (knowledge growth by extension)

　　在一個較小的領域，先求取完整的解釋，然後將此結論延伸至相似的領域，此種 extension 模型有三種不同的做法：

1. 增加內生變數 (endogenous variable)

　　由已知「X → Y」延伸為「X → Y → Z」，即從已知 X 與 Y 的關係中延伸至 Z 的知識。例如：原來「個人態度→意向」的變成「個人態度→意向→實際行為」。

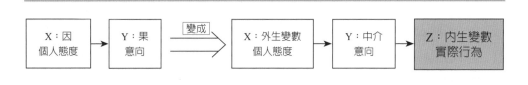

圖 5-5 個人態度 (因果鏈是外延法之一型態)

2. 增加另一原因之外生變數

由已知「X → Y」延伸爲下圖關係，即由原先發現 X 會影響 Y，後來又發現 Z 也會影響 Y。例如：除「學生 IQ →成績」外，「家長社經地位→成績」。其統計可採淨相關 = 0.04(排除 Z 之後，X 與 Y 的淨相關)、及 =0.03。例如：工作滿意及組織承諾都是離職意圖的前因 (圖 2-7 有 Meta 計算實例)。再舉一例子，影響疏離感 (Alienation) 的原因有 5 項，包括：(1) 個人特徵 (成就動機、內外控、工作倫理)。(2) 上級領導 (支持型)。(3) 工作設計 (變異性、回饋性、自主性)。(4) 角色壓力 (角色混淆、角色衝突)。(5) 工作內涵 (正式化、授權層級、決策參與、組織支持)。

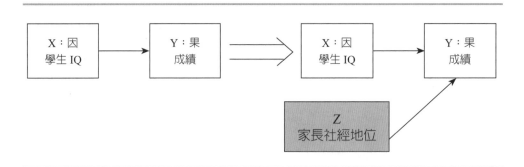

圖 5-6 學生 IQ (多重因果架構是外延法之一)

3. 增加另一結果之內生變數

由已知「X → Y」延伸爲下圖關係，即由原先發現 X 會影響 Y，後來又發現 X 也會影響 Z。例如：原來「地球氣候→糧食產量」，又發現「地球氣候→河川水文」。再舉一例子，疏離感 (Alienation) 的後果有 4 項，包括：(1) 態度面 (工作滿意、工作涉入、組織認同、組織承諾)。(2)離職意向。(3)員工績效 (工作績效、OCB)。(4) 副作用 (酗酒)。

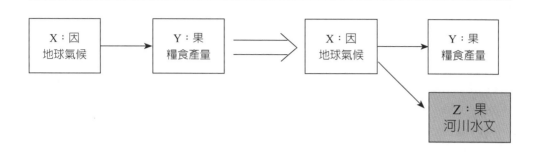

圖 5-7 地球氣候（多重因果之研究架構）

小結

　　實務上，我們在進行理論建構時，都會混搭內伸法與外延法這兩種做法 (intention vs. extension) 來建構新理論。例如：在行為科學中，早期的學者發現「學童的學前準備→學童的幼稚園畢業成績」，後來學者再根據「intention」或「extension」，將此模型擴展為圖 5-8。

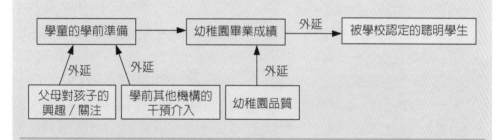

圖 5-8 兒童的學習發展模型

　　上述幾個因果模型圖，「→」箭頭代表「前因後果的方向」，其統計值即是「方向的強度」。在橫斷面研究設計，其統計值包括：χ^2 檢定、t 檢定、F 檢定、Pearson r 檢定、迴歸係數 b 等幾種。這些統計值都可用本書 Excel 程式，來做單位變換成「*fisher's Z_r* 效果量」，並做總平均效果量及其顯著性檢定。

　　甚至，縱貫面研究之時間序列 (time series)，亦可套入 Meta 公式，以「機率 p 值、迴歸係數 b 之 t 檢定」，做單位變換成為「效果量」並且機率合併。

二、因果模型

因果模型 (causal model) 有下列幾個特性：

1. 「原因」(自變數 X) 是指一件事 (或幾件事) 會促使 (force) 某件事情 (依變數 Y) 的發生。

2. 因果模型具有兩個特性：(1) 關係是不對稱性的，即逆定理不成立。若 X 產生 Y，則並不代表 Y 產生 X。例如：「刺繡→反應」，就不保證「反應→刺繡」。(2) 當不知道「結果」的所有原因時 (因為人的求解是屬有限理性)，研究者就以「其他條件不變下」或誤差項來處理。

3. 因果關係可分爲確定 (deterministic, 必然) 及機率 (stochastic, 偶然) 模型兩種。

 (1) 在 Y = f(X) 的函數關係中，若每一個 X 值僅對應於單一的 Y 值，則 X, Y 之間的關係爲完全決定的函數關係，稱爲確定模型，例如：手機每臺 $4990 元，X 爲手機臺數，Y 爲總收益，則 Y = 4990X。

 (2) 若 $X = x_i$ 時，Y 值不確定，而是依循某一機率分配，則 X, Y 之的函數關係稱爲機率模型。例如：X 爲每家庭的年收入，Y 爲每個家庭每年在育樂上的支出。對於某個特定的值 $X = x_i$ 而言，我們無法準確地預測出對應於 Y 的單一值，因爲除了收入外，還有很多其他因素會影響育樂支出。但是知道一個家庭的年收入有助於我們預測育樂支出，第 i 個家庭的育樂支出可以用下列機率模型表達：$Y_i = b_0 + b_1 x_i + e_i$。假如求出的，$Y_i = 14.92 + 0.72 x_i + e_i$，其中 e_i 爲一個隨機變數，使育樂支出高於或低於 $(14.92 + 0.72 x_i)$。也就是說，對於某個特定的 x_i 值而言，其相對應的可能 Y 值具有某種機率分配。e_i 代表除了家庭收入外，所有其他因素對育樂支出造成的影響的來源：

 (I) 行爲的隨機性 (human indeterminacy)。

 (II) 測量的誤差 (measurement error)。

 (III) 其他無法觀察到影響 Y 的因素 (omission of the influence of innumerable chance events)。

4. 因果模型的研究方法可採實驗設計及非實驗設計兩種，前者採用眞實驗、準實驗、因果比較法 (事後回溯法)，後者則採用調查法。

5. 因果模型僅代表科學家的「工作假設」或「工作工具」，它是以工作假設 (working hypothesis) 來建構理論，而非代表眞實世界中眞正的因果關係。

5-3 因果關係的第三者：調節／干擾變數 (moderator)、中介變數

本節重點，只談有調節變數 (moderator / moderation)，它又稱干擾變數。有關中介變數是否存在的證明，可見作者《Pandel-data 迴歸分析：STaTa 在廣義時間序列的應用》一書的 2SLS 介紹。

5-3-1 組織研究的中介檢定之緣起

在組織研究中，中介模型 (mediation model) 可以說是最廣為運用的研究取向，也是近年來備受矚目的實證研究趨勢 (Collin s, Graham, and Flaherty, 1998; Frazier, Tix, and Barron, 2004; MacKinnon, 2008)，不論是探討現象形成的機制 (mechanisms)，或者是不同構念 (construct) 之間直接及間接的連結關係 (linkage relationships)，中介模型都是必要的實證架構。近年來，由於研究議題與統計方法的日益精進，如何理解中介研究的理論觀念，透過適當的研究設計並正確使用統計分析程序，已然是研究方法學者所關心的重要課題。

中介變數的歷史淵源與基本觀念

論文 Baron & Kenny(1986) 及 James & Kenny(1986) 都是中介模型的啟蒙者。也因此，我們進行中介變數檢驗時，最常引用的就是 Baron & Kenny 的文章。追溯中介變數的源頭，一般認為起於心理學家 Tolman (Mathieu, DeShon, Bergh, 2008) 與 Edward Chace Tolman(1886-1959) 都是行為論者，幾乎一生都在柏克萊加州大學心理系任教。他長年進行老鼠在迷宮找尋出路的實驗，企圖研究老鼠怎樣學會逃脫困境，進而瞭解人類如何做行為的抉擇 (Tolman, 1932)。一般而言，行為心理學家認為外部刺激 (S) 與反應 (R) 之間 (stimulus-response, S-R) 的聯結是一般行為的構成基礎，如果能夠對 S-R 提出合理解釋和驗證，就是對人類行為的變化找到了答案 (張春興，1991)。換言之，他們在自然科學實證主義 (positivism) 的大旗之下，主張心理學要成為符合科學的學術領域，必須專注於可以直接觀察的「行為」，那些不能觀察的情感、知覺、意識等等心理活動都應排除；也就是說，心理學不研究「心理」而應研究「行為」。根深蒂固的行為論者，如 B.F. Skinner 都採取這樣的觀點。身為行為論的一員，Tolman 的貢獻就在於提出一個修正的觀點，認為刺激不必然產生自然的行為反應，往往在

刺激之後生物體 (organism) 有一段心理過程，之後才產生因應的行為，亦即形成 S-O-R。

其實 Tolman 的觀點源自於 Woodworth(1928)。Robert Woodworth(1869-1962) 認為過度強調先天特質 (例如：智力 IQ) 或後天環境 (例如：行為論說的外部刺激) 都有重大盲點，因此他提出了動態心理學 (Dynamic Psychology) 的觀點，主張要了解人的行為，既要看先天條件，也要看後天環境，Woodworth 可以說是互動論 (interactionist) 的先驅。很自然的，他認為行為論的 S → R 有所不是，刺激之後，生物體會決定如何反應，中間的過程 (O) 可能是知覺或動機等 (Woodworth，1928)。

Tolman 多次引述 Woodworth 的觀點，並輔以有力的實驗數據，顯示動物受到環境刺激，產生的不一定是機械的、自然的反射行為反應，而是「目的性行為」(purposive behavior;Tolman,1932)。所謂目的性行為，表示動物 (老鼠或人) 會從環境的刺激，產生辨識、記憶、思考、自然的學習，從而做出欲達到目的的行為。也就是說，Tolman 主張要了解行為，必須先要了解心，因為行為的最終決定者是心，不是外部的刺激。這一觀點，當然受到許多行為論者的攻擊，如 Skinner(1950)，但卻也間接影響了後來的潛在學習 (latent learning)，也對後來取代行為心理學而成為主流的認知心理學產生了重要的作用。

可以想像，Tolman 的異議難以見容於 1930 年代的許多行為論的心理學家，他必須很努力地闡述並捍衛自己的研究結果和立論。他於 1932 年探討內在決定因子 (immanent determinant) 一詞，說明前因和結果 (行為選擇) 之間的功能性關係 (Tolman, 1932)，並在隨後幾年發表二篇論文 (Tolman, 1935, 1938)，稱中介變數為 intervening variable。他再三解釋自己的觀點，並駁斥反對者的論述。1938 年這篇論文還是他 1937 年任 American Psychology Association 學會會長時的年會演講稿。綜合來說，Tolman (1938) 認為：

1. 在任何一個時、空狀態下，老鼠 (人) 是否能夠逃出迷宮 (走出困境). 受到許多自變數的影響 (例如：環境刺激和個別差異)。

2. 在自變數和行為結果之間還有一組中介變數 (a set of intervening variables)，亦即前述的段心理過程。

   至於該有多少個中介變數，則由實驗所探討的理論來決定。

3. 每一個 intervening condition (亦即中介條件的存在)，會產生某一種行為選擇。也就是說，每一個 condition (動物本身的一段心理過程)，代表一個研究假設。

4.「一個理論就是一連串中介變數」(A theory is a set of "intervening variables").

綜合上述，Tolman 認為行為的選擇 (即結果變數)，可能有四種前置變數：
外部環境的刺激 (stimulus，簡稱 S)、行為者的先天特質 (heredity，簡稱 H)、行
為者過去的訓練 (trainig，簡稱 T)、行為者的生理狀態 (physiological state，簡稱
P)。

Tolman 的觀點提出後，激發了十幾年的論戰，大約從 1948 年延伸到 1960
年。論戰焦點在於中介變數是否只是假設性構念 (hypothetical construct) 或是可
觀察變數 (observable variable)？以「正統」行為論的觀點，前者不能被客觀的
觀察，因此不能被實證檢驗 (empirically tested)，也因此不能視為「科學」，而
後者則可以。換句話說，他們當時爭論的是心理學研究的標的應該限於看得到
的行為，抑或也應包括內在的心理過程，因此論點也涉及：心理過程是否可以
轉換成公式並加以測量。Tolman 長期在實驗室觀察老鼠，多少也解決了測量的
問題。例如：測量飢餓這個中介變數，可以用前一次進食的時間點到現在進行
觀察老鼠行為的時間長短來推估。由於心理測量不易精確 (今天所謂的信、效
度問題)，我們可以理解這場論戰何以持續這麼久。從今天來看，這些爭論已完
全不是問題，中介變數既是研究構念 (在概念端)，也是可具體測量的變數 (在
實證端)。對此論戰有興趣的讀者，可參閱 Meissner(1960) 的一篇總結論文或
Mathieu 等人 (2008) 的重點敘述。

幾乎在這些論戰的同時，從完全不同的脈絡理蹈，Herbert Hyman(1955) 對
中介的概念和檢驗提出了清楚的論述。在介紹他的論述之前，有必要先談談這
一論述的時代背景。從二次大戰一直到戰後的十幾年，由於戰爭的關係，美國
政府需要大量學者專家對戰爭所引起的人類現象進行研究，如戰士對軍旅生活
的適應 (美國直到越戰後才改採募兵制)，德國和日本遭受大規模轟炸後其民心
士氣受到的影響等等，主持這些研究計畫的包括 Samuel Stouffer(1900-1960)、
Rensis Likert(1903-1981) 和 Paul Lazarsfeld(l901-1976) 等重量級社會學、組織心
理學者，參與的研究人員來自各相關領域，包括政治、統計、心理分析等等，
被稱為史上僅見的大規模跨領域合作的社會心理學黃金時代 (Sewell、1989) 這
些研究計畫的樣本動則數十萬人，採用的研究方法和測量工具繁複多元，累積
了大約 25 年的經驗，最直接的成果是社會科學研究方法的大躍進。Sewell(1989)
描述了這些成果，包括抽樣、訪談、量表發展、問卷組成、觀察技術、統計分
析等等都有重要專書和論文出版，所產生的影響迄今不輟。其中，包括 Lazars
feld 提出的脈絡分析 (contextual analysis) (Lazarsfeld and Rosenberg, 1955; Merton

and Lazarsfeld, 1950)，此一方法是組織研究學者在沒有 HLM 之前，進行跨層次分析的主流方法。

　　Hyman 是哥倫比亞大學社會系教授，是 Paul Lazars feld & Rohert Merton(1910-2003) 的同事。Merton 師承 Talcott Parsons' 但主張 "middle-range"theory(作者註要發展能夠實證檢驗的「中型」(middle range) 理論，而不是 Parsons 式的難以檢驗的大理論)，他那年代指導的研究生包括後來成爲大師的 Philip Selznick、Alvin Gouldner、Amitai Etzioni 和 Peter Blau 等。

　　在參與美國政府的二次大戰研究計畫後，Hyman(1954, 1955) 出了兩本研究方法書 *Interviewing in Social Research* (1954) 和 *Survey Design and Analysis* (1955)。在第二本書中，Lazarsfeld 總計畫主持人身分寫了八頁的導讀，此書採用了大量的經典研究實例資料，包括涂爾幹 (Durkheim) 的自殺研究和金賽的性行爲研究，當然還有那時才完成的戰士適應研究等等，書本最後有一個長達 54 頁的附錄，內容涵蓋詳細的實例研究設計和測量工具等等，另有一些習作問題和解答，可謂一本詳盡的調查研究方法教科書。雖然 Hyman 用了幾個不同名稱來描述中介變數，包括 interpretive variable、test factor、intervening variable 等，但他那時對中介的闡釋和我們今天的理解是一致來的。他用了許多篇幅來說明中介 (和調節) 和其檢驗，以今天的學術寫作標準來看，他的語言文字並不易讀懂，但基本重點都講出來了。Mathieu 等人 (2008) 對 Hyman 這一部分論述作了很精要的解釋，包括：

1. 自變數 (X) 要和中介變數 (M) 相關 (X → M)，而 M 要在 X 之後發生。

2. 中介變數和依變數 (Y) 相關 (M → Y)。

3. 三個變數同時檢定時，原來的 X → Y 相關性會變小。

　　在此，我們比較 Tolman 和 Hyman 兩位學者對中介的論述。(1) 兩人都從各自的研究中發現了解中介過程的必要，因此以大量論述來說服同儕，這是學者專業求眞精神 (scholarship) 的展現。(2)Tolman 顯然面對比較多的挑戰，包括行爲論和認知論之爭，以及中介變數是否可以是觀察變數之事，而這些對 Hyman 的學術社群而言都不是議題。(3)Tolman 認爲中介是行爲選擇 (依變數) 之前的心智程序 (mental processes)。包括需求、知覺和行爲，同樣地，對 Hyman 而言，中介可以是前因之後產生的心理狀態 (psychological states)。也可以是產生的行爲特徵 (behavioral characteristics)，兩人見解可謂相同。(4) 兩人都體會 X 和 Y 之間可以有許多個中介變數，Tohnan 認爲由探討的議題來決定。Hyman 則建議先考量最接近 (proximal) 依變數的中介變數，兩者見解都恰當，相較下現今

對此多元中介議題的討論深刻很多。

現在看來，Tolman 和 Hyman 各自的學術圈子顯然是沒有交流的，除了領域本身的隔閡外，那年代沒有網路，沒有電子資料庫也是其中原因。當年 Hyman 對中介的見解和今天學界普遍接受的看法其實相當接近，但他在這一部分產生的影響似乎不明顯，因爲中介在他的研究方法專書中只是其中一部分論述。Tolman 的影響則顯然大很多，除了論述引發上述的中介變數論戰，他從實驗室觀察老鼠走迷宮所發現的動物的認知學習就是一個重大貢獻。Richard Elliott(1887-1969) 在 Tolman(1932) 專書 *purposive Behavior in Animals and Men* 的序言中指出。Tolman 提出了個「完整心理學」(complete psychology)。根基於一個內在行爲系統 (intrabehavioral system)。用紮賞的實驗方法和眞實的數據建立，既無神祕也不形而上 (這是「科學」研究者最痛恨的部分)。因此一個新的行爲論已經來臨 (Behaviorism of this sort has come of age) 。這個序言顯然過度美化，但可見 Tolman 的影響不容置疑。這本書被國內心理學者選爲「當代思潮系列叢書」之一 (李維，1999)。今天柏克萊加大校園內的 Tolman Building 大樓就是命以其名，這一棟曾得建築獎的大樓，由於有些部分像當年行爲實齡室的老鼠迷宮，至今仍爲人津津樂道 (http://gse.berkeley.edu/admin/publications/tolmanhistory.html)。

近 20 年，學者進行中介 (調節／干擾) 效果分析，基本上源自 Baron 和 Kenny(1986，簡稱 BK 法)，以及 James 和 Brett 結構方程模型 (1984，簡稱 SEM 法)。雖然前人對中介有許多討論，但迄 1980 年代前期，仍有許多學者以爲中介和調節可以混用，對於統計分析的步驟和判斷更是模糊，是在那樣的時空背景下，出現了這兩篇論文。兩文對中介和調節變數的澄清有很大的功勞，1980 年代後期已經少有人誤解其中意涵。在這裡有必要特別說明，在臺灣許多學者把 moderator 稱爲調節或干擾變數，我們認爲調節的說法較爲適當，而應把產生誤差變異 (error variance) 的變數稱爲干擾或汙染 (confounding) 變數，干擾變數包括 bias、contamination、noise、nuisance、suppressor 等等沒有考量到的因素 (詳：Schwab, 2005; MacKinnon, Krull, and Lockwood, 2000) 都是潛在的干擾變數，相對的，基於理論基礎，被研究者置於研究架構中，企圖檢定是否對兩變數之間關係發生作用的稱爲調節變數，如此一來較不會在觀念上混淆。

調節和中介兩種變數在理論的建構上各有所司，簡言之，調節變數是回答 when、who、where(在不同的人、事、時、地下，X 與 Y 的關係是否有所不同) 的問題，也就是對理論適用與否的邊界條件 (boundary conditions) 加入探

討，而中介變數則在回答理論的 why（為何 X 影響 Y）和 how(X 透過何種途徑影響 Y) 的問題。在研究組織現象時，不論是 OT 或 OB 領域，如果理論模型是 X → M → Y，但檢驗時如果只簡化成 X → Y 來測，由於沒有測 M。即使得到實證支持，也不能反推 X → Y 由 M 造成。也就是說，檢驗過程中，如果少了中介變數，即使沒有其他錯誤，充其量也只能知其然而不知其所以然。

這兩篇文章對中介變數的定義和分析沒有重大相左。James 和 Brett(1984) 認為中介作用立基於明確的理論基礎時應用驗證性 (confirrnatory confirrnatory) 分析檢定各變數間的因果關係，而 Baron 和 Kenny(1986) 建議用迴歸分析檢驗中介作用，並以 Sobel test 檢定間接效果的顯著性，如果變數屬於潛在變數，則可用 SEM 檢驗其因果關係。在 2008 年發刊的 Organizalion Research Methods 第 11 卷第 2 期是以中介效果 (mediation) 為主題的特刊，特別邀請 David Kenny 和 Lawrence James 回顧當年的論述背景和對當前相關研究的看法。Kenny(2008) 表示，他依稀記得 1969 年上研究方法課時，聽過老師討論 Hyman(1 955) 的中介觀念，但對此一觀念沒有特別的熱情，後來各種因緣際會才和 Reuben Baron 合寫了那篇論文，先投到 American Psychologist 被拒絕，之後轉投 Journal Personalityof Social Psychology 還是被拒絕，退稿的理由是論文所述並無新意，價值有限。後來 JPSP 換了主編，他們再投一次請求再給一次機會，新來的主編欣賞這篇文章，力排眾議同意刊登。至於 James(2008) 表示剛開始對中介也沒有特別的興趣，礙於那時 Journal of Applied Psychology 主編邀稿，要求寫一篇文章告訴學界中介效果和調節效果有所不同，於是找 Jeanne Brett 合作完成該文。

看來兩篇文章的作者都是無心插柳，但柳成蔭將近 30 年。在今天，中介模型的研究引用 Baron 和 Kenny(1986) 已成了一個儀式，但仍有許多議題值得討論，包括對於 BK 法的質疑、中介模型中因果關係的本質、理論基礎、研究設計、不同模型的分析和檢驗等等，都影響到中介研究的嚴謹性。

5-3-2 中介變數（直接效果、間接效果）≠ 調節變數（交互作用效果）

討論介於自變數 (X) 與依變數 (Y) 間的介入變數 (Z) 的效果已有很長的歷史。至 2009 年止引用 Baron and Kenny(1986) 的 SSCI 論文超過 12688 篇 (Zhao et al., 2010)。其中很重要的理由是，檢定中介效果可以了解自變數 (X) 對依變數 (Y) 影響，將感興趣的因果關係做分解，找出造成因果關係的可能機制，對許

多因果模型或結構模型分析做中介部分是研究者最感與趣的。這些模型對心理學、社會學與管理學等領域之理論發展和檢定可能的介入問題是有幫助的。

　　研究者考慮自變數 (X) 與依變數 (Y) 間之關係，是否會因加入第三個變數而有所不同，所加入的第三個變數一般稱為介入變數 (interventor)。如果此介入變數預期會受自變數的影響，也預期此介入變數會影響依變數，則此種介入變數稱為中介變數 (mediator variable)。自變數對依變數的影響是透過中介變數所引發，我們稱此種影響的作用為間接效果 (indirect effect)(Shrout & Bolger, 2002)。如果自變數對依變數的影響會隨著介入變數水準而變，則此介入變數稱為**調節／干擾變數** (moderator variable)。但干擾變數對依變數的影響除主效果外，最重要的是討論干擾變數與自變數對依變數的**交互作用**，因此交互作用也稱為干擾效果 (Baron & Kenny, 1986;James & Brett, 1984)。

　　干擾變數會改變自變數 (X) 對依變數 (Y) 影響的大小，也可能改變影響的正負方向。在 Baron & Kenny 的模型發表之後，相繼有很多依據此模型發展之後續研究，例如探討多元中介變數 (multiple mediators) 之中介模型 (Cheung, 2007; Preacher & Hayes, 2008)、中介與干擾效果整合檢定之模型 (edwards &Lambert, 2007; Fairchild & Mackinnon, 2009)、有關潛在變數 (latent variable) 之中介與干擾效果模型 (Kenny & Judd, 1984; Ping, 1996; Bollen & Paxton,1998; Marsh et al., 2004)、縱斷面 (longitudinal) 時間序列下中介效果之模型 (Farrell, 1994; Maxwell & Cole , 2007)、多階層資料 (multilevel data) 下中介效果模型與類別資料 (categorical data) 下中介效果之研究 (Kenny et al., 2003; Bauer, et al., 2006) 等。在這些後續研究中，多個中介模型雖然在應用領域有大量而強烈的需求，然而卻相對受到較少關注 (Preacher & Hayes, 2008)。故本章節特別介紹中介及調節效果給大家認識。

5-3-3a 中介變數

一、何謂中介變數 (mediator)？

定義：中介變數 (mediator variable)
顧名思義，係指自變數 (IV) 對依變數 (DV) 的影響，這個部分影響是透過 mediator 的。換言之，mediator 可解釋一部分 IV 對 DV 的影響。這三個變數的關係如下圖所顯示。要測試是否有 mediation，必須用 multiple regression 或 path analysis。步驟如下：

(1) 先要有「IV → DV」的關係 (還沒放 mediator 進去)，如果 IV 對 DV 沒影響，沒必要想中介變數的。

(2) IV 跟 mediator 之間要有顯著關係 (下圖 b 的地方)。

(3) mediator 和 DV 之間有顯著關係 (下圖 c 的地方)。

(4) 同時把 IV、DV 和 mediator 放進方程式中，三者的關係都要呈顯著。

寫成迴歸方程式的話，依次為：

(1) $DV = b_0 + a \times DV$

(2) $Mediator = b_1 + b \times IV$

(3) $Mediator = b_2 + c \times IV$

(4) $DV = b_3 + a \times IV + c \times IV$

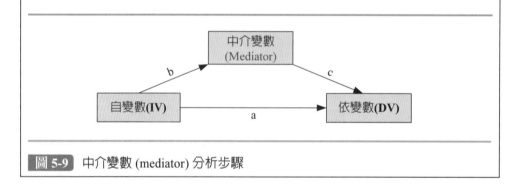

圖 5-9　中介變數 (mediator) 分析步驟

　　假設，只看 IV 和 DV 的關係時，這個直接效果之迴歸係數 (coefficient) 比較大。若將 mediator 放進來，「IV → DV」的迴歸係數 (coefficient) 變小了 (但有可能還是顯著)。這就說明了其中有 mediation 效果。

　　中介變數扮演 IV 對 DV 關係的中繼角色。它出現在自變數 (IV) 與依變數 (DV) 之間，出現在比較複雜的因果關係中。Mediator 是 IV 的 DV，而又是 DV 的 IV。中介變數解釋 IV 和 DV 兩變數之間關係的過程。

　　因果鏈 (causal chain) 亦是中介變數的延伸，例如：

家庭瓦解 → 小孩低自尊 → 憂鬱 → 成績不佳 → 低工作期望 → 成年後低收入

健康知識 → 態度 → 社會期待 → 行為動機 → 健康行為

二、中介變數 (mediator) 之研究架構

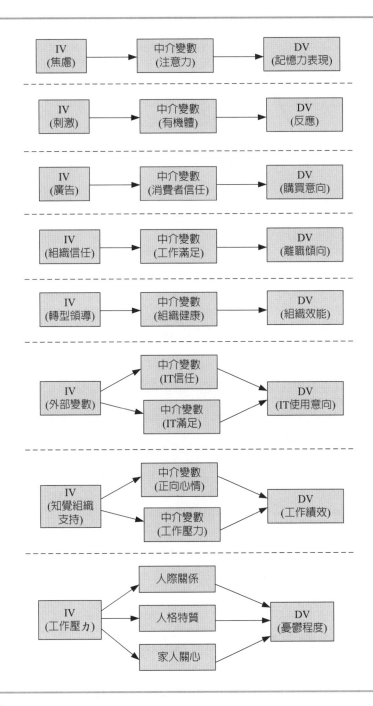

圖 5-10 中介變數之心理學範例

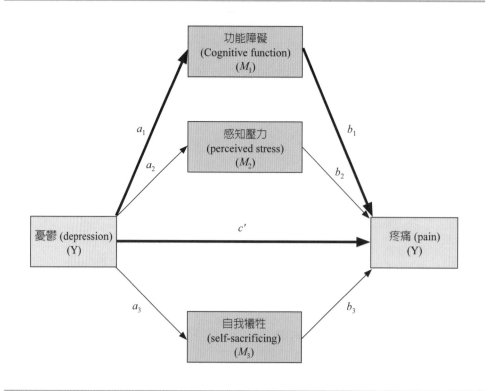

圖 5-11 描述連接憂鬱症疼痛症狀的直接效應和因果路徑的路徑圖

註 1：Path diagram illustrating the direct effects and causal paths linking depression-pain symptoms.

註 2：a_1, a_2, a_3, b_1, b_2, b_3, c' = path coefficient (unstadardized coefficient). The model fit statistics was chi-square = 32.292, df = 3, p < 0.0001, chi-square/df = 10.76; comparative fit index = 0.941, root mean square error approximation = 0.168, and standardized root mean square residual = 0.0350.

註 3：縮寫 df, degress of freedom; SMM, serial multiple mediation.

　　本例「粗線」之 Sobel 中介檢定法，請見作者《多層次模型 (HLM) 及重複測量：使用 STaTa》〈5-3 中介模型：Sobel 檢定法 (巨集指令)：影響憂鬱的直接及間接因素〉。

5-3-3b 中介變數存在與否的 4 種檢定法

　　由於 SPSS 仍無中介檢定相關指令，故可參考作者《多層次模型 (HLM) 及重複測量：使用 STaTa》，指令如下：

中介變數是否真存在，還是假存在呢？其統計檢定法有四：

方法 1：因果法 (The Baron and Kenny's Approach, B-K method)

STaTa 的範例如下：

```
* Sobel-Goodman tests are to test whether a mediator carries the influence of
an IV to a DV.
* 安裝外掛指令 sgmediation
. findit sgmediation
* sgmediation 語法如下：
. sgmediation DEP_VAR, iv(INDEP_VAR) mv(MED_VAR)
. bootstrap r(ind_eff), reps(5000): sgmediation DEP_VAR, iv(INDEP_VAR)
mv(MED_VAR)
. estat bootstrap, percentile
```

方法 2：直接與間接效果法

(a) 係數差異法 Difference in coefficients。此範例的實作，存在「comparing regression coefficients across groups using suest.ado」STaTa 指令檔，如下圖所示。

(b) 係數乘積法 (Product of coefficients)。

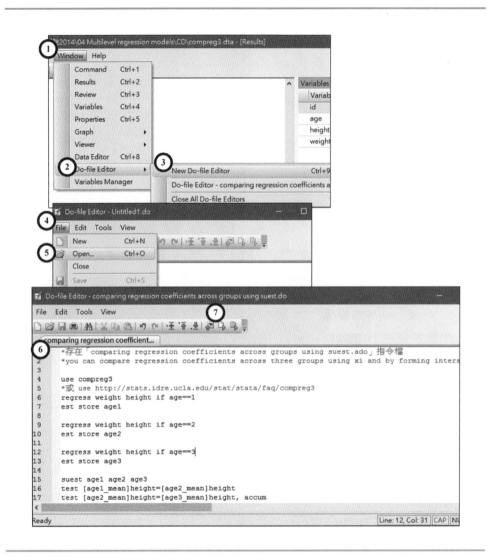

圖 5-12 存在「comparing regression coefficients across groups using suest.ado」指令檔

方法 (2a)：係數差異法 (difference in coefficients) 之實作，如下圖。

*How Can I Analyze Multiple Mediators in STATA？
＊存在「How Can I Analyze Multiple Mediators.ado」指令檔

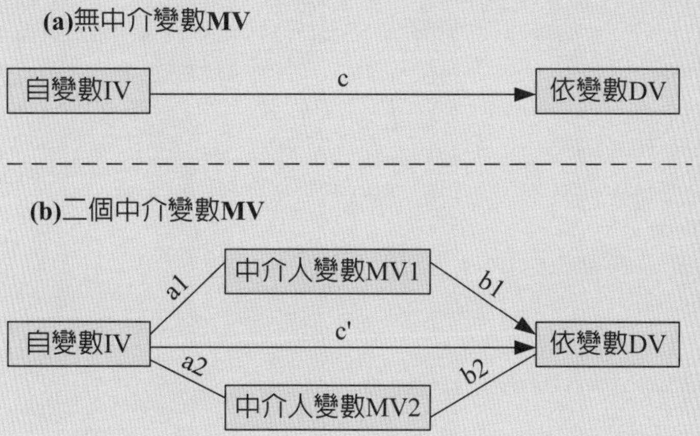

(a)無中介變數MV

自變數IV ——————— c ——————→ 依變數DV

- -

(b)二個中介變數MV

中介人變數MV1

自變數IV ——— a1 ———／ ——— b1 ———→ 依變數DV
——————— c' ———————
——— a2 ——— ——— b2 ———
中介人變數MV2

圖 5-13 MULTIPLE MEDIATORS

*hsb2 dataset with science as the dv, math as the iv and read and write as
the two mediator variables.

* In the figure above **a1** represents the regression coefficient for the IV
when the MV is regressed on the IV while **b** is the coefficient for the MV
when the DV is regressed on MV and IV. The symbol **c'** represents the di-
rect effect of the IV on the DV. Generally, researchers want to determine
the indirect effect of the IV on the DV through the MV. One common way to
compute the indirect effect is by using the product of the coefficients
method. This method determines the indirect effect by multiplying the re-
gression coefficients, for example, a1*b1 = a1b1. In addition to comput-
ing the indirect effect we also want to obtain the standard error of **a1b1**.
Further, we want to be able to do this for each of the mediator variables
in the model.

* Thus, we need the **a** and **b** coefficients for each of the mediator variable
in the model. We will obtain all of the necessary coefficients using the
sureg(seemingly unrelated regression) command as suggested by Maarten Buis
on the STATA list. The general form of the sureg command will look some-
thing like this:

```
. sureg(mv1 iv)(mv2 iv)(dv mv1 mv2 mv3 iv)

* 二個中介變數之 STATA 範例

*hsb2 dataset with science as the dv, math as the iv and read and write as
the two mediator variables.

*We will need the coefficients for read on math and write on math as well as
  the coefficients for science on read and write from the equation that also
  includes math.
. use hsb2, clear
. 或 use http://stats.idre.ucla.edu/stat/data/hsb2, clear

. sureg(read math)(write math)(science read write math)

* * indirect via read
. nlcom [read]_b[math]*[science]_b[read]

* indirect via write
. nlcom [write]_b[math]*[science]_b[write]

* total indirect
. nlcom [read]_b[math]*[science]_b[read]+[write]_b[math]*[science]_b[write]

*---- ratio of indirect to direct ----
. display .3475706/.3190094

* proportion of total effect that is mediated
. display .3475706/(.3475706+.3190094)
```

*Below is a short ado-program that is called by the **bootstrap** command.
It computes the indirect effect coefficients as the product of sureg
coefficients(as before) but does not use the **nlcom** command since the stan-
dard errors will be computed using the bootstrap.

*bootmm is an rclass program that produces three return values which we have
called "indread", "indwrite" and "indtotal." These are the local names
for each of the indirect effect coefficients and for the total indirect
effect.

*We run **bootmm** with the **bootstrap** command. We give the bootstrap command the names of the three return values and select options for the number of replications and to omit printing dots after each replication.

*Since we selected 5,000 replications you may need to be a bit patient depending upon the speed of your computer.

```
capture program drop bootmm
program bootmm, rclass
   syntax [if] [in]
   sureg (read math) (write math) (science read write math) `if' `in'
   return scalar indread  = [read]_b[math]*[science]_b[read]
   return scalar indwrite = [write]_b[math]*[science]_b[write]
   return scalar indtotal = [read]_b[math]*[science]_b[read]+[write]_
b[math]*[science]_b[write]
end

. bootstrap r(indread) r(indwrite) r(indtotal), bca reps(5000) nodots: bootmm
```

*We could use the bootstrap standard errors to see if the indirect effects are significant but it is usually recommended that bias-corrected or percentile confidence intervals be used instead. These confidence intervals are nonsymmetric reflecting the skewness of the sampling distribution of the product coefficients. If the confidence interval does not contain zero than the indirect effect is considered to be statistically significant.

```
. estat boot, percentile bc bca
```

*In this example, the total indirect effect of math through read and write is significant as are the individual indirect effects.

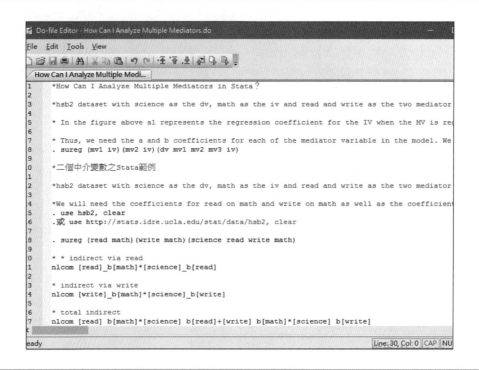

圖 5-14 存在「How Can I Analyze Multiple Mediators.ado」指令檔

方法 (2b) 係數乘積法 (product of coefficients) 之實作，如下圖。

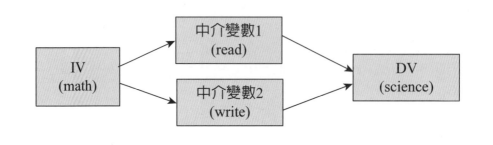

圖 5-15 依變數 *science*，自變數 *math*、*read* 及 *write* 二者是中介變數

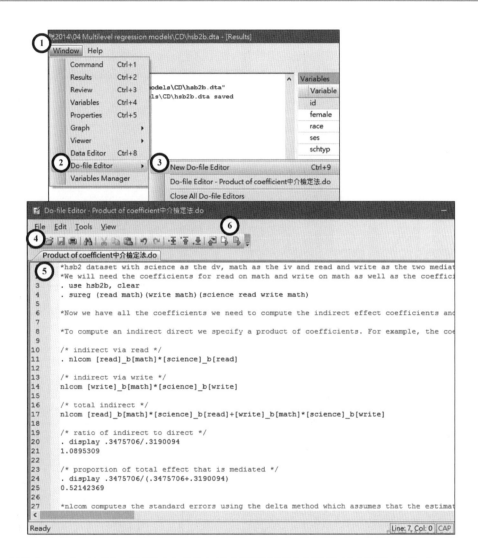

圖 5-16 係數乘積法 (Product of coefficients) 之中介檢定法 (存在「Product of coefficient 中介檢定法 .do」指令檔)

方法 3：信賴區間法 (bootstrap distribution of effects)，見上例之 (bootstrap) 指令

多數複雜調查設計，係從母群中抽取代表性樣本。micro-data sets 的結果可用於 bootstrap 權重，並用於解釋複雜的調查設計。使用這些 bootstrap 權重允許研究者計算可靠的 variance 估計值。Yeo 等人 (1999; 3) 提出該程序中使用 bootstrap variance 的 $\hat{\theta}$ 估計值：

$$v_B\left(\hat{\theta}\right) = \frac{1}{B} \sum_b \left(\hat{\theta}_{(b)}^* - \hat{\theta}_{(.)}^*\right)^2$$

$$\text{where } \hat{\theta}_{(.)}^* = \left(\frac{1}{B}\right) \sum_b \hat{\theta}_{(b)}^*$$

圖 5-17 Standard Bootstrap 之數學式

方法 4：2SLS 法

　　「中介變數」存在與否，另一檢定法 2SLS(Two-Stage least squares)，請見作者《**Panel-data 迴歸模型：STaTa 在廣義時間序列的應用**》或《**高等統計分析：應用 SPSS 分析**》二書的範例說明。

5-4 中介模型 Sobel 檢定法 (巨集指令)：影響憂鬱症的直接及間接因素

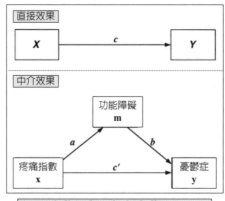

圖 5-18 中介模型之示意圖

在統計數據中，中介模型 m (mediation model) 試圖透過包含第三個假設變數 (稱爲中介變數) 來識別和解釋：自變數 x 和依變數 y 之間關係的過程 (也是 mediating variable、intermediary variable、intervening variable)。中介模型提出自變數影響 (非可觀察) 中介變數，而後者影響依變數，而不是自變數與依變數之間的直接因果關係。因此，中介變數 (mediator variable) 用來闡明自變數和依變數之間關係的性質。

中介分析旨在透過：探索一個變數通過中介變數影響另一個變數的潛在機製或過程 (mechanism or process) 來理解已知的關係。當變數似乎沒有明確的關聯時，中介分析將有助於理解自變數和依變數之間關係。他們是透過操作性定義 (operational definitions) 進行研究的，除此之外沒有任何存在。

範例：**obxel test(indirect 及 direct effect)**

背景：

焦慮是兒童和青少年最常見的精神疾病，與功能領域 (function) 的重大干擾有關。由於焦慮和疼痛相關殘疾的迴避性質，研究慢性疼痛 (pain) 和復發性疼痛患兒的焦慮症狀 (depress) 是非常重要的。

目的：

檢查評估複雜慢性疼痛和復發性疼痛的兒童和青少年的焦慮症狀。

方法：

通過回顧性圖表回顧，收集了 149 名在三年期間在多學科疼痛診所進行評估的兒童的焦慮，疼痛和功能障礙 (function) 數據。

一、問題說明

本例旨在了解「憂鬱 (depress)」之直接及間接因素有那些？(分析單位：病人) 研究者收集數據並整理成下表，此「Example.sav」資料檔內容之變數如下：

變數名稱	說明	編碼 Codes/Values
結果變數 / 反應變數：depress	憂鬱症	0.9375～3 分
中介變數：function	功能障礙	1～4.4 分
自變數：pain	疼痛指數	1～9 分

二、資料檔之內容

	pain	depress	function	indepvar	depenvar	mediator
1	1.8000	1.0000	3.0000	1.800	1.000	3.000
2	2.2000	1.0000	3.0000	2.200	1.000	3.000
3	6.5000	1.0000	2.7059	6.500	1.000	2.706
4	7.0000	2.6000	2.5000	7.000	2.600	2.500
5	5.8000	1.0000	2.3333	5.800	1.000	2.333
6	5.6000	1.4000	2.9048	5.600	1.400	2.905
7	5.0000	1.2000	2.7143	5.000	1.200	2.714
8	2.0000	1.0000	2.7222	2.000	1.000	2.722
9	6.2000	1.8000	2.6316	6.200	1.800	2.632
10	4.0000	3.4000	2.8667	4.000	3.400	2.867
11	4.4000	1.6000	2.9412	4.400	1.600	2.941
12	5.4000	1.4000	2.6667	5.400	1.400	2.667
13	5.0000	1.4000	3.0000	5.000	1.400	3.000
14	4.8000	1.2000	2.5714	4.800	1.200	2.571
15	2.6000	1.0000	3.0000	2.600	1.000	3.000
16	6.4000	2.0000	2.3333	6.400	2.000	2.333
17	6.0000	2.2000	2.4375	6.000	2.200	2.438
18	3.4000	1.0000	2.6316	3.400	1.000	2.632
19	3.0000	1.6000	3.0000	3.000	1.600	3.000
20	1.0000	1.0000	3.0000	1.000	1.000	3.000
21	7.2000	2.2000	2.5294	7.200	2.200	2.529

圖 5-19 中介模型：「Example.sav」資料檔內容 (N=149 個人，3 個變數)

三、資料檔內容

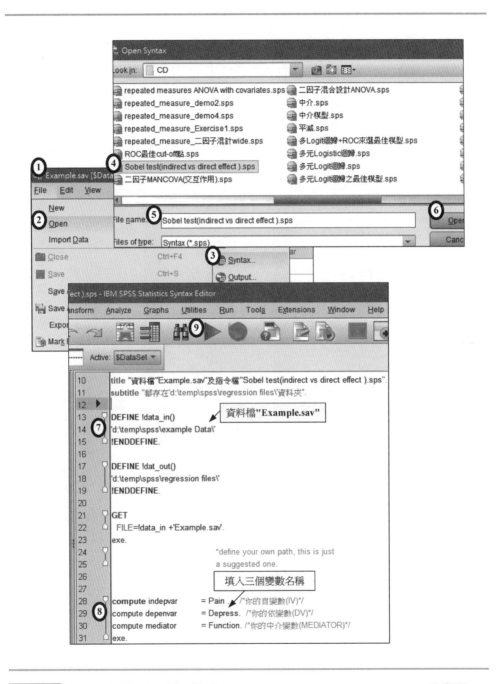

對應的指令語法：

```
title " 資料檔 "Example.sav" 及指令檔 "Sobel test(indirect vs direct effect).
sps".
subtitle " 都存在 'd:\temp\spss\regression files\' 資料夾 ".

DEFINE !data_in()
'd:\temp\spss\example Data\'
!ENDDEFINE.

DEFINE !dat_out()
'd:\temp\spss\regression files\'
!ENDDEFINE.

GET
  FILE=!data_in +'Example.sav'.
exe.
                                      *define your own path, this is just
                                      a suggested one.




compute indepvar       = Pain .    /* 你的自變數 (IV)*/
compute depenvar       = Depress.  /* 你的依變數 (DV)*/
compute mediator       = Function. /* 你的中介變數 (MEDIATOR)*/
exe.

**********************************************************************
* Regression analysis with the IV predicting the MEDIATOR           *
**********************************************************************.

REGRESSION
  /MISSING LISTWISE
  /STATISTICS COEFF OUTS R ANOVA
  /CRITERIA=PIN(.05) POUT(.10)
  /NOORIGIN
  /DEPENDENT mediator
  /METHOD=ENTER indepvar
  /OUTFILE=COVB(!dat_out + 'reg1.sav') .
                                      *define your own path, this is just
                                      a suggested one.
```

```
************************************************************************
* Regression analysis with IV and MEDIATOR predicting DV             *
************************************************************************.


REGRESSION
   /MISSING LISTWISE
   /STATISTICS COEFF OUTS R ANOVA
   /CRITERIA=PIN(.05) POUT(.10)
   /NOORIGIN
   /DEPENDENT depenvar
   /METHOD=ENTER indepvar mediator
   /OUTFILE=COVB(!dat_out + 'reg2.sav' ).
                                        *define your own path, this is just
                                        a suggested one.



************************************************************************
* Regression analysis with IV predicting DV                          *
************************************************************************.


REGRESSION
   /MISSING LISTWISE
   /STATISTICS COEFF OUTS R ANOVA
   /CRITERIA=PIN(.05) POUT(.10)
   /NOORIGIN
   /DEPENDENT depenvar
   /METHOD=ENTER  indepvar
   /OUTFILE=COVB(!dat_out + 'reg3.sav' ).
                                        *define your own path, this is just
                                        a suggested one.



************************************************************************
* Here we compute a variable named reg to identify the three different *
* regression analysis we have run                                    *
************************************************************************.
```

```
get file=!dat_out + 'reg1.sav' .
compute reg=1.
exe.
SAVE OUTFILE=!dat_out + 'reg1.sav'
  /COMPRESSED.

get file = !dat_out + 'reg2.sav' .
compute reg=2.
exe.
SAVE OUTFILE=!dat_out + 'reg2.sav'
  /COMPRESSED.

get file=!dat_out + 'reg3.sav' .
compute reg=3.
exe.
SAVE OUTFILE=!dat_out + 'reg3.sav'
  /COMPRESSED.


*************************************************************************
* Here we concatenate our three files reg1 reg2 and reg3               *
*************************************************************************.


add files file=!dat_out + 'reg1.sav'
        /file=!dat_out + 'reg2.sav'
        /file=!dat_out + 'reg3.sav'
/keep=  reg DEPVAR_ ROWTYPE_ VARNAME_  CONST_ indepvar mediator.
exe.




*************************************************************************
* Here we select only the statistics required to compute the Sobel    *
* equation (unstandardized coefficients and standard errors)          *
*************************************************************************.
```

```
sel if rowtype_ = 'EST' or rowtype_ = 'SE' or rowtype_ = 'DFE'
              or rowtype_ = 'SIG' .
exe.



************************************************************************
* In this step we reshape our wide data file into long form          *
************************************************************************.

numeric a.
numeric sa.
numeric siga.
numeric b.
numeric sb.
numeric sigb.
numeric df.
numeric t.
numeric st.
numeric sig.
  if reg = 1 and rowtype_ = 'EST' a           = indepvar.
  if reg = 1 and rowtype_ = 'SE' sa           = indepvar.
  if reg = 1 and rowtype_ = 'SIG' siga = indepvar.
  if reg = 2 and rowtype_ = 'EST' b           = mediator.
  if reg = 2 and rowtype_ = 'SE' sb           = mediator.
  if reg = 2 and rowtype_ = 'SIG' sigb = mediator.
  if reg = 2 and rowtype_ = 'DFE' df          = mediator.
  if reg = 2 and rowtype_ = 'EST' tprime      = indepvar.
  if reg = 3 and rowtype_ = 'EST' t           = indepvar.
  if reg = 3 and rowtype_ = 'SE' st           = indepvar.
  if reg = 3 and rowtype_ = 'SIG' sig         = indepvar.
exe.

compute regx=1.
exe.



aggregate outfile !dat_out + 'sobel.sav'
  /break regx
```

```
 /a = max(a)
 /sa=max(sa)
 /siga=max(siga)
 /b=max(b)
 /sb=max(sb)
 /sigb=max(sigb)
 /df=max(df)
 /sig=max(sig)
 /tprime = max(tprime)
 /t=max(t)
 /st=max(st).
get file !dat_out + 'sobel.sav' .
                                    *define your own path, this is just
                                    a suggested one.

format a b tprime t (F8.4).

compute ab = a*b.
compute ttprime = t-tprime.

format ab ttprime  (F8.4).

exe.


**********************************************************************
* Here we compute the sobel test and calculate the percentage of the total*
* effect that is mediated and the ratio of the indirect to the direct     *
* effect                                                                  *
* Further information about these tests, may be found in MacKinnon & Dwyer*
*(1993) Estimating mediated effects in prevention studies                 *
**********************************************************************.

compute sobel= ttprime/(sqrt (( (b*b)*(sa*sa) ) + ( (a*a)*(sb*sb) ))).
compute absobel= abs(sobel).
compute p_val=2*(1-cdfnorm(absobel)).
compute t1=(t-(a*b)).
compute toteff=(a*b/((a*b)+t1)).
compute ratio=((a*b)/t1).
compute toteff = 100* toteff.
```

```
compute goodman = ttprime/sqrt(((b*b)*(sa*sa))+((a*a)*(sb*sb))+((sa*sa)*(sb*
sb))).
compute absgood = abs(goodman).
compute goodman2 = ttprime/sqrt(((b*b)*(sa*sa))+((a*a)*(sb*sb))-
((sa*sa)*(sb*sb))).
compute absgood2 = abs(goodman2).
compute p_val2 = 2*(1-cdfnorm(absgood)).
compute p_val3 = 2*(1-cdfnorm(absgood2)).
exe.

format  p_val p_val2 p_val3
    sig siga sigb
    sobel goodman goodman2
        toteff ratio st sb sa(F8.6).
exe.

variable label
sig     'P value of c'
siga    'P value of a'
sigb    'P value of b'
a       'Reg coeff for the association between IV and MEDIATOR'
sa      'Standard error of a'
b       'Reg coeff for the association between the MEDIATOR and IV on DV'
sb      'Standard error of b'
df      'Degrees of freedom'
t       'Reg coeff for the association between IV and DV'
st      'Standard error of c'
sobel   'Sobel'
p_val   'P value'
goodman 'Goodman test'
p_val2   'P value'
goodman2 'GoodmanII test'
p_val3 'P Value'
toteff 'Percentage of the total effect that is mediated'
ratio  'Ratio of the indirect to the direct effect' .
exe.
```

```
Report
 /FORMAT= CHWRAP(ON) PREVIEW(OFF) CHALIGN(BOTTOM)  UNDERSCORE(ON)
 ONEBREAKCOLUMN(OFF) CHDSPACE(1)  SUMSPACE(0)  AUTOMATIC  NOLIST
  BRKSPACE(0)
 PAGE(1) MISSING' .' LENGTH(1, 59) ALIGN(LEFT) TSPACE(1) FTSPACE(1)
MARGINS(1,110)
 /TITLE=
 LEFT 'Regression Analysis Results'
 RIGHT 'Page )PAGE'
  /VARIABLES
t     (VALUES)  (RIGHT)  (OFFSET(0)) (9)
st    (VALUES)  (RIGHT)  (OFFSET(0)) (7)
sig   (VALUES)  (RIGHT)  (OFFSET(0)) (7)
a     (VALUES)  (RIGHT)  (OFFSET(0)) (9)
sa    (VALUES)  (RIGHT)  (OFFSET(0)) (7)
siga  (VALUES)  (RIGHT)  (OFFSET(0)) (7)
b     (VALUES)  (RIGHT)  (OFFSET(0)) (9)
sb    (VALUES)  (RIGHT)  (OFFSET(0)) (7)
sigb  (VALUES)  (RIGHT)  (OFFSET(0)) (7)
 /BREAK (TOTAL)  (SKIP(1)) /SUMMARY
SUM( t) SKIP(1) SUM( st ) SUM( sig ) SUM( a ) SUM( sa ) SUM( siga ) SUM( b )
SUM( sb ) SUM( sigb )    '' .

Report
 /FORMAT= CHWRAP(ON) PREVIEW(OFF) CHALIGN(BOTTOM)  UNDERSCORE(ON)
 ONEBREAKCOLUMN(OFF) CHDSPACE(1)  SUMSPACE(0)  AUTOMATIC  NOLIST
  BRKSPACE(0)
 PAGE(2) MISSING' .' LENGTH(1, 59) ALIGN(LEFT) TSPACE(1) FTSPACE(1)
MARGINS(1,100)
 /TITLE=
 LEFT 'Mediation Analysis Results'
 RIGHT 'Page )PAGE'
 /VARIABLES
sobel (VALUES)  (RIGHT)  (OFFSET(0)) (10)
p_val (VALUES)  (RIGHT)  (OFFSET(0)) (10)
toteff(VALUES)  (RIGHT)  (OFFSET(0)) (10)
ratio (VALUES)  (RIGHT)  (OFFSET(0)) (10)
goodman(VALUES)  (RIGHT)  (OFFSET(0)) (10)
p_val2(VALUES)  (RIGHT)  (OFFSET(0)) (10)
```

```
goodman2(VALUES)  (RIGHT)  (OFFSET(0))  (10)
p_val3(VALUES)  (RIGHT)  (OFFSET(0))  (10)
/BREAK (TOTAL) (SKIP(1)) /SUMMARY
SUM( sobel) SKIP(1) SUM( p_val ) SUM( toteff ) SUM( ratio) SUM( goodman )
SUM( p_val2 ) SUM( goodman2 ) SUM( p_val3 ) " .

Report
 /FORMAT= CHWRAP(ON) PREVIEW(OFF) CHALIGN(BOTTOM)  UNDERSCORE(ON)
 ONEBREAKCOLUMN(OFF) CHDSPACE(1)  SUMSPACE(0)  AUTOMATIC  NOLIST
  BRKSPACE(0)
 PAGE(3) MISSING' .' LENGTH(1, 59) ALIGN(LEFT) TSPACE(1) FTSPACE(1)
MARGINS(1,45)
 /TITLE=
 LEFT 'Percent Mediated'
 RIGHT 'Page )PAGE'
 /VARIABLES
 toteff(VALUES)  (RIGHT)  (OFFSET(0))  (10)
 ratio (VALUES)  (RIGHT)  (OFFSET(0))  (10)
 /BREAK (TOTAL) (SKIP(1)) /SUMMARY
 SUM( toteff ) SKIP(1) SUM( ratio) A" .
```

四、分析結果與討論

【A. 分析結果說明】

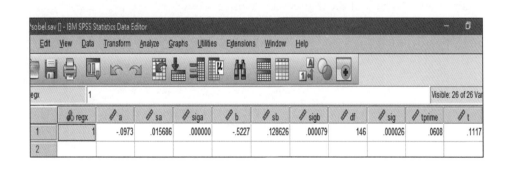

圖 5-21 Sobel 中介檢定法，直接係數 c vs 間接係數 (a,b) 值存到「sobel.sav」資料檔
(26 個變數)

以上直欄，變數名稱代表意義如下：

1. c' 的 sig(<.05)：'P value of c'

2. a 的 siga(<.05)：'P value of a'

3. b 的 sigb(<.05)：'P value of b'

4. 迴歸係數 a=−0.097：'Reg coeff for the association between IV and MEDIATOR'

5. sa=0.016：'Standard error of a'

6. 迴歸係數 b=−0.523：'Reg coeff for the association between the MEDIATOR and IV on DV'

7. sb=0.129：'Standard error of b'

8. df=146：'Degrees of freedom'

9. c' 的迴歸係數 t=0.112：'Reg coeff for the association between IV and DV'

10. st=0.025：'Standard error of c'

11. sobel=3.399：'Sobel'

12. p_val=0.00676：'P value'。故拒絕 Sobel 虛無假設「H_0：中介模型不適宜」。 負負得正，表示本例三個變數之間交織存在「直接與間接效果」。

13. goodman=3.3686 'Goodman test'

14. p_val2=0.00076：'P value'

15. goodman2=3.43 'GoodmanII test'

16. p_val3=0.0006 'P Value'

17. toteff=45.525 'Percentage of the total effect that is mediated'。中介的總效果 = 直接效果 + 間接效果 =c'+ a*b=45.525%。

18. ratio=0.836：'Ratio of the indirect to the direct effect'.

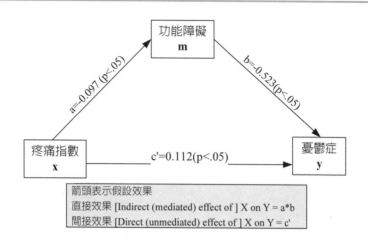

圖 5-22 中介模型之 Sobel 檢定結果

5-5 調節變數 (moderator)，又稱干擾變數

一、調節變數 (Moderator variable)

1. 在社會科學的研究中，自變數 (IV) 與依變數 (DV) 的影響關係經常會受到第三變數的混淆 (obscured) 與干擾 (confounded)。

2. 忽視一個重要的第三變數，不僅會造成迴歸係數估計的偏誤，也可能因為忽略第三變數與 IV 之間的交互作用 (interaction effect)，而無法正確的解釋 IV 對 DV 的條件化關係 (單純主要效果，simple effect)。

3. 調節變數 (Moderator, Confounder) 又稱干擾變數。

4. 可以讓 IV → DV 的效果有系統的產生 (強度或形式) 上的變化。

5. 由於 IV 與**調節變數**會對 DV 產生交互作用，使得在**調節變數**的不同水準之下，IV → DV 的效果有條件的產生變化。

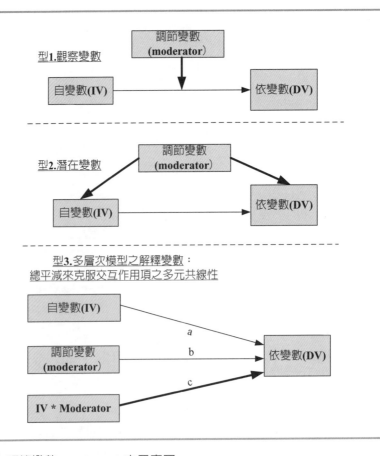

圖 5-23 調節變數 (moderator) 之示意圖

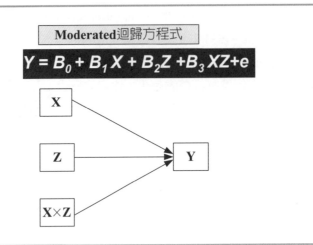

圖 5-24 調節變數 (moderator) 之示意圖二

二、中介效果 (mediator effect) 與調節效果 (moderator effect) 的差異

雖然兩者都是用來描述一個可以解釋人類行爲差異的第三變數 (即除了自變數，依變數之外的變數) 的功能，但是 mediator variable 是指自變數透過它的運作機制，便可以影響到依變數，使自變數、mediator variable 與依變數三者之間有強的因果關係存在。

而 moderator variable 是指，透過它可以將自變數切割成數個不同的子群 (subgroup)，以獲得各子群內自變數對依變數之最大影響，亦即 moderator 與自變數，依變數之間並無因果關係，但是透過 moderator 卻可以讓自變數與依變數之間的影響效果改變。

舉例來說：

有社會心理學家研究發現，一個人的疾病嚴重度與其生活事件的改變有關，亦即生活中有重大事件變故 (因)，極有可能導致此人陷入某種嚴重病況 (果)，但是，進一步研究顯示，對於不可控制的重大事件變故比可控制的重大事件變故更容易導致此人陷入某種嚴重病況，亦即重大事件變故的可控制程度成爲上述因果鏈中的 moderator。

請注意，重大變故是「因」，疾病嚴重度是果，但是這個「因」與另外一個變數「事故可控制與否」竟然產生交互作用，而影響該「因」對果的影響效力不過，該「因」與「事故可控制與否」這個變數之間，無因果關係。所以「事故可控制與否」這個變數被稱爲 moderator 變數。

例如：不同教學方法 (因) 的成效 (果) 會因種族 (moderator) 不同而不同，後來發現，原來眞正的爭議不在種族變數上，而是在個人的焦慮狀態 (mediator) 上，尤其是黑人與白人同在一間教室內上課考試時，黑人的考試焦慮感比白人高，因此導致黑人與白人的成績有差異。

此時「種族」這個 moderator，雖然與教學方法起交互作用，不過，因爲與教學方法和教學成效沒有特定因果關係，而被研究者踢除，研究者轉向尋找與教學方法和教學成效具有因果關係的「焦慮狀態」上，意即：

教學方法 (影響) →焦慮狀態 (影響) →教學成效

此時，「焦慮狀態」就被稱爲 mdeiator 變數。

> **定義：調節變數 (moderator)，又稱干擾變數**
>
> 調節變數會影響「IV 和 DV」之間的關係。「IV 和 DV」之迴歸係數的強弱
> 會因為 moderator 的值而改變，有可能是 moderator 是 0 的時候，IV 跟 DV 的
> 關係很強，但 moderator 是 1 的時候，IV 跟 DV 的關係就不顯著了。
>
> 調節變數可以是質性 (qualitative) 變數 (例如：性別、種族、階級)，亦可
> 以是量化 (quantitative) 的變數 (例如：IQ、好人緣、學習成就……)，這
> moderator 可能會影響到 IV 對 DV 影響的方向 (e.g. 男生則有影響，女生則無
> 影響) 或是強度 (對男生來說，IV 對 DV 的影響程度比對女生強烈，即男性
> 「IV → DV」影響比女性來得大)。如果熟悉 ANOVA 的話，moderator 就是
> ANOVA 的交互作用 (interaction)。用圖示的話，就像下圖一樣。在 regression
> 的方程式中，要將 IV、moderator 和 IV 與 moderator 的乘積 (對，就是兩個
> 變數乘起來) 放進去。如果要測試有沒有 moderation，只要看下圖 c 是否為顯
> 著即可。a 或 b 可能為顯著或不顯著，這並不影響測試 moderation。另外，在
> moderation 中，moderator 應該與 IV 或 DV 都沒有相關性的。

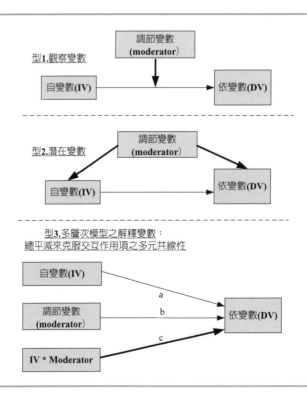

圖 5-25 調節變數 (moderator) 之示意圖

moderator 的另一特點是：moderator 與 IV 是在同一個層級的，也就是 moderator 其實也可以當作是一個 IV 來看待。

> **小結**
>
> 　兩者比較一下：中介變數看的是 IV 透過何種機制 (也就是 mediator) 影響到 IV：調節變數看的是將將 IV 分成幾個小組，各小組中 IV 對 DV 有不同的影響。
>
> 　多層次模型的調節變數，係指「群組層解釋變數 Z」×「個體層解釋變數 X」的交互作用項 (即 Z×X 項)，其 HLM 迴歸係數是否達到顯著水準。

以性別為調節變數的例子，迴歸方程式如下：

減肥行為 = 截距項 + a× 減肥知識 + b× 性別 + c×(性別 × 減肥知識) + 殘差

這個時候「性別 × 減肥知識」就叫作交互作用項 (interaction term)，如果在迴歸方程式中的迴歸係數 c 達顯著水準，這個時候就代表調節效果獲得證實，所以表示男性的迴歸係數 ($\beta_{c, 男性}$) 與女性 ($\beta_{c, 女性}$) 的迴歸係數顯著的不同，通常期刊文章上的作法是直接畫圖表示，如下圖所示，男性與女性各別會有一條迴歸線，交互作用項達顯著就表示在統計上這兩條迴歸係數的斜率 (slope) 有顯著的不同，因此結論應該下：「就女性而言，減肥知識對減肥行為的影響效果比男性還要強」。

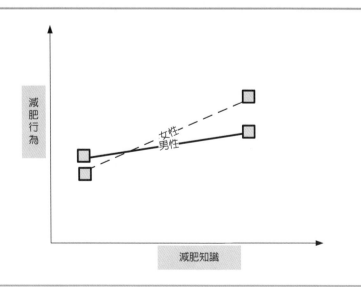

圖 5-26　性別 (A) 與減肥知識 (B) 在減肥行為之交互作用圖 (調節圖)

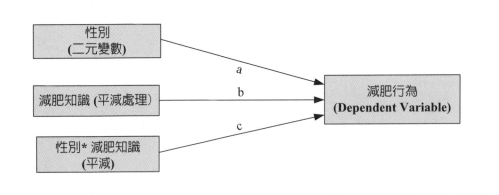

圖 5-27 調節變數於迴歸模型之調節示意圖

調節（干擾）變數與中介變數之存在時機

在一個模型中，任一個變數，本身既有自（因）變數的特性，又有應（果）變數的特性，那麼就必有「干擾」或「中介」的現象存在。

5-5-1 調節式中介效果 (moderated mediation)

在研究社會科學、教育學和心理學等時，常探討變數間是如何互相影響，因而發展出中介變數 (mediator) 和調節變數 (moderator)。**調節式中介效果** (moderated mediation effect) 是其中一種中介效果和調節效果的組合，指的是一中介變數影響解釋變數和相依變數之關係，而此中介效果會隨著調節變數的值而改變。檢定調節式中介效果的方法有很多種，許多研究者偏好使用以迴歸為基礎的檢定方法，其中常見的為係數的乘積 (the product of coefficients)，假設此乘積服從常態性，以 Sobel 所提的一階標準誤較為被廣泛使用 (first-order multivariate delta method)，但事實上此乘積並非為常態分布，因此當樣本數不夠大時建議使用 bootstrap 方法。

若節調變數交互作用於中介變數，謂之**調節式中介變數 (moderated mediation)**。「調節中介」指令，常見的調節式中介變數有下列五種模型，因 SPSS 無提供相關「調節中介」指令，故只能改用這五種之 STaTa 實作，如下：

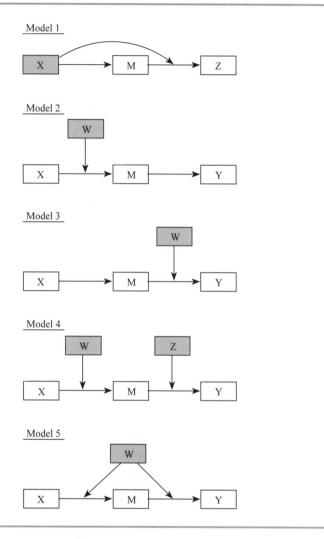

圖 5-28 調節式中介變數之示意圖 (STaTa 程式如下)

調節式中介變數之範例

```
* 調節式中介變數之範例：model 1
. use hsb2a, clear

* 界定 dependent variable : y
. rename science y

* 界定 independent variable : x
. rename math x

* 界定 mediator variable : m
. rename read m

* 界定 moderator variable 1 : w
. rename write w

* 界定 moderator variable 2 : z
. rename socst z


. Model 1 illustrates the situation in which the independent variable is also
the moderator variable which effects the path between the mediator and the
dependent variable.
```

公式如下：
$$m = a_0 + a_1 x$$
$$y = b_0 + b_1 m + b_2 x + b_3 mx$$
$$\text{conditional indirect effect} = a_1(b_1 + b_3 x)$$

```
* model 1
. quietly summarize x
. global m=r(mean)
. global s=r(sd)

* mv by iv interaction
. generate mx=m*x
. sem(m <- x)(y <- m x mx)
```

```
* mean - 1 sd
. nlcom _b[m:x]*(_b[y:m]+($m-$s)*_b[y:mx])

* mean
. nlcom _b[m:x]*(_b[y:m]+($m)*_b[y:mx])

* mean + 1 sd
. nlcom _b[m:x]*(_b[y:m]+($m+$s)*_b[y:mx]
```

*the conditional indirect effect gets smaller as the moderator variable, in this case the independent variable gets larger. Next is the bootstrap code for model 1. The example bootstrap command below uses 500 replications. You will probably want to use at least 1,000 or even 5,000 in real research situations.

```
. capture program drop bootml
. program bootml, rclass
.    sem(m <- x)(y <- m x mx)
.    return scalar cielw = _b[m:x]*(_b[y:m]+($m-$s)*_b[y:mx])
.    return scalar ciemn = _b[m:x]*(_b[y:m]+($m)*_b[y:mx])
.    return scalar ciehi = _b[m:x]*(_b[y:m]+($m+$s)*_b[y:mx])
. end

. bootstrap r(cielw) r(ciemn) r(ciehi), reps(500) nodots: bootml


. estat boot, bc percentile
```

```
* 調節式中介變數之範例：model 2
. use hsb2a, clear
```

In Model 2 the path between the independent variable and the mediator variable is moderated by W.

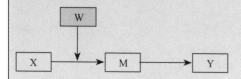

公式如下：

$m = a_0 + a_1x + a_2w + a_3xw$
$y = b_0 + b_1m + b_2x + b_3w + b_4xw$
$conditional\ indirect\ effect = b_1(a_1 + a_3w)$

```
. quietly summarize w
. global m=r(mean)
. global s=r(sd)

* moderator 1 by iv interaction
. generate wx=w*x
. sem(m <- x w wx)(y <- m x w wx)

* mean - 1 sd
. nlcom(_b[m:x]+($m-$s)*_b[m:wx])*_b[y:m]

* mean
. nlcom(_b[m:x]+($m)*_b[m:wx])*_b[y:m]

* mean + 1 sd
. nlcom(_b[m:x]+($m+$s)*_b[m:wx])*_b[y:m]
```

*Bootstrap code for model 2. The example bootstrap command below uses 500 replications. You will probably want to use at least 1,000 or even 5,000 in real research situations.

```
. capture program drop bootm2
. program bootm2, rclass
.   sem(m <- x w wx)(y <- m x w wx)
.   return scalar cielw =(_b[m:x]+($m-$s)*_b[m:wx])*_b[y:m]
.   return scalar ciemn =(_b[m:x]+($m)*_b[m:wx])*_b[y:m]
.   return scalar ciehi =(_b[m:x]+($m+$s)*_b[m:wx])*_b[y:m]
. end

. bootstrap r(cielw) r(ciemn) r(ciehi), reps(500) nodots: bootm2

. estat boot, bc percentile
```

```
* 調節式中介變數之範例：model 3
. use hsb2a, clear

*Model 3(Hayes, 2013 Model 14)
In Model 3 the path between the mediator variable and the dependent variable
is moderated by W.
```

公式如下：

$$m = a_0 + a_1 x$$
$$y = b_0 + b_1 m + b_2 x + b_3 w + b_4 mw$$
$$conditional\ indirect\ effect = a_1(b_1 + b_4 w)$$

```
. quietly summarize w
. global m=r(mean)
. global s=r(sd)

* mv by moderator 1 interaction
. generate mw=m*w
. sem(m <- x)(y <- m x w mw)

* mean - 1 sd
. nlcom _b[m:x]*(_b[y:m]+($m-$s)*_b[y:mw])

* mean
. nlcom _b[m:x]*(_b[y:m]+($m)*_b[y:mw])

* mean + 1 sd
. nlcom _b[m:x]*(_b[y:m]+($m+$s)*_b[y:mw])

*In this example, the conditional indirect effects decreases as the value of
the moderator variable increases.
```

```
*Bootstrap code for model 3. The example bootstrap command below uses 500
replications. You will probably want to use at least 1,000 or even 5,000 in
real research situations.

. capture program drop bootm3
. program bootm3, rclass
.    sem(m <- x)(y <- m x w mw)
.    return scalar cielw = _b[m:x]*(_b[y:m]+($m-$s)*_b[y:mw])
.    return scalar ciemn = _b[m:x]*(_b[y:m]+($m)*_b[y:mw])
.    return scalar ciehi = _b[m:x]*(_b[y:m]+($m+$s)*_b[y:mw])
. end

. bootstrap r(cielw) r(ciemn) r(ciehi), reps(500) nodots: bootm3

. estat boot, bc percentile
```

```
* 調節式中介變數之範例：model 4
. use hsb2a, clear

*Model 4(Hayes, 2013 Model 22)
Model 4 has two different moderator variables. One that moderates the path
between the independent variable and mediator variable and one that moderates
the path between the mediator variable and the dependent variable.
```

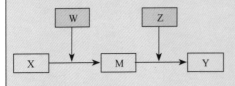

公式如下：

$m = a_0 + a_1x + a_2w + a_3xw$

$y = b_0 + b_1m + b_2x + b_3w + b_4xw + b_5z + b_6mz$

$conditional\ indirect\ effect = (b_1 + b_6z)(a_1 + a_3w)$

```
. quietly summarize w
. global m1=r(mean)
. global s1=r(sd)
```

```
. quietly summarize z
. global m2=r(mean)
. global s2=r(sd)

* moderator 1 by iv interaction
. capture generate wx=w*x

* mv by moderator 2 interaction
. gen mz=m*z
. sem(m <- x w wx)(y <- m x w wx z mz)

* mean1 - 1 sd1; mean2 - 1 sd2
. nlcom(_b[m:x]+($m1-$s1)*_b[m:wx])*(_b[y:m]+($m2-$s2)*_b[y:mz])

* mean1; mean2 - 1 sd2
. nlcom(_b[m:x]+($m1)*_b[m:wx])*(_b[y:m]+($m2-$s2)*_b[y:mz])

* mean1 + 1 sd1; mean2 - 1 sd2
. nlcom(_b[m:x]+($m1+$s1)*_b[m:wx])*(_b[y:m]+($m2-$s2)*_b[y:mz])

* mean1 - 1 sd1; mean2
. nlcom(_b[m:x]+($m1-$s1)*_b[m:wx])*(_b[y:m]+($m2)*_b[y:mz])

* mean1; mean2
. nlcom(_b[m:x]+($m1)*_b[m:wx])*(_b[y:m]+($m2)*_b[y:mz])

* mean1 + 1 sd1; mean2
. nlcom(_b[m:x]+($m1+$s1)*_b[m:wx])*(_b[y:m]+($m2)*_b[y:mz])

* mean1 - 1 sd1; mean2 + 1 sd
. nlcom(_b[m:x]+($m1-$s1)*_b[m:wx])*(_b[y:m]+($m2+$s2)*_b[y:mz])

* mean1; mean2 + 1 sd
. nlcom(_b[m:x]+($m1)*_b[m:wx])*(_b[y:m]+($m2+$s2)*_b[y:mz])

* mean1 + 1 sd1; mean2 + 1 sd
. nlcom(_b[m:x]+($m1+$s1)*_b[m:wx])*(_b[y:m]+($m2+$s2)*_b[y:mz])
```

```
*Bootstrap code for model 4. The example bootstrap command below uses 500
replications. You will probably want to use at least 1,000 or even 5,000 in
real research situations.

. capture program drop bootm4
program bootm4, rclass
  sem(m <- x w wx)(y <- m x w wx z mz)
  return scalar ciell =(_b[m:x]+($m1-$s1)*_b[m:wx])*(_b[y:m]+($m2-$s2)*_b[y:mz])
  return scalar cieml =(_b[m:x]+($m1)*_b[m:wx])*(_b[y:m]+($m2-$s2)*_b[y:mz])
  return scalar ciehl =(_b[m:x]+($m1+$s1)*_b[m:wx])*(_b[y:m]+($m2-$s2)*_b[y:mz])
  return scalar cielm =(_b[m:x]+($m1-$s1)*_b[m:wx])*(_b[y:m]+($m2)*_b[y:mz])
  return scalar ciemm =(_b[m:x]+($m1)*_b[m:wx])*(_b[y:m]+($m2)*_b[y:mz])
  return scalar ciehm =(_b[m:x]+($m1+$s1)*_b[m:wx])*(_b[y:m]+($m2)*_b[y:mz])
  return scalar cielh =(_b[m:x]+($m1-$s1)*_b[m:wx])*(_b[y:m]+($m2+$s2)*_b[y:mz])
  return scalar ciemh =(_b[m:x]+($m1)*_b[m:wx])*(_b[y:m]+($m2+$s2)*_b[y:mz])
  return scalar ciehh =(_b[m:x]+($m1+$s1)*_b[m:wx])*(_b[y:m]+($m2+$s2)*_b[y:mz])
end

. bootstrap r(ciell) r(cieml) r(ciehl) r(cielm) r(ciemm) r(ciehm) r(cielh)
r(ciemh) r(ciehh), reps(500) nodots: bootm4

. estat boot, bc percentile
```

```
* 調節式中介變數之範例：model 5
. use hsb2a, clear

*Model 5(Hayes, 2013 Model 59)
Model 5 has a single moderator variable that moderates both the path between
the independent variable and mediator variable and the path between the me-
diator variable and the dependent variable.
```

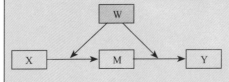

公式如下：

$$m = a_0 + a_1x + a_2w + a_3xw$$

$$y = b_0 + b_1m + b_2x + b_3w + b_4xw + b_5mw$$
$$\text{conditional indirect effect} = (b_1 + b_5w)(a_1 + a_3w)$$

```
. quietly summarize w
. global m=r(mean)
. global s=r(sd)

* moderator 1 by iv interaction
. capture generate wx=w*x

* mv by moderator 1 interaction
. capture generate mw=m*w
. sem(m <- x w wx)(y <- m x w wx mw)

* mean - 1 sd
. nlcom(_b[m:x]+($m-$s)*_b[m:wx])*(_b[y:m]+($m-$s)*_b[y:mw])

* mean
. nlcom(_b[m:x]+($m)*_b[m:wx])*(_b[y:m]+($m)*_b[y:mw])

* mean + 1 sd
. nlcom(_b[m:x]+($m+$s)*_b[m:wx])*(_b[y:m]+($m+$s)*_b[y:mw])

. capture program drop bootm5
. program bootm5, rclass
  sem(m <- x w wx)(y <- m x w wx mw)
  return scalar cielw =(_b[m:x]+($m-$s)*_b[m:wx])*(_b[y:m]+($m-$s)*_b[y:mw])
  return scalar ciemn =(_b[m:x]+($m)*_b[m:wx])*(_b[y:m]+($m)*_b[y:mw])
  return scalar ciehi =(_b[m:x]+($m+$s)*_b[m:wx])*(_b[y:m]+($m+$s)*_b[y:mw])
. end

. bootstrap r(cielw) r(ciemn) r(ciehi), reps(500) nodots: bootm5

. estat boot, bc percentile
```

> **小結**
>
> 多層次調節式中介效果的檢定
>
> 在組織研究中，由於個體資料巢狀於組織之中，組織對個體的影響又涉及脈絡效果，跨層級交互作用與多層次中介及調節效果的檢驗。傳統 Baron 和 Kenny(1986) 的中介效果檢定，並無法適用於多層次資料結構的分析。後來 Krull 和 MacKinnon(1991, 2001) 的多層次中介效果模型的設定改良下，延伸到跨層級交互作用，同樣利用 Baron 與 Kenny 檢定中介效果的觀念，提出檢驗多層次調節中介效果 (3M) 的 (2-1-1) 程序。
>
> 假設，你研究架構為：組織創新氣氛，組織承諾 (認同與工具承諾) 與員工滿意度 (Y)。有人發現，員工的認同承諾會完全中介組織創新氣氛對員工滿意度的影響；此外，組織創新氣氛會調節員工的工具承諾對員工滿意度的影響。意即，多層次資料結構的中介與調節作用可改用 3M 分析程序來逐步檢驗。

5-5-2 多層次中介效果：STaTa 實作 (ml_mediation、xtmixed 指令)

由於 SPSS 無「多層次中介模型」指令，可參考作者《多層次模型 (HLM) 及重複測量：使用 STaTa》、《有限混合模型 (FMM)：STaTa 分析 (以 EM algorithm 做潛在分類再迴歸分析)》二書的解答。

ml_med2.sav [$DataSet] - IBM SPSS Statistics Data Editor

Edit View Data Transform Analyze Graphs Utilities Extensions Window Help

	id	write	socst	cid	abil	mean_abil	mean_ses	hon
1	45	35	26	1	104	114.09	1.91	1
2	108	33	36	1	111	114.09	1.91	0
3	15	39	42	1	109	114.09	1.91	0
4	67	37	32	1	112	114.09	1.91	0
5	153	31	51	1	118	114.09	1.91	0
6	51	36	39	1	115	114.09	1.91	1
7	164	36	46	1	116	114.09	1.91	0
8	133	31	31	1	124	114.09	1.91	0
9	2	41	41	1	114	114.09	1.91	0
10	53	37	31	1	119	114.09	1.91	0
11	1	44	41	1	113	114.09	1.91	1
12	128	33	41	2	124	119.90	1.80	0
13	16	31	36	2	127	119.90	1.80	0
14	106	44	41	2	115	119.90	1.80	1
15	89	35	33	2	126	119.90	1.80	1
16	134	44	46	2	117	119.90	1.80	0
17	19	46	51	2	115	119.90	1.80	1
18	145	46	46	2	116	119.90	1.80	1
19	11	46	36	2	118	119.90	1.80	0
20	117	49	56	2	115	119.90	1.80	0
21	109	39	41	2	126	119.90	1.80	1

圖 5-29 「ml_med2.sav」資料檔內容 (20 班級，共 200 名學生)

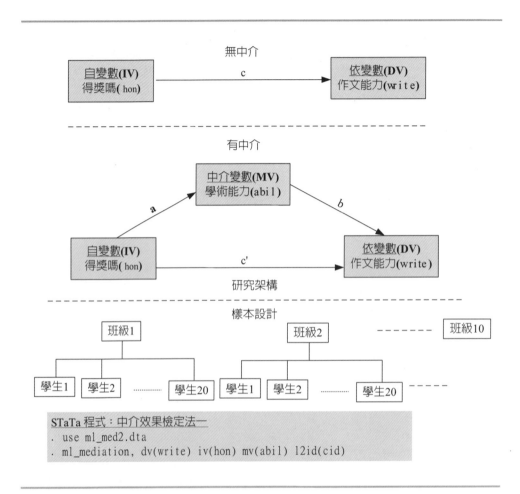

圖 5-30 中介變數之示意圖三

```
. use ml_med2.dta
(highschool and beyond (200 cases))


. summarize, sep(0)

    Variable |       Obs        Mean    Std. Dev.        Min        Max
-------------+--------------------------------------------------------
          id |       200       100.5    57.87918          1        200
       write |       200      52.775    9.478586         31         67
       socst |       200      52.405    10.73579         26         71
         cid |       200       10.43    5.801152          1         20
```

```
          abil |    200    156.725   25.75063       104         215
     mean_abil |    200    156.725   25.21654   114.0909      205.7
      mean_ses |    200      2.055   .3142828   1.444444   2.727273
           hon |    200       .545   .4992205          0          1


. ml_mediation, dv(write)iv(hon)mv(abil)12id(cid)


Equation 1 (c_path): write = hon


Performing EM optimization:


Performing gradient-based optimization:


Mixed-effects REML regression              Number of obs      =       200
Group variable: cid                        Number of groups   =        20

                                           Obs per group: min =         7
                                                          avg =      10.0
                                                          max =        12

                                           Wald chi2(1)       =     32.80
Log restricted-likelihood = -628.62552     Prob > chi2        =    0.0000


------------------------------------------------------------------------------
       write |     Coef.    Std. Err.      z    P>|z|    [95% Conf. Interval]
-------------+----------------------------------------------------------------
         hon |   4.138289   .7225934     5.73   0.000    2.722032   5.554546
       _cons |   50.64367    1.84665    27.42   0.000     47.0243   54.26304
------------------------------------------------------------------------------


------------------------------------------------------------------------------
  Random-effects Parameters  |   Estimate   Std. Err.    [95% Conf. Interval]
-----------------------------+------------------------------------------------
cid: Identity                |
                  sd(_cons)|   7.91701    1.331807     5.693395   11.00908
-----------------------------+------------------------------------------------
               sd(Residual)|   4.823492   .2549056      4.34889   5.349889
------------------------------------------------------------------------------
LR test vs. linear regression: chibar2(01)=    191.99 Prob >= chibar2 = 0.0000
```

```
Equation 2 (a_path): abil = hon

Performing EM optimization:

Performing gradient-based optimization:

Iteration 0:   log restricted-likelihood = -659.69204
Iteration 1:   log restricted-likelihood = -659.69204

Computing standard errors:

Mixed-effects REML regression              Number of obs      =       200
Group variable: cid                        Number of groups   =        20

                                           Obs per group: min =         7
                                                          avg =      10.0
                                                          max =        12

                                           Wald chi2(1)       =     31.36
Log restricted-likelihood = -659.69204     Prob > chi2        =    0.0000

-------------------------------------------------------------------------
      abil |    Coef.   Std. Err.      z    P>|z|   [95% Conf. Interval]
-----------+-------------------------------------------------------------
       hon | -4.265397   .7616216   -5.60   0.000   -5.758148   -2.772647
     _cons |  159.3095   5.751541   27.70   0.000    148.0367    170.5823
-------------------------------------------------------------------------


-------------------------------------------------------------------------
  Random-effects Parameters |   Estimate   Std. Err.    [95% Conf. Interval]
-----------------------------+-------------------------------------------
cid: Identity                |
                  sd(_cons)| 25.60223   4.169551     18.60596    35.22926
-----------------------------+-------------------------------------------
                sd(Residual)|  5.074532   .2681952     4.575188    5.628375
-------------------------------------------------------------------------
LR test vs. linear regression: chibar2(01)=    537.80 Prob >= chibar2 = 0.0000
```

```
Equation 3 (b_path & c_prime): write = abil hon

Performing EM optimization:

Performing gradient-based optimization:

Iteration 0:    log restricted-likelihood = -528.74216
Iteration 1:    log restricted-likelihood = -528.74216

Computing standard errors:

Mixed-effects REML regression                   Number of obs       =        200
Group variable: cid                             Number of groups    =         20

                                                Obs per group: min =          7
                                                               avg =       10.0
                                                               max =         12

                                                Wald chi2(2)        =     665.58
Log restricted-likelihood = -528.74216          Prob > chi2         =     0.0000

------------------------------------------------------------------------------
       write |      Coef.    Std. Err.      z    P>|z|     [95% Conf. Interval]
-------------+----------------------------------------------------------------
        abil |  -.8056925    .0348556   -23.12   0.000    -.8740083   -.7373768
         hon |    .671848    .3882241     1.73   0.084    -.0890572    1.432753
       _cons |   179.0213    8.446553    21.19   0.000     162.4664    195.5763
------------------------------------------------------------------------------

------------------------------------------------------------------------------
  Random-effects Parameters  |   Estimate   Std. Err.     [95% Conf. Interval]
-----------------------------+------------------------------------------------
cid: Identity                |
                  sd(_cons)  |   28.44004    4.705583      20.56333    39.33388
-----------------------------+------------------------------------------------
                sd(Residual) |    2.38897    .1268631      2.152825    2.651018
------------------------------------------------------------------------------
LR test vs. linear regression: chibar2(01)=    247.90 Prob >= chibar2 = 0.0000
```

```
The mediator, abil, is a level 1 variable
c_path   = 4.1382892
a_path   = -4.2653975
b_path   = -.80569254
c_prime  = 0.67184798   same as dir_eff
* 間接效果值
ind_eff  = 3.4365989
* 直接效果值
dir_eff  = .67184798
* 總效果值 = 直接效果值 + 間接效果值
tot_eff  = 4.1084469


proportion of total effect mediated = .83647154
ratio of indirect to direct effect  = 5.1151437
ratio of total to direct effect     = 6.1151437
```

1. 分析結果有三個方程式：

   (1) the DV on the IV

   (2) the MV on the IV

   (3) the DV on the MV and IV

2. 並印出「總效果值、直接效果值、間接效果值」。

3. 方程式 1 中，「hon → write」迴歸係數達顯著 (coef=1.17, p<0.05)。

   方程式 2 中，「hon → 中介的 abil」迴歸係數達顯著 (coef=-4.27, p<0.05)。

   方程式 3 中，「hon → write」係數未達達顯著 (coef=0.388, p>0.05)。

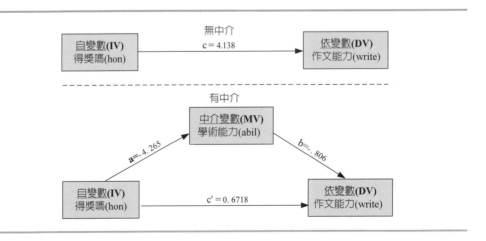

圖 5-30 中介效果之分析結果

層次迴歸／階層性迴歸
(hierarchical regression)

6-1 層次迴歸 (hierarchical regression) 重點性

什麼時候想執行層次迴歸分析？

　　層次迴歸是一種方法，用於顯示在考慮所有其他變數後，您感興趣的變數是否解釋了依變數 (DV) 中統計上顯著的變異量。這是模型比較的框架，而不是統計方法。在此框架中，您可以通過在每個步驟中將變數添加到以前的模型來構建多個迴歸模型；以後的模型總是包含以前步驟中的較小模型。在很多情況下，我們的興趣是確定**新增加的變數**是否顯示顯著改善 (模型中解釋的 DV 變異數的比例 R^2)。

1. 模型 1：第一個自變數 [社交互動 (# of friends)] 對依變數 [幸福感 (happiness)] 的關係。在這一系列的研究中，在 Next 模型 2：再加第二個自變數 [人口特徵 (gender)]。在 Next 模型 3：再加第三個自變數 (寵物數量 (# of pets)) 這個預測因子。

2. 第一種模型 (模型 1) 通常人口統計包括：年齡 (age)、性別 (gender)。在 Next(模型 2) 中，我們可以在這一研究中添加已知的重要變數 (friends)。在這裡，我們將複製以前的研究變數。在下面的步驟 (模型 3) 中，我們可以添加我們感興趣的變數 (pets)。

   Model 1: Happiness = Intercept + Age + Gender (R^2 = .029)

   Model 2: Happiness = Intercept + Age + Gender + # of friends (R^2 = .131)

   Model 3: Happiness = Intercept + Age + Gender + # of friends + # of pets

   (R^2 = .197. ΔR^2 = .066)

   我們的興趣是模型 3 是否比模型 2 更好地解釋依變數 (DV)。如果模型 2 和模型 3 之間的差異具有統計顯著性，我們可以說 模型 3 中添加的變數解釋了模型 2 中超出的變數。在這個例子中，我們想知道增加的 ΔR^2 = 0.066(0.197 − 0.131 = 0.066) 是否具有統計顯著性。如果是這樣，我們可以說寵物的數量 (# of pets) 解釋了另外 6% 的幸福變異數，這在統計上是顯著的。

概念步驟 (Conceptual Steps)

1. 每個步驟都新增變數來構建 sequential (nested) 迴歸模型。

2. 執行 ANOVAs (求得 R^2) 及迴歸係數 (coefficients).

3. 比較前後兩個 ANOVA 的平方和 (sum of squares)。

   (1) 計算：difference in sum of squares (SS) at each step.

(2) 求得：corresponding F-statistics and p-values for the SS differences.

4. 由 SS 差異來算出增加的 ΔR^2

$$R^2 = \frac{SS_{exmplained}}{SS_{Total}}$$

例子：影響學童成績 (y) 的預測因子 (x1,x2,x3,x4,x5,x6)

表 6-1　層次迴歸之參數估計值

	模型内的變數	區組 1 (block 1)			區組 2 (block 2)			區組 3 (block 3)		
		Beta	t	p	Beta	t	p	Beta	t	p
	D_1 性別 sex	-.278	-2.96	.005	-.088	-1.26	.214	-.074	-1.17	.247
	D_2 種族 race	.610	6.49	.000	.167	1.94	.058	.101	1.24	.220
自變數	X_1 IQ				.251	2.49	.016	.172	1.84	.072
	X_2 學習態度				.472	3.89	.000	.298	2.48	.017
	X_3 自我交通				.063	.83	.412	-.053	-.71	.480
	X_4 讀名校				.077	1.14	.261	.084	1.37	.177
	X_5 父母 SES							.113	.56	.578
	X_6 校長領導							.310	1.65	.105
模型摘要	R^2		.517			.797			.841	
	F		30.55			34.588			33.628	
	P		.000			.000			.000	
	ΔR^2		.517			.279			.044	
	ΔF		30.55			18.186			7.051	
	ΔP		.000			.000			.002	

$Y'_{block1} = -8.951D_1 + 7.081D_2 - 63.642$

$Y'_{block2} = -2.821D_1 + 1.935D_2 + .215X_1 + .407X_2 + .086X_3 + .102X_4 - 34.433$

$Y'_{block3} = -2.398D_1 + 1.169D_2 + .146X_1 + .257X_2 - .047X_3 + .111X_4 + .606X_5 + 1.36X_6 - 12.774$

6-2 層次迴歸的概念

一、簡單迴歸與多元迴歸 (Simple and Multiple regression)

基本定義

(1) 簡單迴歸：以單一自變數去解釋 (預測) 依變數的迴歸分析

(2) 多元迴歸：同時以多個自變數去解釋 (預測) 依變數的迴歸分析

(3) 各變數均為連續性變數，或是可虛擬為連續性變數者

方程式

(1) 簡單迴歸：$Y = b_1 x_1 + \varepsilon$

(2) 多元迴歸：$Y = b_1 x_1 + b_2 x_2 + b_3 x_3 + \cdots + b_n x_n + \varepsilon$

多元迴歸的特性

(1) 對於依變數的解釋與預測，可以據以建立一個完整的模型。

(2) 各自變數之間概念上具有獨立性，但是線性數學上可能是非直交 (具有相關)

(3) 自變數間的相關對於迴歸結果具有關鍵性的影響。

二、預測 (perdition) 與解釋

1. 預測型迴歸

　　主要目的在實際問題的解決或實務上的應用，從一組獨變數中，找出最關鍵與最佳組合的迴歸方程式，產生最理想的預測分數，獨變數的選擇所考慮的是要件為是否具有最大的實務價值，而非基於理論上的適切性，最常用的變數選擇方法是逐步迴歸法 (stepwise regression)。

2. 解釋型迴歸

　　主要目的則在了解現象的本質與理論關係，也就是探討獨變數與依變數的關係。檢驗變數的解釋力與變數關係，對於依變數的變異提出一套具有最合理解釋的迴歸模型。理論的重要性不僅在於決定獨變數的選擇與安排，也影響研究結果的解釋。最常用的變數選擇方法是為聯立迴歸法 (simultaneous regression) 或層次迴歸法 (hierarchical regression)。

三、何謂層次迴歸分析 (hierarchical regression)？

層次迴歸分析 (hierarchical regression，有人翻譯成階層性迴歸) 是心理、教育、社會學領域常用的一種統計方法，使用這種的方法用意是：你有 a、b、c 三個自變數 (independent variables)，你想要看這些變數個別對 Y 的影響。

如果你將預測因子 (自變數)a、b、c 一次放進迴歸分析裡面，你可以得到整體的解釋力及各自變數的效果量 (effect size)，得到 a、b、c 個別對 Y 的影響有多大。然而，有時候研究者有理論或實際依據，認為 a、b、c 必須依照不同的順序放入迴歸分析。

如果將 a、b、c 依序個別放入，那我們就有三個 models，hierarchical 指的就是這些 models 之間有**層次性**或階層性的關係，才會這麼命名的。這種作法其實就相當於簡單的路徑分析 (path analysis) 了。

常常與 hierarchical regression 搞混的統計方法是 hierarchical linear modeling (階層線性模型)。這兩者的不同是：層次迴歸分析的「層次」指的是 **models 之間的層次**，而 HLM 的層次指的是 (樣本設計)**data 是有層次性的**，比如說學生是 class 的一部分，所以學生是第一層 (個別層)，class 就是第二層 (群組層)。

(一) 目的

將自變數以分層來處理，所進行的多步驟多元迴歸分析，一種整合性的多層次分析策略，兼具統計決定與理論決定的變數選擇程序。

(二) 自變數的分組，依照研究者的需要或理論上的概念區分成不同的區組 (block)，然後依照特定的次序投入模型中

1. 理論組合 (theoretical sets)

各區組的決定，是以理論的觀點進行組合。

2. 功能組合 (functional sets)

各區組的決定，是以自變數的功能與性質進行組合。

例如：人口變數的組合、社經地位的指標的組合。

3. 時間序列組合 (time-series sets)

各區組的決定，是以研究設計的觀點，越早進入者，表示是影響他人的「因」，較晚者則為被影響的「果」。

4. 結構組合 (structural sets)

指自變數的組合是基於變數間的組成關係。例如：類別變數的虛擬化處理。

(三) 操作方法

各區組內可以僅有一個自變數或多個變數。

多變數的區組內，各變數進入方程式方法則可為同時法或逐步法。

層級迴歸分析跟迴歸分析有何關係與不同呢？

層級迴歸分析是指將解釋變數對被解釋變數的影響加以控制，使解釋變數對被解釋變數的影響性更精確的統計方法。

多元階層迴歸分析 (multiple hierarchical regression analysis)

1. 使用**目的**：主要是了解所選出的解釋變數對於某個被解釋變數的聯合預測力。
2. 使用**時機**：當某些解釋變數已被確定對某個被解釋變數有相關時，可將這些解釋變數同時投入迴歸模型中，看其對被解釋變數的變異量可以解釋多少百分比。但投入迴歸模型的順序並不是根據解釋變數和被解釋變數相關的高低，而是建立在理論的基礎上。多元階層迴歸分析亦需注意共線性的判斷。
3. **例子**：以**成就動機**、**目標接受**和**目標難度**來預測**後測**分數，由於**成就動機**是屬於**人格特質**的一種，是人類比較穩定的特質，因此就第一個投入迴歸模型裡；**目標接受**是一個人對於所分派的目標接受的程度，是屬於一個人的**態度**，由於態度較會受外界的影響，不是一種穩定的特質，因此第二個投入；**目標難度**是由實驗者所分派給受試者的目標，是屬於實驗者操弄的變數，此為受試者自己無法控制的變數，因此最後一個投入。多元階層迴歸分析和多元同時迴歸分析在統計方法上非常類似，只是前者必須按解釋變數的特質指定進入的順序。

層級迴歸分析相對於一般迴歸分析較準確，是因為其對於解釋變數 (自變數) 有**控制**，而一般迴歸分析只是純粹抽樣而已。

6-3 層次迴歸分析：寵物越多可增加幸福感嗎 (regression 指令)

層次迴歸是一種方法，用於顯示在考慮所有其他變數後，您感興趣的變數是否解釋了依變數 (DV) 中統計上顯著的變異量。這是模型比較的框架，而不是

統計方法。在此框架中，您可以通過在每個步驟中將變數添加到以前的模型來構建多個迴歸模型；以後的模型總是包含以前步驟中的較小模型。在很多情況下，我們的興趣是確定**新增加的變數**是否顯示顯著改善 (模型中解釋的 DV 變異數的比例 R^2)。

範例：**寵物數量 (# of pets) 是否可以成為幸福感的重要預測因子？ (regression 指令)**

一、問題說明

本例旨在了解「幸福感」之影響因素有那些？(分析單位：個體)

研究者收集數據並整理成下表，此「hierarchicalRegressionData.sav」資料檔內容之變數如下：

變數名稱	說明	編碼 Codes/Values
結果變數／反應變數：happiness	幸福感	1～9 分
預測因子／自變數：age	年齡	20～30 歲
預測因子／自變數：gender	性別 (虛無變數)	0, 1 (binary data)
預測因子／自變數：friends	交朋人數	1～14 人
預測因子／自變數：pets	寵物數量	0～5 隻

二、資料檔之內容

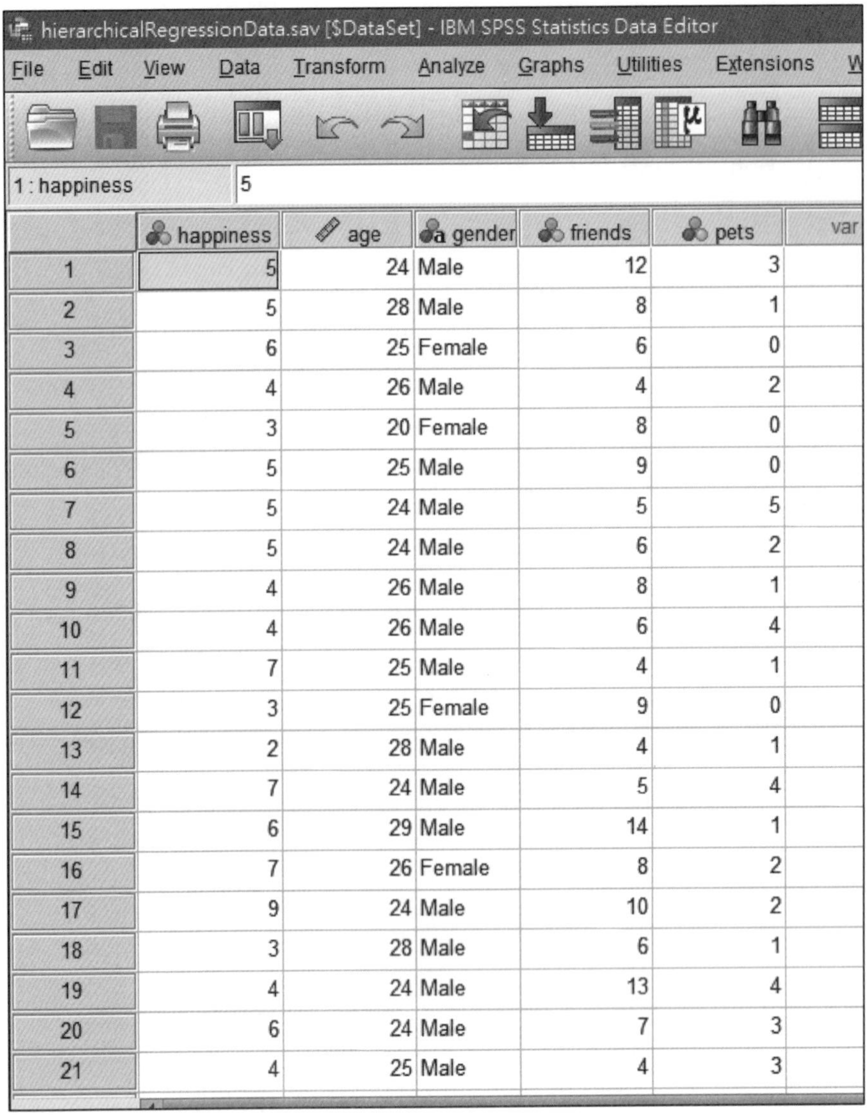

hierarchicalRegressionData.sav [$DataSet] - IBM SPSS Statistics Data Editor

File Edit View Data Transform Analyze Graphs Utilities Extensions W

1 : happiness 5

	happiness	age	gender	friends	pets	var
1	5	24	Male	12	3	
2	5	28	Male	8	1	
3	6	25	Female	6	0	
4	4	26	Male	4	2	
5	3	20	Female	8	0	
6	5	25	Male	9	0	
7	5	24	Male	5	5	
8	5	24	Male	6	2	
9	4	26	Male	8	1	
10	4	26	Male	6	4	
11	7	25	Male	4	1	
12	3	25	Female	9	0	
13	2	28	Male	4	1	
14	7	24	Male	5	4	
15	6	29	Male	14	1	
16	7	26	Female	8	2	
17	9	24	Male	10	2	
18	3	28	Male	6	1	
19	4	24	Male	13	4	
20	6	24	Male	7	3	
21	4	25	Male	4	3	

圖 6-1 「hierarchicalRegressionData.sav」資料檔內容 (N=100 個人，5 個變數)

三、分析結果與討論

1. 模型 1：第一個自變數 [社交互動 (# of friends)] 對依變數 [幸福感 (happiness)] 的關係。在這一系列的研究中，在 Next 模型 2：再加第二個自變數 [人口特徵 (gender)]。在 Next 模型 3：再加第三個自變數 (寵物數量 (# of pets)) 這個預測因子。

2. 第一種模型 (模型 1) 通常人口統計包括：年齡 (age)、性別 (gender)。在 Next(模型 2) 中，我們可以在這一研究中添加已知的重要變數 (friends)。在這裡，我們將複製以前的研究變數。在下面的步驟 (模型 3) 中，我們可以添加我們感興趣的變數 (pets)。

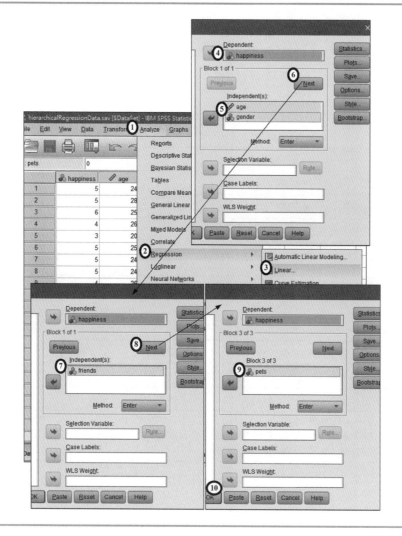

圖 6-2 界定「層次迴歸三個模型」畫面

377

對應的指令語法：

```
title " 層次迴歸三個模型 .sps".

REGRESSION
  /MISSING LISTWISE
  /STATISTICS COEFF OUTS R ANOVA
  /CRITERIA=PIN(.05) POUT(.10)
  /NOORIGIN
  /DEPENDENT happiness
  /METHOD=ENTER age gender
  /METHOD=ENTER friends
  /METHOD=ENTER pets.
```

【A. 分析結果說明】

Variables Entered/Removed[a]			
Model	Variables Entered	Variables Removed	Method
1	性別 , 年齡 [b]	.	Enter
2	社交數 [b]	.	Enter
3	寵物數 [b]	.	Enter

a. Dependent Variable: 幸福感
b. All requested variables entered.

Model Summary				
Model	R	R Square	Adjusted R Square	Std. Error of the Estimate
1	.169[a]	.029	.009	1.553
2	.362[b]	.131	.104	1.476
3	.444[c]	.197	.163	1.427

a. Predictors: (Constant), 性別 , 年齡
b. Predictors: (Constant), 性別 , 年齡 , 社交數
c. Predictors: (Constant), 性別 , 年齡 , 社交數 , 寵物數

1. 三個模型所增加模型適配度 R^2，如下：

   Model 1: Happiness = Intercept + Age + Gender (R^2 = .029)

   Model 2: Happiness = Intercept + Age + Gender + # of friends (R^2 = .131)

   Model 3: Happiness = Intercept + Age + Gender + # of friends + # of pets
   (R^2 = .197. ΔR^2 = .066)

2. 我們的興趣是模型 3 是否比模型 2 更好地解釋依變數 (DV)。如果模型 2 和模型 3 之間的差異具有統計顯著性，我們可以說模型 3 中添加的變數解釋了模型 2 中超出的變數。在這個例子中，我們想知道增加的 ΔR^2 = 0.066(0.197 − 0.131 = 0.066) 是否具有統計顯著性。如果是這樣，我們可以說寵物的數量 (# of pets) 解釋了另外 6% 的幸福變異數，這在統計上是顯著的。

ANOVA[a]

	Model	Sum of Squares	df	Mean Square	F	Sig.
1	Regression	6.875	2	3.437	1.425	.245[b]
	Residual	233.965	97	2.412		
	Total	240.840	99			
2	Regression	31.570	3	10.523	4.828	.004[c]
	Residual	209.270	96	2.180		
	Total	240.840	99			
3	Regression	47.417	4	11.854	5.822	.000[d]
	Residual	193.423	95	2.036		
	Total	240.840	99			

a. Dependent Variable: 幸福感
b. Predictors: (Constant), 性別 , 年齡
c. Predictors: (Constant), 性別 , 年齡 , 社交數
d. Predictors: (Constant), 性別 , 年齡 , 社交數 , 寵物數

	Model	B	Std. Error	Standardized Coefficients Beta	t	Sig.
		Unstandardized Coefficients				
1	(Constant)	7.668	2.014		3.808	.000
	年齡	-.130	.079	-.165	-1.643	.104
	性別	.164	.319	.052	.514	.608
2	(Constant)	6.217	1.962		3.169	.002
	年齡	-.125	.075	-.158	-1.654	.101
	性別	.149	.304	.047	.492	.624
	社交數	.190	.056	.320	3.366	.001
3	(Constant)	5.785	1.903		3.041	.003
	年齡	-.111	.073	-.141	-1.525	.131
	性別	-.143	.312	-.045	-.458	.648
	社交數	.171	.055	.289	3.120	.002
	寵物數	.364	.130	.274	2.790	.006

Coefficients[a]

a. Dependent Variable: 幸福感

1. 模型 1：第一個自變數 [社交互動 (# of friends)] 對依變數 [幸福感 (happiness)] 的關係。在這一系列的研究中，在 Next 模型 2：再加第二個自變數 [人口特徵 (gender)]。在 Next 模型 3：再加第三個自變數 [寵物數量 (# of pets)] 這個預測因子。

2. 第一種模型 (模型 1) 通常人口統計 (age, sex) 包括：年齡 (age)、性別 (gender)。在 Next(模型 2) 中，我們可以在這一研究中添加已知的重要變數 (friends)。在這裡，我們將複製以前的研究變數。在下面的步驟 (模型 3) 中，我們可以添加我們感興趣的變數 (pets)。

3. 將上述三個模型，彙總成下列之層次迴歸分析摘要表：

模型內的變數		區組 1 (block 1)			區組 2 (block 2)			區組 3 (block 3)		
自變數	X1:happiness	Beta	t	p	Beta	t	p	Beta	t	p
	X2:age	-.165	-1.643	.104	-.158	-1.654	.101	-.141	-1.525	.131
	X3:gender	.052	.514	.608	.047	.492	.624	-.045	-.458	.648
	X4:friends				.320	3.366	.001	.289	3.120	.002
	X5:pets							.274	2.790	.006
模型摘要	R^2		0.029			0.131			0.197	
	F		1.425			4.828			5.822	
	p		0.245			0.004			0.000	
	$\triangle R^2$		0.029			0.002			0.066	
	$\triangle$F		1.425			3.403			0.994	
	$\triangle$p		0.245			0.241			0.004	

Excluded Variables[a]

Model		Beta In	t	Sig.	Partial Correlation	Collinearity Statistics Tolerance
1	社交數	.320b	3.366	.001	.325	.999
	寵物數	.312b	3.054	.003	.298	.886
2	寵物數	.274c	2.790	.006	.275	.873

a. Dependent Variable: 幸福感
b. Predictors in the Model: (Constant), 性別 , 年齡
c. Predictors in the Model: (Constant), 性別 , 年齡 , 社交數

參考文獻

Agresti, A. (1996). An Introduction to Categorical Data Analysis. New York: John Wiley & Sons, Inc.

Agresti, Alan, (1990). Categorical Data Analysis. New York: Wiley.

Amemiya, T., (1985). Advanced Econometrics, Harvard University Press.

Amemiya, Takeshi (1981). Qualitative Response Models: A Survey. Journal of Economic Literature (19 (December),1483-1536.

Andersen, E. B. (1970). Asymptotic properties of conditional maximum likelihood estimators. Journal of the Royal Statistical Society, Series B 32: 283-301.

Archer, K. J., and S. Lemeshow. (2006). Goodness-of-fit test for a logistic regression model fitted using survey sample data. Stata Journal 6: 97-105.

Beggs, S., S. Cardell, and J. A. Hausman. (1981). Assessing the potential demand for electric cars. Journal of Econometrics 17: 1-19.

Ben-Akiva, Moshe, and Steven R.Lerman (1985). Discrete Choice Analysis: Theory and Application to Travel Demand. Cambridge, Mass.: MIT Press.

Berry, W. D., and Feldman, S. (1985). Multiple Regression in Practice. Sage University Paper Series on Quantitative Applications in the Social Sciences, 07-050. Beverly Hill, CA: Sage.

Blevins, J. R., and S. Khan. (2013). Distribution-free estimation of heteroskedastic binary response models in Stata. Stata Journal 13: 588-602.

Brady, A. R. (1998). Adjusted population attributable fractions from logistic regression. Stata Technical Bulletin 42: 8-12. Reprinted in Stata Technical Bulletin Reprints, vol. 7, pp. 137-143. College Station, TX: Stata Press.

Breslow NE, Day NE, Halvorsen KT, Prentice RL, Sabai C (1978). Estimation of multiple relative risk functions in matched case-control studies.. Am J Epidemiol. 108 (4): 299-307.

Breslow, N.E.; Day, N.E. (1980). Statistical Methods in Cancer Research. Volume 1-The Analysis of Case-Control Studies. Lyon, France: IARC. pp. 249-251.

Buis, M. L. (2010a). Direct and indirect effects in a logit model. Stata Journal 10: 11-29.

Buis, M. L. (2010b). Stata tip 87: Interpretation of interactions in nonlinear models. Stata Journal 10: 305-308.

Bulletin Reprints, vol. 6, pp. 152-158. College Station, TX: Stata Press.

Cameron, A. C. and Trivedi, P. K. (1998). Regression Analysis of Count Data. New York: Cambridge Press.

Cameron, A. C., and P. K. Trivedi. (2010). Microeconometrics Using Stata. Rev. ed. College Station, TX: Stata Press.

Chamberlain, G. (1980). Analysis of covariance with qualitative data. Review of Economic Studies 47: 225-238.

Cleves, M. A., and A. Tosetto. (2000). sg139: Logistic regression when binary outcome is measured with uncertainty. Stata Technical Bulletin 55: (20-23. Reprinted in Stata Technical Bulletin Reprints, vol. 10, pp. 152-156. College Station, TX: Stata Press.

Collett, D. (2003). Modelling Survival Data in Medical Research. 2nd ed. London: Chapman & Hall/CRC. de Irala-Est evez, J., and M. A. Mart ınez. (2000. sg125: Automatic estimation of interaction effects and their confidence intervals. Stata Technical Bulletin 53: 29-31. Reprinted in Stata Technical Bulletin Reprints, vol. 9, pp. 270-273.College Station, TX: Stata Press.

Daniel, B. Hall. (2000). Zero-Inflated Poisson and Binomial Regression with Random Effects: A Case Study. Biometrics. 56 (4): 1030-1039.

Day, N. E., Byar, D. P. (1979). Testing hypotheses in case-control studies-equivalence of Mantel-Haenszel statistics and logit score tests. Biometrics. 35 (3): 623-630.

De Luca, G. 2008. SNP and SML estimation of univariate and bivariate binary-choice models. Stata Journal 8:190-220.

Dupont, W. D. (2002). Statistical Modeling for Biomedical Researchers: A Simple Introduction to the Analysis of Complex Data. New York: Cambridge Press.

Dupont, W. D. (2009). Statistical Modeling for Biomedical Researchers: A Simple Introduction to the Analysis of nComplex Data. 2nd ed. Cambridge: Cambridge University Press.

Flay, B. R., B. R. Brannon, C. A. Johnson, W. B. Hansen, A. L. Ulene, D. A. Whitney-Saltiel, L. R. Gleason, S. Sussman, M. D. Gavin, K. M. Glowacz, D. F. Sobol, and D. C. Spiegel. 1988. The television, school, and family smoking cessation and prevention project: I. Theoretical basis and program development. Preventive Medicine 17:585-607.

Freese, J. (2002). Least likely observations in regression models for categorical outcomes. Stata Journal 2: 296-300.

Garrett, J. M. (1997). sbe14: Odds ratios and confidence intervals for logistic regression models with effect modification. Stata Technical Bulletin 36: 15-22. Reprinted in Stata Technical Bulletin Reprints, vol. 6, pp. 104-114. College Station, TX: Stata Press.

Gould, W. W. (2000). sg124: Interpreting logistic regression in all its forms. Stata Technical Bulletin 53: (19-29. Reprinted in Stata Technical Bulletin Reprints, vol. 9, pp. 257-270. College Station, TX: Stata Press.

Greene, W. H. 2012. Econometric Analysis. 7th ed. Upper Saddle River, NJ: Prentice Hall.

Greene, William H. (1994). Some Accounting for Excess Zeros and Sample Selection in Poisson and Negative Binomial Regression Models. Working Paper EC-94-10: Department of Economics, New York University.

Greene, William H. (2012). Econometric Analysis (Seventh ed.). Boston: Pearson Education. pp. 824-827. ISBN 978-0-273-75356-8.

Hair, J. F., Jr., W. C. Black, and B. J. Babin, and R. E. Anderson. (2010). Multivariate Data Analysis. 7th ed. Upper Saddle River, NJ: Pearson.

Hamerle, A., and G. Ronning. (1995). Panel analysis for qualitative variables. In Handbook of Statistical Modeling for the Social and Behavioral Sciences, ed. G. Arminger, C. C. Clogg, and M. E. Sobel, 401-451. New York: Plenum.

Hardin, J. W. 1996. sg61: Bivariate probit models. Stata Technical Bulletin 33: 15-20. Reprinted in Stata Technical

Harvey, A. C. (1976). Estimating regression models with multiplicative heteroscedasticity. Econometrica 44: 461-465.

Hayes, A. F. (2009). Beyond Baron and Kenny: Statistical Mediation Analysis in the New Millennium. Communication Monographs, 76(4), 408-420. doi: 10.1080/03637750903310360

Heckman, J. 1979. Sample selection bias as a specification error. Econometrica 47: 153-161.

Hilbe, J. M. (1997).sg63: Logistic regression: Standardized coefficients and partial correlations. Stata Technical Bulletin 5: 21-22. Reprinted in Stata Technical Bulletin Reprints, vol. 6, pp. 162-163. College Station, TX: Stata Press.

Hilbe, J. M. (2009).Logistic Regression Models. Boca Raton, FL: Chapman & Hill/CRC.

Hole, A. R. (2007). Fitting mixed logit models by using maximum simulated likelihood. Stata Journal 7: 388-401.

Hosmer, D. and Lemeshow, S. (2000). Applied Logistic Regression (Second Edition). New York: John Wiley & Sons, Inc..

Kleinbaum, D. G., and M. Klein. (2010). Logistic Regression: A Self-Learning Text. 3rd ed. New York: Springer.

Lambert, Diane,(1992).Zero-Inflated Poisson Regression, with an Application to Defects in Manufacturing. Technometrics. 34 (1): 1-14.

Lemeshow, S., and D. W. Hosmer, Jr. (2005). Logistic regression. In Vol. 2 of Encyclopedia of Biostatistics, ed. P. Armitage and T. Colton, 2870-2880. Chichester, UK: Wiley.

Lemeshow, S., and J.-R. L. Gall. (1994). Modeling the severity of illness of ICU patients: A systems update. Journal of the American Medical Association 272: 1049-1055.

Lokshin, M., and Z. Sajaia. 2011. Impact of interventions on discrete outcomes: Maximum likelihood estimation of the binary choice models with binary endogenous regressors. Stata Journal 11: 368-385.

Long and Freese, Regression Models for Categorical Dependent Variables Using Stata, 2nd Edition.

Long, J. S. (1997). Regression Models for Categorical and Limited Dependent Variables. Thousand Oaks, CA: Sage Publications.

Long, J. S., and J. Freese. (2006). Regression Models for Categorical Dependent Variables Using Stata. 2nd ed. College Station, TX: Stata Press.

MacKinnon, D. P., Lockwood, C. M., Hoffman, J. M., West, S. G., & Sheets, V. (2002). A comparison of methods to test mediation and other intervening variable effects. Psychological Methods, 7(1),83-104.

Marden, J. I. (1995). Analyzing and Modeling Rank Data. London: Chapman & Hall.

McCullagh, Peter (1980). Regression Models for Ordinal Data. Journal of the Royal Statistical Society. Series B (Methodological). 42 (2): 109-142.

McFadden, D. L. (1974). Conditional logit analysis of qualitative choice behavior. In Frontiers in Econometrics, ed. P. Zarembka, 105-142. New York: Academic Press.

McFadden, D. L. (1974). Conditional logit analysis of qualitative choice behavior. In Frontiers in Econometrics, ed. P. Zarembka, 105-142. New York: Academic Press.

Menard, S. (1995) Applied Logistic Regression Analysis. Sage University Paper Series on Quantitative Applications in the Social Sciences,07-106. Thousand Oaks, CA: Sage.

Miranda, A., and S. Rabe-Hesketh. (2006). Maximum likelihood estimation of endogenous switching and sample selection models for binary, ordinal, and count variables. Stata

Journal 6: 285-308.

Mitchell, M. N., and X. Chen. (2005). Visualizing main effects and interactions for binary logit models. Stata Journal 5: 64-82.

Pagano, M., and K. Gauvreau. (2000). Principles of Biostatistics. 2nd ed. Belmont, CA: Duxbury. Pampel, F. C. (2000). Logistic Regression: A Primer. Thousand Oaks, CA: Sage.

Paul, C. (1998). sg92: Logistic regression for data including multiple imputations. Stata Technical Bulletin 45: 28-30.Reprinted in Stata Technical Bulletin Reprints, vol. 8, pp. 180-183. College Station, TX: Stata Press.

Pearce, M. S. (2000).sg148: Profile likelihood confidence intervals for explanatory variables in logistic regression. Stata Technical Bulletin 56: 45-47. Reprinted in Stata Technical Bulletin Reprints, vol. 10, pp. 211-214. College Station, TX: Stata Press.

Pindyck, R. S., and D. L. Rubinfeld. 1998. Econometric Models and Economic Forecasts. 4th ed. New York:McGraw-Hill.

Poirier, D. J. 1980. Partial observability in bivariate probit models. Journal of Econometrics 12: 209-217.

Preacher, K. J., & Hayes, A. F. (2004). SPSS and SAS procedures for estimating indirect effects in simple mediation models. Behavior Research Methods, Instruments, and Computers, 36, 717-731.

Pregibon, D. (1981). Logistic Regression Diagnostics, Annals of Statistics, Vol. 9, 705-724.

Pregibon, D. (1981).Logistic regression diagnostics. Annals of Statistics 9: 705-724.

Punj, G. N., and R. Staelin. (1978). The choice process for graduate business schools. Journal of Marketing Research 15: 588-598.

Rabe-Hesketh, S., and A. Skrondal. 2012. Multilevel and Longitudinal Modeling Using Stata. 3rd ed. College Station, TX: Stata Press.

Reilly, M., and A. Salim. (2000. sg156: Mean score method for missing covariate data in logistic regression models.

Schonlau, M. (2005). Boosted regression (boosting): An introductory tutorial and a Stata plugin. Stata Journal 5: 330-354.

Shrout, P. E., & Bolger, N. (2002). Mediation in experimental and nonexperimental studies: New procedures and recommendations. Psychological Methods, 7(4), 422-445.

Van de Ven, W. P. M. M., and B. M. S. Van Pragg. 1981. The demand for deductibles in private health insurance:A probit model with sample selection. Journal of Econometrics 17: 229-252.

Vittinghoff, E., D. V. Glidden, S. C. Shiboski, and C. E. McCulloch. (2005). Regression Methods in Biostatistics: Linear, Logistic, Survival, and Repeated Measures Models. New York: Springer.

Xu, J., and J. S. Long. (2005). Confidence intervals for predicted outcomes in regression models for categoricaloutcomes. Stata Journal 5: 537-559.

五南研究方法書系 STaTa 系列　張紹勳 博士 著

1H0U

多變量統計之線性代數基礎：
應用STaTa分析

1H0R

有限混合模型(FMM)：STaTa分析
（以EM algorithm做潛在分類再迴歸分析）
（附光碟）

1H0Q

邏輯斯迴歸及離散選擇模型：
應用STaTa統計（附光碟）

1H0P

多層次模型（HLM）及
重複測量 —— 使用STaTa（附光碟）

1H0F

STaTa在財務金融
與經濟分析的應用（附光碟）

1H0C

STaTa在結構方程模型
及試題反應理論的應用（附光碟）

1HA8

生物醫學統計：
使用STaTa分析（附光碟）

1H99

STaTa與高等統計
分析（附光碟）

1HA1

Panel-data迴歸模型：STaTa在
廣義時間序列的應用（附光碟）

  五南文化事業機構 WU-NAN CULTURE ENTERPRISE 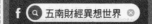 五南財經異想世界

106臺北市和平東路二段339號4樓
Tel：02-27055066 轉824、889 林小姐

國家圖書館出版品預行編目資料

多層次模型(HLM)及重複測量：使用SPSS分析
／張紹勳，林秀娟. －－初版. －－臺北市：五
南，2018.09
　　面；　公分
ISBN 978-957-11-9889-7（平裝附光碟片）
1.統計套裝軟體　2.統計分析
512.4　　　　　　　　　　107013721

1H1J

多層次模型(HLM) 及重複測量：
使用SPSS分析

作　　者－ 張紹勳　林秀娟

發 行 人－ 楊榮川

總 經 理－ 楊士清

主　　編－ 侯家嵐

責任編輯－ 黃梓雯

文字校對－ 劉祐融　黃志誠

封面設計－ 盧盈良

出 版 者－ 五南圖書出版股份有限公司

地　　址：106台北市大安區和平東路二段339號4樓

電　　話：(02)2705-5066　　傳　　真：(02)2706-6100

網　　址：http://www.wunan.com.tw

電子郵件：wunan@wunan.com.tw

劃撥帳號：01068953

戶　　名：五南圖書出版股份有限公司

法律顧問　林勝安律師事務所　林勝安律師

出版日期　2018年9月初版一刷

定　　價　新臺幣490元

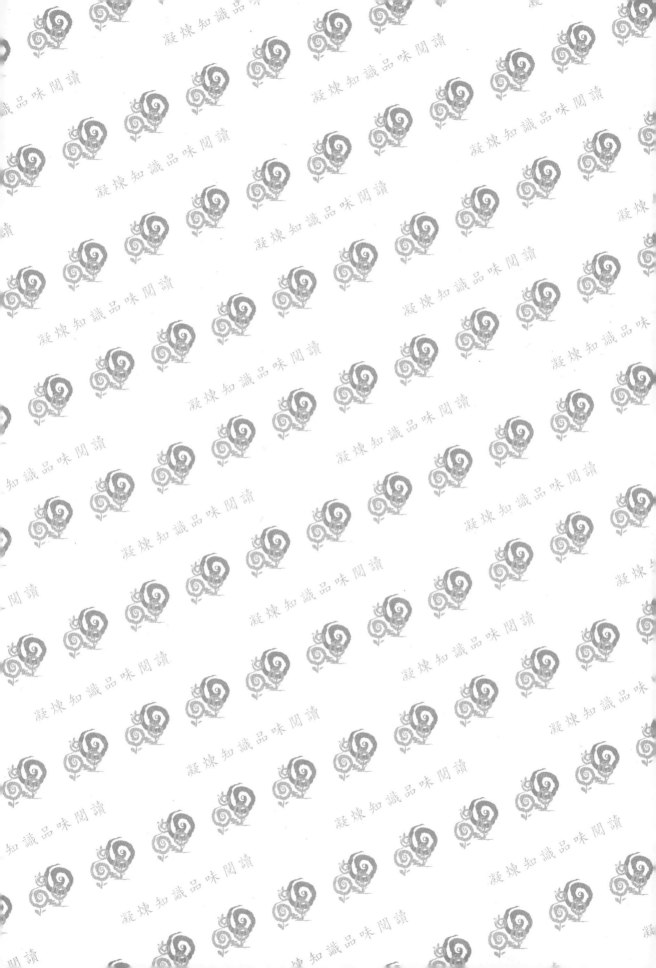